창업이
막막할 때
필요한 책

지은이 이건호 0to1@kakao.com

창업에 세 번 실패한 후 와디즈에서 800개 팀의 사업을 컨설팅하며 약 400개 프로젝트를 운영했다. 총 120억 매출을 만들었으며, 총 28억 원을 모집한 국내 펀딩 중 1위 프로젝트를 담당했다. 수백 개 기업(팀)과 협업하면서 성공과 실패 케이스를 다양하게 경험해보았다. 이를 토대로 도출한 창업 인사이트로 창업 교육만 약 400시간 이상 진행(건국대학교, 중앙대학교, 창업경제혁신센터 등)했다.

지은이 강주현 nn.joohyeon@gmail.com

창업가의 가능성을 시장에서 검증해온 10년 차 프로젝트 디렉터.
삼성출판사에서 완구 개발 MD이자 기획 편집자로 커리어를 시작해, 현재는 와디즈에서 전자책과 클래스 시장을 개척한 스타 PD로 활약하고 있다. 유형의 제품부터 무형의 콘텐츠와 서비스까지 아우르며 기획, 제작, 브랜딩, 유통 전반의 흐름을 직접 경험했다. 매출 100억 이상, 500팀이 넘는 신규 프로젝트를 함께하며, 단순한 정보 전달을 넘어 '시작할 수 있는 용기'를 주는 콘텐츠를 만들고자 이 책을 집필했다.

하루 10분 액션 플랜으로 시작하는 창업 교과서
창업이 막막할 때 필요한 책

초판 1쇄 발행 2025년 6월 30일

지은이 이건호, 강주현 / **펴낸이** 전태호
펴낸곳 한빛미디어(주) / **주소** 서울특별시 서대문구 연희로2길 62 한빛미디어(주) IT출판1부
전화 02-325-5544 / **팩스** 02-336-7124
등록 1999년 6월 24일 제25100-2017-000058호 / **ISBN** 979-11-6921-384-7 13000

총괄 배윤미 / **책임편집** 장용희 / **교정** 홍원규
디자인 표지 최연희, 박정우 내지 너의오월 / **전산편집** 홍원규
영업마케팅 송경석, 김형진, 장경환, 조유미, 한종진, 이행은, 김선아, 고광일, 성화정, 김한솔 / **제작** 박성우, 김정우

이 책에 대한 의견이나 오탈자 및 잘못된 내용은 출판사 홈페이지나 아래 이메일로 알려주십시오.
파본은 구매처에서 교환하실 수 있습니다. 책값은 뒤표지에 표시되어 있습니다.
홈페이지 www.hanbit.co.kr / **이메일** ask@hanbit.co.kr

Published by HANBIT Media, Inc. Printed in Korea
Copyright © 2025 이건호, 강주현 & HANBIT Media, Inc.

이 책의 저작권은 이건호, 강주현과 한빛미디어(주)에 있습니다.
저작권법에 의해 보호를 받는 저작물이므로 무단 전재와 무단 복제를 금합니다.

지금 하지 않으면 할 수 없는 일이 있습니다.
책으로 펴내고 싶은 아이디어나 원고를 메일(writer@hanbit.co.kr)로 보내주세요.
한빛미디어(주)는 여러분의 소중한 경험과 지식을 기다리고 있습니다.

프롤로그

창업을 하고 싶은데, 뭘 해야 할지 막막한가요

'창업'이라는 글자는 묘한 마력이 있습니다. 이 책을 펼쳐든 여러분도 창업에 매혹되어 미래를 꿈꾸는 분들일 것입니다. 하지만 막상 창업을 꿈꾸는 분들을 만나다 보면 우왕좌왕 갈피를 못 잡고 헤매는 경우가 많습니다. 혹은 막막함과 두려움 때문에 아직 창업을 시작도 못한 분들이 상당합니다. 이 책은 창업이 막연한 여러분을 위한 책입니다. 왜 이 책을 집필하게 되었는지에 대한 이야기부터 시작하겠습니다.

 **창업을 꿈꾸지만 아직도 제자리인 이유가 뭘까요**

저는 여러분을 잘 압니다. 창업을 꿈꾸고, 자유를 탐하며, 상상 속에서 신나게 뛰노는 여러분을 잘 압니다. 우리 마음 한편에 자리한 창업가의 영혼을 잘 압니다. 그렇기에 여러분에게 묻습니다. 왜 아직도 아무런 실행을 하지 못하고 있나요? 왜 여전히 계획만 가득하고 달라지는 것이 없나요? "잘 모르겠어요. 복잡해요. 두려워요. 돈이 없어요. 시간이 없어요." 이런 핑계 뒤에 숨어 주저하고 있지는 않나요? 그럼에도 더 나아가기 위해 이 책을 선택한 여러분에게 존경의 박수를 보냅니다. 이제 정말 제자리에서 한 발자국 더 나아가봅시다.

다시 말하지만 저는 여러분을 잘 압니다. 저도 여러분처럼 창업을 꿈꾸고 있습니다. 이전에 창업을 실제로 실행해보았고 처참히 실패해본 경험도 있습니다. 그렇기에 여러분이 창업에 대해 어떤 부분을 막막해하고 어려워하는지 누구보다 잘 알고 공감합니다. 이 책은 창업을 두려워하고 바보 같은 실패를 반복한 과거의 나에게 보내는 글이기도 합니다. 창업에 실패하고 나서 성공하는 방법을 알아내기 위해 국내 펀딩 플랫폼에서 약 1천여 창업팀을 만나며 함께 일했습니다. 그리고 수많은 성공과 실패를 지켜보았습니다. 이 책은 성장하는 기업과 실패한 기업을 관찰하며 정리한 창업의 공식입니다. 여러분의 시간을 수 년 앞당겨줄 열쇠입니다.

📂 쉽게 따라 할 수 있는 안내서가 필요합니다

창업은 힘든 일이지 어려운 일은 아닙니다. 쉽게 도전하지 못하는 이유는 어떻게 시작할지 모르기 때문입니다. 주변에 창업을 준비하는 분들도 없고, 창업하고자 하는 관련 업종에서 일하지 않았다면 창업은 정말 막연한 일입니다. 10년 전부터 창업을 꿈꿔왔고 다양한 콘텐츠를 탐닉하던 사람으로서 여전히 창업은 막연합니다. 그럼에도 창업에는 일종의 방법론이 있습니다. 하지만 방법론은 꽤나 추상적이기 때문에 직접 경험하기 전까지 체득하기 어렵습니다. 그래서 보다 쉽게 창업을 이해할 수 있도록 일종의 교재, 학습지를 만들었습니다. 여기, 바로 여러분이 선택한 이 책이 그동안 궁금해왔던 창업을 시작하는 방법을 체계화한 교재입니다.

📂 타인의 성공을 따라 할 수 없지만 타인의 실패 경험을 배울 수는 있습니다

창업 성공 신화를 본 적이 있나요? 여러분 중에는 창업에 성공한 많은 사업가의 인터뷰를 보면서 자극을 받았던 경험이 있을 것입니다. 창업하고자 하는 아이템과 유사한 기업의 성공 사례를 보면서 벤치마킹을 했을 수 있습니다(저도 이미 수차례 해봤습니다). 그런데 이상하게도 비슷하게 따라 하지만 성공한 기업처럼 큰 성과를 거두지 못합니다. 왜 그럴까요? 그 기업이 성공한 이유는 오로지 그 시점에서만 유효한 전략이기 때문입니다. 시간이 흐르고

프롤로그

상황이 바뀌면, 똑같이 따라 해도 '성공'이라는 같은 결과가 일어나지 않습니다. 성공하는 기업마다 성공 요인은 다릅니다. 그들의 성공 요인을 베끼는 것은 불가능합니다. 이 진리는 실제로 수많은 창업 기업을 보면서 깨닫게 된 이치입니다.

그러나 신기하게도 실패하는 기업의 특징은 두세 가지 이유로 귀결됩니다. 남의 성공을 따라 하는 것은 불가능하지만 최소한 실패하는 기업들의 실패 요인을 분석하면 실패를 피할 수 있습니다. 실패한 기업에 대한 이야기는 미디어에서 찾아보기 어렵습니다. 누가 기분 좋게 자신의 실패담을 분석하면서 대중에 공개할까요? 그렇기에 이 책이 가치가 있습니다.

📁 수백 기업의 실패를 압축했습니다

1천여 곳 이상의 스타트업을 만났습니다. 그중에 대다수는 실패했거나, 실패 중이거나, 실패할 예정입니다. 그들을 비하하려는 의도가 아닙니다. 스타트업은 필연적으로 실패합니다. 더 극단적으로 표현하면 스타트업은 실패해야만 합니다. 실패해야지 더 나은 개선책을 발견하고 더 견고해질 수 있습니다. 그렇게 수백 기업의 실패 사례를 지켜보면서 인사이트가 차곡차곡 쌓였고, 방대한 인사이트를 정리하여 하나의 실천집으로 만들었습니다. 가만히 앉아서 수백 기업의 실패를 농축한 인사이트를 배울 수 있다면 그야말로 놀라운 지름길을 만난 것이나 다름없습니다.

진심을 담아 전합니다. 여러분이 망하지 않았으면 좋겠습니다

이 책에 실린 내용들은 성공하는 법을 가르쳐주지 않습니다. 성공하는 법을 가르쳐주겠다는 말은 여러분에게 사기를 치겠다는 말과 다름없습니다. 이 책은 무의미한 실패로 좌절되지 않도록 도우려는 데 목적이 있습니다. 피곤함에 절어, 출퇴근길에 수백 페이지가 되는 글을 쓰면서 '왜 이 책을 쓰게 되었지?' 사색에 잠길 때가 많습니다. 여러 마음이 있었지만 진정 핵심은 하나였습니다.

> "여러분이 망하지 않았으면 좋겠습니다. 여러분이 조금 더 빨리 성공했으면 좋겠고, 여러분이 엉뚱한 곳에 시간을 낭비하지 않았으면 좋겠습니다. 얼굴 한 번 본 적이 없지만, 여러분이 창업에 쏟는 열정과 노력들이 아스라이 사라지지 않았으면 좋겠습니다."

수많은 창업가가 가치 없는 실패에 몰입하는 것을 보고 있으면 가슴이 아립니다. 여러분의 열정이 꽃피우기를 바랍니다. 그리고 어느 시점에 여유가 생긴다면 뒤돌아보며 여러분의 길을 따라 걷는 이들을 챙기길 바랍니다. 진심을 담아 창업의 첫 여정을 축복합니다.

자, 그럼 이제 시작입니다.

지은이 **이건호, 강주현**

이 책의 구성

막연했던 창업, 이 책 한 권이면 실현됩니다!

《창업이 막막할 때 필요한 책》은 창업을 결심했거나 어쩔 수 없이 창업을 시작하게 된 분들을 위해, 기초 개념부터 실제 실행까지 꼭 필요한 네 가지 구성으로 알차게 준비했습니다.

필요한 건 결심이 아니라, 시작하는 한 걸음입니다!

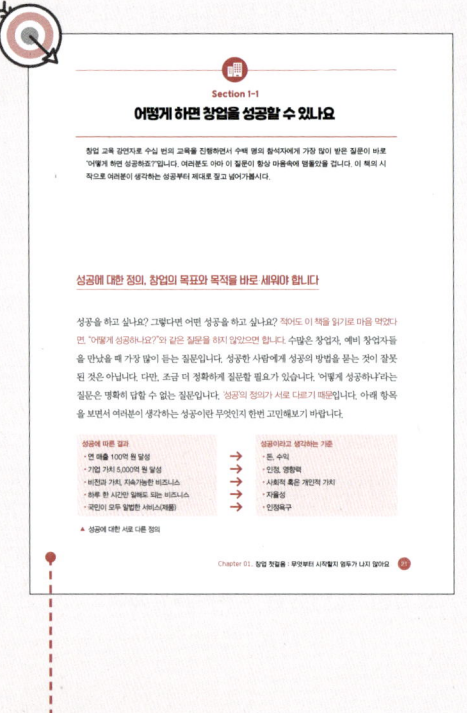

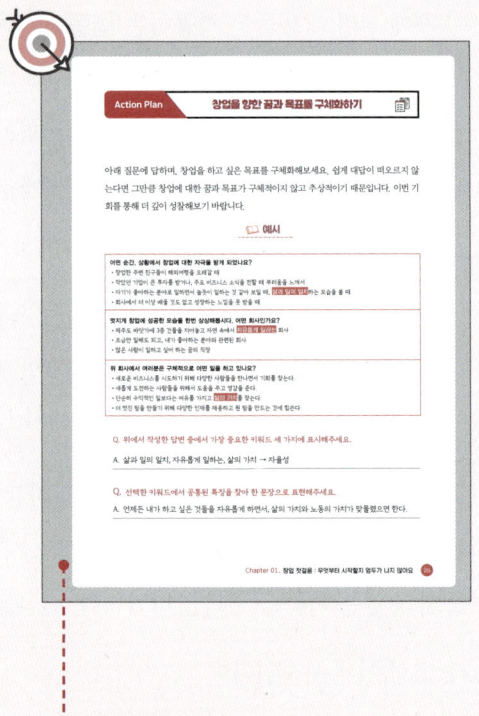

창업? 사업? 스타트업?
처음부터 친절하게 풀어드립니다

"창업이 뭐지?", "그냥 장사랑 다른가?" 이 책은 '사업', '비즈니스', '스타트업'의 개념부터 차근차근 짚어 주며, 여러분이 어떤 형태의 시작을 원하는지 스스로 판단할 수 있게 도와줍니다.

액션 플랜(Action Plan)
예시 + 실습 = 나만의 창업 설계도

각 절(Section)이 끝날 때마다 실제 창업 사례를 보여드립니다. 질문에 답하면서 여러분의 창업 아이템, 방향, 이유를 정리해보세요. 예시 답안도 함께 있어, 빈칸을 채우는 기분으로 가볍게 시작할 수 있습니다.

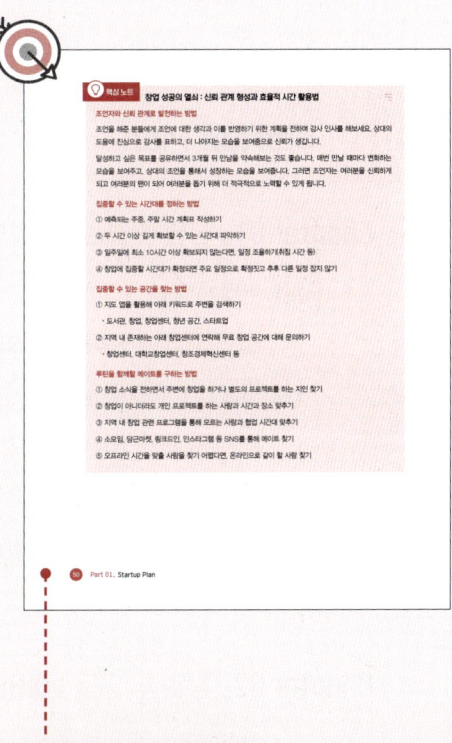

창업 팩트 처방전(Fact Prescription)
헷갈리는 창업 정보, 이제 명확하게!
초보 창업자가 주로 하는 생각들을 모아 현실적인 대안을 제시합니다. 창업 과정 중에 생기는 애매함이나 궁금증은 '창업 팩트 처방전'에서 깔끔하게 해소하세요.

핵심 노트(Core Note)
놓치지 말고 필수 체크!
수많은 스타트업을 도운 경험을 바탕으로 창업의 각 단계에서 꼭 알아야 할 핵심을 콕 짚어드립니다. 여러분이 진짜 창업에 어울리는 사람인지, 어떤 비즈니스 모델이 맞는지 현실적인 시선으로 알려드립니다.

목차

프롤로그 4

이 책의 구성 8

Part 01 Startup Plan

Chapter 01_ 창업 첫걸음 : 무엇부터 시작할지 엄두가 나지 않아요 ... 19

1-1 어떻게 하면 창업을 성공할 수 있나요 21
　　Action Plan 창업을 향한 꿈과 목표를 구체화하기 25
1-2 언제 창업하면 좋을까요 27
　　Action Plan 창업 시기, 기간, 도전 가능 횟수 정하기 31
1-3 창업, 이제 무엇부터 할까요 37
　　Action Plan 지속 가능한 창업 환경 만들기 45

Chapter 02_ 창업 두 걸음 : 아이템을 찾는 게 막막하고 어려워요 ... 51

2-1 창업 아이템은 어떻게 찾나요 54
　　Action Plan 나에게 맞는 비즈니스 찾아보기 78
2-2 경력이 없는데, 창업할 수 있나요 83
　　Action Plan 내가 가진 것들로 창업 아이템 구상하기 95
2-3 매력적인 아이템은 어떻게 찾나요 107

Chapter 03_ 창업 세 걸음 : 창업했다가 망하면 어떡해요 — 111

3-1 이 아이템으로 될까요 — 115
Action Plan 가설 수립, 고객 인터뷰 설계 — 125

3-2 내 창업 아이템에 경쟁사가 있어요 — 130
Action Plan 경쟁사 조사와 차별화 전략 수립 — 138

3-3 열심히 했는데, 돈을 못 벌면 어떡해요 — 145
Action Plan 수익성과 손익분기점 분석, 개선 전략 — 153

Chapter 04_ 창업 네 걸음 : 어떻게 팔아야 할지 모르겠어요 — 163

4-1 좋은 창업 아이디어가 있는데 어떻게 시작하나요 — 165
Action Plan 서포터 모집을 위한 아이템 1분 소개 — 177

4-2 상품화는 어떻게 하나요 — 181
Action Plan MVP 제작 계획 체크 리스트 — 187

4-3 사람들이 아이템에 관심을 보이지 않아요 — 190
Action Plan 실패 진단 문답지 — 196

목차

Part 02 Upgrade Startup

Chapter 05_ 창업 다섯 걸음 : 자본을 조달해야 해요 ... 207
- 5-1 자본은 어떻게 조달받나요 ... 209
- 5-2 소자본, 무자본 사업으로 가볍게 시작하세요 ... 224

Chapter 06_ 창업 여섯 걸음 : 브랜딩과 마케팅 기초도 필수예요 ... 227
- 6-1 브랜딩은 무엇이고 어떻게 하나요 ... 229
  - Action Plan 브랜딩 아이덴티티 구축을 위해 필요한 질문지 ... 243
- 6-2 마케팅은 무엇이고 어떻게 하나요 ... 247
- 6-3 고객은 어떻게 관리하나요 ... 266

Part 03 Ready for Action

Chapter 07_ 창업 일곱 걸음 : 이런 다짐이 필요해요 ... 277
    7-1 고객이 전부예요 ... 279
    7-2 모든 건 좋은 제품과 서비스에서 출발해요 ... 283
    7-3 고객을 팬으로 만들어야 해요 ... 285
    7-4 미래를 명확하게 그린 후 시도하세요 ... 288

    에필로그 ... 292

Part 01

Startup Plan

1부는 가급적 세 시간 정도의 여유시간이 있는 상황에서 읽기 시작했으면 좋겠습니다. 직접 풀어봐야 할 내용들도 있기에 연필 한 자루도 준비해두세요. 1부의 내용을 잘 따라온다면 그동안 막막했던 창업이 구체화되고 눈에 보이는 형태가 될 것입니다. 제법 괜찮은 창업 아이템을 구상하고, 어떻게 고객조사를 하고 시장조사를 할지 대략적인 계획을 세울 수 있을 겁니다. 기대되지 않나요? 이 설레는 시간을 다른 일에 방해받을 수는 없습니다. 본격적으로 시작하기 전에 우리가 알고 있는 창업이라는 단어를 살펴보면서 시작합시다.

여러분이 알고 있는 창업은 무엇인가요? 창업의 정의와 범위는 사람마다 각양각색입니다. 어쩌면 이 책을 읽어가면서 '이게 창업이라고?'라는 생각이 들 수도 있습니다. 그렇기에 먼저 이 책이 정의하는 창업, 그리고 앞으로 우리가 집중해야 하는 창업이 무엇인지 설명하고자 합니다.

창업은 단순히 내가 대표(혹은 사장)가 되는 새로운 직장, 직업을 의미하지 않습니다. 보다 근본적으로 새로운 제품과 서비스, 즉 비즈니스 가치를 창출하는 일을 의미합니다. 그래서 흔히 생각하는 창업(회사를 그만두고 사업자를 내는 형태)보다 더 포괄적인 가치창출의 과정을 창업이라 표현하고 있습니다. 본업을 유지하면서 여유시간을 통해 진행하는 부업Side Job도 일종의 창업이라고 볼 수 있습니다. 새로운 가치를 창출하는 것이 핵심이기 때문입니다.

창업에는 난이도가 있다고 생각합니다. 가장 쉬운 단계는 '장사' 단계입니다. 지금 우리가 집중하고자 하는 영역이 바로 이 단계입니다. 장사의 구조는 단순합니다. 내가 판매할 물건을 마련하고 고객에게 판매하는 과정입니다. 시장에서 과일을 판매하는 형태도 장사의 형태입니다만 온라인으로 특정 제품을 판매하고 마케팅하는 활동도 장사라고 볼 수 있습니다. 꾸준하게 내 시간과 인력이 투입되지 않으면 판매가 이뤄지지 않기 때문입니다. 장사는 비교적 빠르고, 작게 시작할 수 있습니다. 장사는 비즈니스 감각을 깨우쳐가는 단계로 투자한 시간만큼 점진적으로 성장하는 단계입니다.

장사 다음 단계는 '사업'입니다. 여기서부터는 '시스템'이 작동합니다. 내 시간을 들이지 않고도 자동으로 돌아가는 단계, 흔히 말하는 '자면서도 돈이 벌리는 구조'를 갖추는 것을 사업 단계로 봅니다. 사업은 노하우가 접목된 시스템을 구축하고 개발하는 일입니다. 시스템은 IT 개발로 구현할 수도 있지만 인력으로 구현할 수도 있습니다. 또한 사업은 지속적으로 시스템의 확장과 유지를 위해 투자하면서 새로운 것을 구축하고 개발해가는 단계입니다. 장사 단계에서는 단순히 고객에게만 집중해서 충분히 성공할 수 있다면 사업부터는 마케팅, 브랜딩, 시장분석, 기술(개발), 경영, 효율화, 법 등 다양한 영역에 대비해야 합니다.

마지막 창업 단계는 '새로운 시장을 만드는 일'입니다. 우리가 흔히 아는 성공한 창업가들의 사례가 이 단계에 해당합니다. 새로운 서비스를 만드는 단계를 넘어 서비스 자체가 새로운 시장을 형성하는 단계입니다. '토스'가 새로운 송금 시장을 개척했듯이, '배달의 민족'이 배달 시장을 만들었듯이, 새로운 혁신으로 새로운 시장과 업(業)을 만드는 것이 창업입니다. 우리는 보통 이런 사례를 보고 창업을 꿈꾸고 이렇게 되기를 꿈꿉니다.

하지만 우리는 아직 창업 초보입니다. 그러므로 장사 단계부터 차근차근 시작할 필요가 있습니다.

Chapter 01

창업 첫걸음 : 무엇부터 시작할지 엄두가 나지 않아요

창업의 첫걸음을 내디디며

성공한 창업자들이 입을 모아 말하는 내용이 있습니다. "창업은 버티는 싸움이다. 마지막까지 버티는 사람이 승리한다."

창업을 하려면 수입이 불확실한 상황에서 1~2년, 그 이상을 버틸 수 있어야 합니다. 창업은 1~2개월 내에 성과를 내는 단거리 경주가 아닙니다. n년 이상이 걸리는 중장거리 경주입니다. 마라톤입니다. 그래서 창업을 장기간 지속적으로 할 수 있는 방법을 찾아야 합니다. 10년, 20년 그 이상을 바라보면서 준비해야 합니다. 마음이 앞서서 서둘러 행동하다 보면 다칩니다. 옳지 못한 판단을 하고, 겉치레에 쓸모없는 비용을 지출하다 보면 결정적으로 회복이 어려운 실패를 맞이하기도 합니다. 실패가 잦다 보면 부푼 꿈을 포기하기 마련입니다. 한 달 뒤 여름을 기다리면서 갑작스레 헬스 하는 사람과 장기간 건강을 위해 운동하는 사람은 다릅니다. 그러므로 그 첫걸음으로 꾸준하고 오래 할 수 있는 창업과 그 방법에 대한 이야기를 나누며 준비하려고 합니다.

'창업을 하려면 일단 이것부터 해야 하지 않을까?' 하는 여러 생각이 있을 것입니다. '사업자등록증부터 만들까?', '명함부터 만들까?', '아니야, 홈페이지부터 만들어야겠다!' 혹시 이런 생각이 들었다면 과감히 버리세요. 우리는 창업 소꿉놀이를 하려는 것이 아닙니다. 남들에게 '나 창업하고 있어'를 알리려고 창업을 시작한 것이 아닙니다. 남들에게 보이는 겉모습이 아닌, 건강한 동기부여와 지속적인 환경에 집중해야 합니다. 운동을 하려고 헬스장에 회원으로 등록하거나 각종 운동복과 기구들을 구매하던 날을 떠올려보세요. 좋은 성적을 받기 위해서 여러 과목의 학원, 독서실을 등록하고 문제집을 결제하던 날을 떠올려보세요. 부질없이 끝났던 계획이 얼마나 많았나요? 창업만큼은 잠깐의 작심삼일로 끝나서는 안 됩니다. 창업은 여러분의 직업, 일상, 그리고 인생을 바꿉니다. 창업이 열어 줄 여러분의 자율적인 삶을 꿈꾸기를 바랍니다. 찰나의 순간, 창업이라는 키워드가 여러분의 삶을 스쳐 지나가는 것으로 만족하지 말아야 합니다.

Section 1-1

어떻게 하면 창업을 성공할 수 있나요

창업 교육 강연자로 수십 번의 교육을 진행하면서 수백 명의 참석자에게 가장 많이 받은 질문이 바로 "어떻게 하면 성공하죠?"입니다. 여러분도 아마 이 질문이 항상 마음속에 맴돌았을 겁니다. 이 책의 시작으로 여러분이 생각하는 성공부터 제대로 짚고 넘어가봅시다.

성공에 대한 정의, 창업의 목표와 목적을 바로 세워야 합니다

성공을 하고 싶나요? 그렇다면 어떤 성공을 하고 싶나요? 적어도 이 책을 읽기로 마음 먹었다면, "어떻게 성공하나요?"와 같은 질문을 하지 않았으면 합니다. 수많은 창업자, 예비 창업자들을 만났을 때 가장 많이 듣는 질문입니다. 성공한 사람에게 성공의 방법을 묻는 것이 잘못된 것은 아닙니다. 다만, 조금 더 정확하게 질문할 필요가 있습니다. '어떻게 성공하냐'라는 질문은 명확히 답할 수 없는 질문입니다. '성공'의 정의가 서로 다르기 때문입니다. 아래 항목을 보면서 여러분이 생각하는 성공이란 무엇인지 한번 고민해보기 바랍니다.

성공에 따른 결과		성공이라고 생각하는 기준
• 연 매출 100억 원 달성 • 기업 가치 5,000억 원 달성 • 비전과 가치, 지속가능한 비즈니스 • 하루 한 시간만 일해도 되는 비즈니스 • 국민이 모두 알법한 서비스(제품)	→ → → → →	• 돈, 수익 • 인정, 영향력 • 사회적 혹은 개인적 가치 • 자율성 • 인정욕구

▲ 성공에 대한 서로 다른 정의

성공의 기준이 '인정욕구'인 사람은 매출을 끌어올리는 방법보다 'PR 전략' 혹은 '투자유치 전략'이 더 중요합니다. 보다 많은 사람이 알 수 있는 회사를 만드는 것이 더 성공에 다다르는 길입니다. 금전적 수익이 목적인 사람은 '투자받는 법'이 아닌 '현금 흐름을 관리하는 방법'과 '영업이익'을 유지하면서 더 많은 매출을 늘리는 것이 더 중요합니다. 각자의 성공 기준이 다르기에 성공에 닿는 방식도 천차만별입니다. 그러므로 창업을 시작하기 전, 창업으로 이루고 싶은 것이 무엇인지를 명확히 해두어야 합니다.

창업은 매 순간, 의사결정의 연속입니다. 앞으로 수천 번의 의사결정을 해야 하는데, 명확한 기준점(목표)이 없다면 매번 같은 곳에 머물게 될 것입니다. 스스로 무엇을 중요하게 여기는지 알아야 합니다. 기준을 모른 체 어벌쩡한 선택을 반복하는 것은 멍청한 짓이고 스스로와 주변의 시간을 좀 먹는 짓입니다. 적어도 창업을 시작하기 전에 달성하고 싶은 것에 대해 명확하게 정의하고 시작해야 합니다.

여러분의 중요한 분기점, 창업으로 무엇을 바라나요

단순해보이는 이 고민은 매우 중요한 분기점입니다. 예를 들어, 여러분이 5년 동안 공을 들인 패션 브랜드가 있다고 가정해보겠습니다. 때마침 브랜드를 인수하고 싶다는 사람이 나타났습니다. 지금 브랜드를 매각하면 20억 원에 매각할 수 있습니다. 하지만 10년 정도 (정말 힘들게) 브랜드를 운영하면 500억 원의 가치를 인정받을 수 있다고 가정하겠습니다(물론, 브랜드 가치가 500억 원일뿐 내 자산이 500억 원이 되는 것은 아닙니다). 여러분이라면 어떤 선택을 하겠나요? 지금 당장의 수익과 자유로움을 선택하나요? 아니면 더 많은 사람에게 박수받는 CEO의 삶과 더 성장 가능한 미래를 선택하나요?

창업의 기준과 목적은 사소한 선택에도 큰 영향을 줍니다. 상세 페이지나 홈페이지(혹은 SNS)를 만드는 일을 예시로 들어보겠습니다. 상품을 만들기까지의 역경을 핵심으로 담는

스토리텔링으로 풀어갈지, 아니면 고객에게 잘 팔릴만한 카피 위주로 디자인할지를 결정할 때에도 창업의 기준과 목표가 큰 영향을 미칩니다. 창업의 기준과 목적이 모호한 사람은 매번 달라지는 주변 환경에 따라, 또는 주변 사람의 입김에 따라 귀가 팔랑거리며 서로 다른 방향의 선택을 하게 됩니다. 그리고 그런 선택들이 모이고 모여 폐업이라는 문에 도달하게 되는 것입니다.

'돈'이 목적이라면 고상함과 세상에게 인정받는 것에 가치를 두어서는 안 됩니다. '사회적 가치'가 목적이라면 한 달에 150만 원의 월급을 받아도 괜찮은지를 반드시 고민해야 합니다. '자율성'이 목적이라면 불확실한 미래에 대한 불안함을 견딜 수 있어야 합니다. 물론, 이렇게 극단적인 상황이 발생할 확률은 낮지만 크고 작은 선택들이 모여 결국 하나의 큰 결과가 되므로 이런 고민은 반드시 필요합니다.

창업을 결심했다면 구체적 지표를 계획하세요

성공의 기준을 정의했다면 이제 모호한 키워드를 구체적인 지표로 환산할 필요가 있습니다. '수익'이 목적이라면, 구체적으로 얼마만큼의 수익을 희망하는지에 대한 상세한 숫자가 필요합니다. 즉, 목표 금액이 매월 정기적으로 발생하는 수익인지, 전체 자산에 대한 평가액인지 구분해야 합니다.

성공 기준	정략적인 성공 기준 예시
수익	• 월 1천만 원가량 정기적인 순수익이 발생하는 비즈니스 • 30억 원 자산 증식을 위한 비즈니스
영향력	• 50여 명의 직원이 다니는 비즈니스 • 특정 시장의 점유율을 50% 이상 확보해서 시장을 주도하는 독과점 비즈니스
가치	• 해안가 쓰레기를 매년 10톤씩 절감하는 비즈니스 • 경력 단절 여성을 매년 100명씩 취업시키는 비즈니스
자율성	• 하루에 세 시간만 일해도 되는 비즈니스 • 장소에 구애받지 않고 자유롭게 일할 수 있는 비즈니스
인정욕구	• 회원 수가 100만 명이 넘는 비즈니스 • 매월 한 개 이상의 뉴스 기사가 발행되는 사회적 관심을 받는 비즈니스

▲ 정량적인 성공 기준 예시

아마 많은 분들이 수익을 창업의 기준으로 삼을 것입니다. 하지만 조금만 더 생각하면 분명 더 중요한 기준이 있을 것입니다. 만약, 지금 수중에 돈이 충분하다면, 무슨 일을 하고 싶은지 다시 한번 고민해보길 바랍니다. "경제적 안정감이 있는 상황에서 창업을 한다면 어떤 목표를 향해 달려가고 싶나요?"

다음 페이지의 첫 번째 [Action Plan(워크북)]을 작성하면서 자신이 무엇을 필요로 하는지 찾아보길 바랍니다. 만약, 창업에 대한 구체적인 목표점이 그려지지 않는다면, 다음 단계를 실행하지 말고 깊이 고민해야 합니다. 앞으로 경주마가 되어 앞만 보고 달려야 하기에 지금 잠시 멈추고 목표점을 분명히 해야 합니다. 창업의 성공 기준, 확실한 동기부여에 대한 기준이 없다면, 지치는 상황에서 쉽게 '창업 포기'를 선택하게 됩니다(이건 저의 경험담입니다). 건강하고 오래 지속할 수 있는 창업을 위해, 괴롭더라도 지금 분명하게 성공의 기준을 찾아야 합니다.

Action Plan — 창업을 향한 꿈과 목표를 구체화하기

아래 질문에 답하며, 창업을 하고 싶은 목표를 구체화해보세요. 쉽게 대답이 떠오르지 않는다면 그만큼 창업에 대한 꿈과 목표가 구체적이지 않고 추상적이기 때문입니다. 이번 기회를 통해 더 깊이 성찰해보기 바랍니다.

 예시

어떤 순간, 상황에서 창업에 대한 자극을 받게 되었나요?
- 창업한 주변 친구들이 해외여행을 오래갈 때
- 작았던 기업이 큰 투자를 받거나, 주요 비즈니스 소식을 전할 때 부러움을 느껴서
- 자기가 좋아하는 분야로 일하면서 놀듯이 일하는 것 같아 보일 때, **삶과 일이 일치**하는 모습을 볼 때
- 회사에서 더 이상 배울 것도 없고 성장하는 느낌을 못 받을 때

멋지게 창업에 성공한 모습을 한번 상상해봅시다. 어떤 회사인가요?
- 제주도 바닷가에 3층 건물을 지어놓고 자연 속에서 **자유롭게 일하는** 회사
- 조금만 일해도 되고, 내가 좋아하는 분야와 관련된 회사
- 많은 사람이 일하고 싶어 하는 꿈의 직장

위 회사에서 여러분은 구체적으로 어떤 일을 하고 있나요?
- 새로운 비즈니스를 시도하기 위해 다양한 사람들을 만나면서 기회를 찾는다.
- 새롭게 도전하는 사람들을 위해서 도움을 주고 영감을 준다.
- 단순히 수익적인 일보다는 여유를 가지고 **삶의 가치**를 찾는다.
- 더 멋진 팀을 만들기 위해 다양한 인재를 채용하고 원 팀을 만드는 것에 힘쓴다.

Q. 위에서 작성한 답변 중에서 가장 중요한 키워드 세 가지에 표시해주세요.

A. 삶과 일의 일치, 자유롭게 일하는, 삶의 가치 → 자율성

Q. 선택한 키워드에서 공통된 특징을 찾아 한 문장으로 표현해주세요.

A. 언제든 내가 하고 싶은 것들을 자유롭게 하면서, 삶의 가치와 노동의 가치가 맞물렸으면 한다.

📖 실습

어떤 순간, 상황에서 창업에 대한 자극을 받게 되었나요?

-
-
-
-

멋지게 창업에 성공한 모습을 한번 상상해봅시다. 어떤 회사인가요?

-
-
-
-

위 회사에서 여러분은 구체적으로 어떤 일을 하고 있나요?

-
-
-
-

Q. 위에서 작성한 답변 중에서 가장 중요한 키워드 세 가지를 동그라미로 표시해주세요.

A.

Q. 선택한 키워드에서 공통된 특징을 찾아 한 문장으로 표현해주세요.

A.

Section 1-2

언제 창업하면 좋을까요

우리는 보통 인생의 어느 시기에 창업하면 좋을지, 지금이 창업하기 좋은 시점인지, 혹은 관련 경험이 없는데 지금 창업해도 될지 등 고민과 걱정이 들 때가 있습니다. 창업 시점이 고민되는 가장 큰 이유는 창업 자체가 예측 불가능한 미지의 변수이기 때문입니다. 이제 다른 변수를 예측해가며 창업의 시점을 찾아봅시다.

적절한 창업 시기와 몰입 시간을 정해야 합니다

혹시 직장(학교)을 언제 그만두면 좋을지 묻는 것이라면, 창업 때문에 그만두어서는 안 됩니다. '창업한다 = 퇴사(자퇴)한다'라고 생각한다면 다시 생각해야 합니다. 창업에 전념해도 되는 경우는 창업의 성공 공식을 이해하고 있고, 창업에 대한 다양한 경험이 많은 사람에게 해당합니다. 관련 지식이 부족한 우리는 조심스럽게 접근하는 게 좋습니다. 가장 좋은 방법은 부업 Side Job 으로 시작하는 것입니다. 후퇴할 수 있는 심리적, 물리적 기반이 있으면 안정감을 지속할 수 있기 때문입니다.

창업을 하고 싶은데 아직 창업을 하지 못하고 있는 사람들에게 그 이유를 물으면 크게 세 가지 답변을 합니다. '같이 할 사람이 없어서', '아이템이 없어서', '창업할 돈이 없어서' 등입니다. 하지만 창업의 필수 준비물은 사람도 돈도 아닙니다. 오직 여러분의 시간입니다. 여러분이 창업을 아직 못하는 이유는 선뜻 여러분의 시간을 투자할 만큼 스스로의 성공을 확신하지 못하기 때문입니다.

다시 묻습니다. 정말 여러분에게는 시간이 없나요? 아닙니다. 지금 당장 스마트폰에 쓰는 시간만 아껴도 창업을 시작할 수 있습니다. 즉, 시간보다 더 중요한 것은 여러분의 마음입니다. 지금 해야 할 것은 불안함과 두려움의 원인을 직접 마주하고 수용하는 것입니다.

지금이 가장 젊은 날입니다. 정말 안타까운 이야기지만, 아마 우리는 시간이 흐를수록 더 바쁘고 복잡한 삶을 살 것입니다. 어쩌면 지금이 인생에서 제일 여유로운 시기일지 모릅니다. 하루하루가 지날수록 우리는 다양한 일을 경험하고 더 복잡한 일을 해결할 수 있게 되고, 더 다양한 책임을 지게 됩니다. 그러니 언제 창업을 하는 것이 좋은지 묻는 질문에 꼭 대답을 하자면, 인생에서 가장 덜 바쁜 '지금'이라고 답하고 싶습니다.

그렇기에 늘 부족한 시간, 제한된 자원을 잘 경영하는 법을 터득해야 합니다. 창업이라는 위대한 도전에 발걸음을 떼면서 스스로의 시간자원을 경영하는 법을 배워야 합니다. 시간 관리는 특별한 비법이라고 할 만한 것이 없습니다. 도서, 온라인 강연 등 무엇이든 괜찮으니 스스로의 시간을 잘 관리하길 바랍니다.[1] 자신의 시간을 관리하지 못하면서 타인의 시간과 자산을 관리할 수 없습니다.

창업은 시기보다 기간과 횟수가 중요합니다

누구든 여러분에게 창업의 적기를 알려주지 않습니다. 오로지 여러분이 판단하고 선택하는 문제입니다. 창업을 하는 시기보다 중요한 것은 창업에 도전할 수 있는 기간과 횟수입니다. 뒤에서 자세히 언급하겠지만, 한 가지 아이템으로 1~2년 지속하는 창업은 극히 드물고 위험합니다. 창업의 초기 단계일수록 아이템의 세부 사항은 매번 바뀝니다. 그래야 생존할 수 있습니다. 타깃 고객을 변경하거나 핵심 기능을 수정하는 등 시시때때로 창업 아이템을 변경해야 합니다. 변경만으로 부족할 때도 있습니다. 어느 시점에서는 아이템을 완전히 폐기하고

---

[1] 개인적으로는 《피터 드러커의 자기경영노트》(한경비피, 2024)의 도움을 많이 받았습니다.

<u>새로운 아이템을 찾아야 할 때도 있습니다Pivoting(피봇팅). 바로 이러한 주기를 몇 회 정도 반복할 수 있는지 파악하는 것이 중요합니다.</u> 창업 시도 횟수는 업종의 변경을 몇 번 시도할 수 있는지 의미하는 것이 아닙니다. 특정 아이템을 구상하고 시장조사하고 샘플테스트를 진행하는 일련의 사이클을 몇 회, 즉 몇 개의 아이템을 시도해볼 수 있을지를 파악하는 것입니다.

아이템을 구상하고 시장을 조사하는 단계는 통상 아이템의 잠재성을 확인하는 단계로 1~2개월 정도 소요됩니다. 장기간 기술 개발이 선행되어야만 잠재성을 확인할 수 있는 특수한 경우를 제외하고 대부분의 서비스 및 제품은 짧은 시간 내에 잠재성을 확인할 수 있습니다. 잠재성이 확인되지 않으면, 과감히 폐기해야 합니다. 보수적으로 세부 사항을 여러 번 변경하는 것까지 감안한다면, 한 아이템에 투자하는 시간을 3개월 정도로 추정합니다. 3개월 주기를 몇 회 정도 반복할 수 있는지, 여러분이 창업에 몇 번 도전할 수 있는지 파악해야 합니다. 창업을 오래 지속하는 것은 중요한 능력입니다. 하지만 의미 없이 반복하는 것은 매우 위험합니다. 스스로에게 마감 기한을 설정하기 바랍니다.

이제 한 아이템에 최소 3개월을 주기로, 총 몇 개의 아이템을 시도해볼 수 있는지, 창업에 집중할 수 있는 기간과 횟수는 얼마나 될지 인생의 주요 이벤트에 맞춰 예측해보겠습니다.

📂 일어날 인생의 대소사를 예측해야 합니다

앞서 언급했지만, 여러분의 시간과 에너지는 제한되어 있습니다. 그렇기에 인생의 주요 이벤트와 창업을 병행하는 것은 생각보다 힘듭니다. 입학, 졸업, 취업, 이직, 결혼, 육아, 이사 등 삶이 다이내믹하게 변할 때는 창업을 생각하지 않기를 권합니다. 이때 창업을 하게 되면 어딘가 탈이 나기 마련입니다. 스스로에게 피해가 생기면 그나마 다행입니다. 보통 주변 사람에게 피해를 끼치는 경우가 많기 때문에 여러분의 삶에 큰 영향이 없는 기간을 살펴 창업 시기를 고려하기 바랍니다.

예를 들어, 대학생이라면 졸업(취업 준비)이라는 이벤트까지 어느 정도의 시간이 있는지 계산해볼 수 있습니다. 직장인이라면 이직, 독립(이사), 결혼, 육아 등 향후 이벤트까지 남은 시간을 계산할 수 있습니다. 1년 3개월 정도의 시간이 남았다면, 대략 서로 다른 아이템을 시도할 수 있는 횟수는 약 5회 정도로 계산할 수 있습니다(앞서 한 아이템을 검증하고 살펴보는 기간으로 약 3개월을 산정했기 때문입니다). 그러므로 최대 다섯 번까지 도전할 수 있는 기간이 됩니다.

📂 창업은 언제든지 할 수 있으니 잠깐 멈출 때도 미리 정해야 합니다

창업을 시작하게 되면 굉장히 높은 확률로 자기 편향에 갇힙니다. 계속 실패하는 데도 이번에는 성공할 것 같다는 함정에 빠집니다. 흔히 '사업병', '대표병'에 빠진다고 표현합니다. 그런 경우가 생기지 않도록 창업을 멈추는 기준을 정해놓는 것이 중요합니다. 시작도 안 했는데 벌써 그만두는 것을 고려한다는 게 어색할 수 있습니다. 하지만 여러분이 비현실적인 생각에 사로잡혀 불필요한 시간을 낭비하는 것을 방지하기 위해 꼭 필요한 과정입니다. **여러 번 도전했는데도 잘 안 된다면, 그 이유를 해결하고 다시 도전해야 합니다. 문제의 원인을 해결하지 못하면, 문제의 외형만 바뀐 채 반복됩니다.** 창업을 시작하면, 몇 회 창업에 도전할 것인지 스스로 다짐하고 시작하기를 권합니다.

창업 횟수 외에도 창업을 그만둘 시기를 정량적, 정성적으로 정하는 것은 창업을 계획할 때 많은 도움이 됩니다. 스스로를 객관적으로 회고할 때도 도움이 됩니다. 나태해지기 쉬운 환경 속에서 조금 더 스스로를 관리하는 기준이 되기도 합니다.

Action Plan — 창업 시기, 기간, 도전 가능 횟수 정하기

🎯 **여러분은 왜 시작하지 못하고 있을까요?**

지금 당장 창업을 못하고 있다면, 혹은 창업의 성과가 너무 부진하다면 그 원인을 찾아봐야 합니다. 아래 예시 단어를 활용해서 창업에 대한 두려움을 구체적으로 표현해봅시다. 아래 예시 단어는 참고용이며, 스스로 더 구체적인 이유를 생각해서 적어봅시다.

📖 예시

시간 돈 동료 가족 환경 실력 경험 친구 용기 투자 방법 아이템 회사 **미래** 정보 커리어 결과 선택 책임	반대해서 두려워서 잃어서 **불안해서** 부족해서 없어서 몰라서 어려워서 열등해서 저조해서 불투명해서 무서워서

⬇ ⬇

(**미래**) 가(이)   (**불안해서**)

창업을 못하고 있다.

📖 실습

(   ) 가(이)   (   )

창업을 못하고 있다.

Chapter 01_ 창업 첫걸음 : 무엇부터 시작할지 엄두가 나지 않아요

🎯 지금 당장 창업하지 못하는 이유는 뭘까요?

창업하지 못하는 한 가지 이유만 작성하지 말고 여러 이유를 찾아서 작성해봅시다.

📖 예시

A. 1순위 : 미래가 불안정해 보여서 창업을 못하고 있습니다.

2순위 : 창업할만한 아이템이 마땅하지 않아서 창업을 못하고 있습니다.

3순위 : 회사 일이 너무 바빠 시간이 없어서 창업을 못하고 있습니다.

📖 실습

A. 1순위 :

2순위 :

3순위 :

🎯 왜 창업을 하지 못하고 있을까요?

스스로의 노력으로 해결 가능한 이유인가요? 정말 창업이 불가한 이유가 맞나요? 내면의 요인이 큰 문제라면 충분히 해결할 수 있습니다. 대부분 스스로의 확신이 부족해 망설이는 경우가 많습니다. 창업을 선뜻 시작하지 못하는 아래의 대표적인 유형과 그에 대한 처방전을 통해서 진단해봅시다.

📖 예시

Q. 스스로의 노력으로 해결 가능한 요인인가요?

A. 네.

Q. 해당 요인이 창업 불가한 요인이 맞나요?

A. 아니요.

Q. 창업을 못하는 이유에 대해 구체적으로 작성해보세요.

A. 돈이 많지 않고, 어떻게 창업해야 할지도 모르겠고, 그냥 불안감이 큰 것 같다. 창업하고 나서 다시 일상으로 돌아오려면 시간이나 에너지도 많이 들 것 같다.

📖 실습

Q. 스스로의 노력으로 해결 가능한 요인인가요?

A.

Q. 해당 요인이 창업 불가한 요인이 맞나요?

A.

Q. 창업을 못하는 이유에 대해 구체적으로 작성해보세요.

A.

🎯 향후 10년 이내의 중대사를 예측해봅시다

인생의 중요한 이벤트를 예측할 수 있습니다. 앞으로 10년을 상상하면서 발생할 수 있는 인생의 주요 이벤트를 추정해봅시다. 그리고 어느 기간 동안 창업에 매진할 수 있을지를 한번 구체화해봅시다.

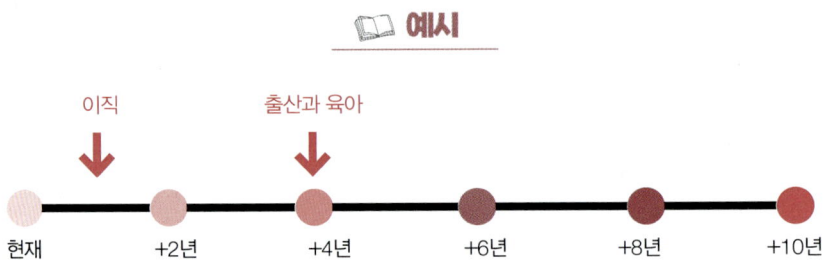

Q. 1차 창업 가능 시기
A. 시기 : 현재 ~ 이직 전 / 기간 : 약 9개월 / 창업 도전 가능 횟수 : 3회

Q. 2차 창업 가능 시기
A. 시기 : 이직 후 6개월 뒤 ~ 출산 전 / 기간 : 약 18개월 / 창업 도전 가능 횟수 : 6회

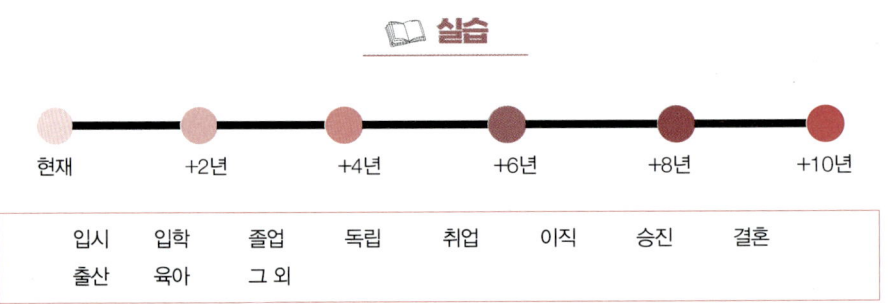

| 입시 | 입학 | 졸업 | 독립 | 취업 | 이직 | 승진 | 결혼 |
| 출산 | 육아 | 그 외 | | | | | |

Q. 1차 창업 가능 시기
A. 시기 :   / 기간 :   / 창업 도전 가능 횟수 :

Q. 2차 창업 가능 시기
A. 시기 :   / 기간 :   / 창업 도전 가능 횟수 :

🎯 창업에 부족한 시간을 확보합시다

창업자의 가장 중요한 자산은 시간입니다. 지금 시간을 어떻게 활용하고 있나요? 아래 표처럼 현재 시간을 어떤 활동에 어떻게 사용하고 있는지 확인한 후 남는 시간을 파악해보기 바랍니다. 창업에 투자할 시간이 없다면, 다른 곳에 사용되는 시간을 줄여서 충분한 시간을 확보할 수 있습니다.

📖 **예시**

활동	주중(24시간)	주말(24시간)
취침 시간	7시간	7시간
회사(또는 학교) 활동 시간	8시간	-
이동 시간	2시간	-
식사 시간	2시간	2시간
휴식 시간	1.5시간	3시간
남는 시간 (창업 가능 시간)	3.5시간	12시간
합계	24시간	24시간

📖 **실습**

활동	주중(24시간)	주말(24시간)
취침 시간		
회사(또는 학교) 활동 시간		
이동 시간		
식사 시간		
휴식 시간		
남는 시간 (창업 가능 시간)		
합계		

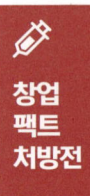
창업
팩트
처방전

창업 울렁증이 있는 여러분에게

창업할 돈이 없어요

큰 자본금을 들여 창업하는 것은 어떤 누구도 권장하지 않습니다. 창업에 큰돈이 필요하다고 하는 사람은 보통 그냥 돈이 많은 사람이거나, 잘 모르거나, 혹은 사기꾼일 확률이 높습니다. 물론, 당연히 큰돈을 투자해서 시작하는 창업도 있습니다. 하지만 그런 창업은 이 책에서 말하는 창업과는 거리가 있습니다. 적은 비용으로 안전하게 창업을 시작하세요.

창업할만한 실력이나 경험이 없어요

그 누구도 완성된 창업자는 없습니다. 오히려 매번 실패하면서 깨닫는 과정을 통해서 더 나아지는 과정을 밟습니다. 지금 시작하지 않는다면 5년, 10년 뒤에도 비슷한 이유로 스스로의 실력과 경험에 자신감이 없을 확률이 큽니다. 꼭 기억하세요. 창업은 실패한 경험이 이력이고 경력입니다. 창업 실력과 경험은 스스로의 도전을 통해서만 쌓을 수 있습니다.

창업했을 때 결과와 미래가 불확실해서 불안해요

모든 창업자가 짊어지고 가는 숙명입니다. 그렇기에 가치가 있습니다. 하지만 무조건 위험한 길에 뛰어들 필요는 없습니다. 주식을 투자할 때 아무런 정보 없이 감각에 의해서 투자하는 것은 위험하고 무모하지만, 위험 요소를 분석하면 어느 정도의 위험 부담을 줄일 수 있습니다. 우리에게도 수용 가능한 크기로 위험 요소를 조정하는 작업이 필요합니다.

Section 1-3

창업, 이제 무엇부터 할까요

만약 오늘 당장 창업을 시작하라고 한다면 무엇을 해야 할까요? "세상을 바꾸려면 이불부터 개라."라는 말이 있듯이 지금 당장 창업을 시작하면서 해야 할 일은 간단하지만 무엇보다 중요한 일입니다. 남에게 보이기 위한 것과 나중에 해도 될 일을 제치고 먼저 해야 할 일을 살펴봅시다.

고객의 반응이 있기 전까지는 모든 것이 무의미합니다

창업을 결심한 후에는 보통 사무실을 구하거나 정부지원사업을 찾고 회사 로고, 홈페이지를 만드는 등 여러 정형화된 과정들을 떠올립니다. 하지만 기억해야 할 점은 그런 작업 대부분은 몇 개월 뒤면 쓸모 없어질 가능성이 높습니다. 다이어트에 비유하면 헬스장에 등록하고 여러 다이어트 식품을 사는 것으로 성대하게 다이어트를 시작하지만 머지않아 열정이 식고 돈만 날리는 경우와 비슷합니다.

창업도 마찬가지입니다. 첫 시작의 설렘에 들떠 중요하지 않은 것에 시간과 돈을 투자합니다. 사업자등록을 안 할 수도 있는데, 회사 이름과 명함 디자인에 한 달을 고민하는 사람도 있습니다. 명확한 사업 아이템도 없는 상태에서 무리하게 사무실을 계약했다가 3개월을 채 못 버티고 나온 사람도 있습니다. 창업을 결심한 후에 바로 할 일은 '건강하게 창업을 지속할 수 있는 환경을 만드는 것'입니다.

다시 다이어트에 비유해보겠습니다. 다이어트의 성공 확률을 높이려면 먼저 안 좋은 생활 습관을 제거하고, 주변 사람들에게 다이어트 소식을 알려야 합니다. 창업도 마찬가지입니다. 중요한 것은 창업에서 실제 성과를 만들어내는 것입니다. 고객의 반응이 있기 전까지는 모든 과정이 무의미합니다. 그렇기에 건강하게 창업을 이어갈 수 있는 환경을 먼저 구축해야 합니다. 아래 과정이 도움이 될 것입니다.

창업 소식을 전해야 합니다

가까운 사람들과의 대화가 그 어떤 피드백보다 중요합니다

창업을 시작하면 다양한 사람을 만나게 됩니다. 앞서 창업한 사람들, 해당 분야의 전문가, 창업 관련 종사자, 투자자, 컨설턴트, 고객 등을 만나면서 숱한 피드백을 듣게 됩니다. 그들의 피드백은 금은보화와 같은 자산입니다. 하지만 그보다 더 중요한 피드백, 다이아몬드와 같은 피드백은 나와 가장 가까운 이들이 전하는 피드백입니다.

나도 모르는 나의 강점, 약점을 누구보다 잘 아는 사람들에게 창업 소식을 전하는 것이 좋습니다. 창업을 시작한다는 이야기를 하고, 그들의 반응에 집중해보세요. 응원과 격려, 그리고 진심 어린 걱정과 충고를 새겨듣기 바랍니다. 창업을 하면서 만나는 전문가들은 여러분을 한두 번 본 상태에서 피상적인 것을 피드백합니다. 여러분의 서사를 모르고, 여러분의 가치를 제대로 모르는 상황에서 각자의 전문성에 기인해서 컨설팅합니다. 그들의 전문성은 창업 아이템에 도움이 되는 피드백이지만 여러분의 창업에는 다소 아쉬움이 있는 피드백입니다.

가까운 사람에게 단순히 창업 소식을 전하는 것이 아니라, 그들에게서 내가 창업했을 때 걱정되는 부분에 대해 조언을 구하면서 적극적으로 피드백을 요청하세요. 바로 답하기 어려워한다면 나중에 답해줄 것을 부탁하면서 꼭 피드백을 요청하길 바랍니다. 가까운 사이일수록 돌직구 같은 피드백을 많이 들을 수 있을 것입니다. '지금처럼 게으르면 창업을 잘할 수 있으려나', '돈 계산도 못하면서 어떻게 창업을 하냐' 등 때로는 놀림 같은 말에서도 여러분의 부족한 부분을 진지하게 돌아봐야 합니다.

추상적인 꿈과 다짐은 말할수록 구체화되고 현실로 이뤄집니다

추상적인 꿈과 목표가 있다면, 주변 사람들에게 반복적으로 이야기하세요. 그러면서 생각이 정리되고, 구체화되는 경험을 하게 될 것입니다. 상대의 이야기에서 영감을 받을 때도 있습니다. 상대에게 말하기 위해 생각하는 과정에서 추상적인 꿈이 상당히 구체화되기도 합니다.

구체화하는 것을 떠나, 창업을 빠르게 실행하는 것에도 큰 도움이 됩니다. 요란스럽게 창업 이야기를 떠벌리고 다니는 것만큼 빠른 실행 방법이 없습니다. 내뱉은 말이 있기에 무엇이라도 실행해보려고 꼼지락거리기 마련입니다. 사람은 태생적으로 게으릅니다. 창업은 더욱이 누군가 정해준 마감 기한도 없고 지켜보는 사람도 없습니다. 점점 창업을 미루게 됩니다. 그렇기에 주변 사람들에게 창업 소식을 이야기하는 것은 실행에 큰 도움이 됩니다. 더 큰 효과를 보려면 창업 소식을 이야기할 때 분기 혹은 반기 목표를 함께 이야기하는 게 더 좋습니다.

새로운 기회는 사람에게서 싹틉니다

창업을 아무도 모르게 비밀스럽게 하고 싶어 하는 사람들이 꽤 있습니다. 창업을 금방 접을 수도 있고, 괜히 잔소리 듣고 싶지 않은 마음이라서 그렇습니다. 저도 공감합니다. 하지만 창업은 결코 쉽지 않고, 스스로의 힘으로 성공하는 것은 거의 불가능합니다. 창업을 시작한 이상, 가족, 친구, 지인의 지인까지 여러분의 모든 인맥을 활용할 수 있어야 합니다. 어떤 식으로든 여러분은 주변 사람에게 도움을 받게 됩니다. 주변에 도움을 줄 수 있는 사람이 분명 있습니다. 그러나 가장 안타까운 상황은 바로 옆에 도와줄 수 있는 사람이 있어도 적극적으로 도움을 요청하지 않아 도움을 못 받는 상황입니다. 그 사람이 여러분을 알아볼 수 있도록 봉화를 피워야 합니다.

사무실이 필요하다면, 주변 사람들에게 창업 소식을 이야기하면서 같이 사무실을 구한다는 내용도 함께 이야기해보세요. 지인 중에 공간을 빌려줄 수 있는 사람을 소개해줄 확률이 크게 높아집니다. 물론, 도움 요청은 한 번의 이야기로 기적처럼 성공하지 않습니다. 10명, 20명, 더 많은 사람에게 이야기해야 합니다. 사람은 미지의 변수입니다. 어떻게 이어질지 예측되지 않습니다. 그렇기에 그 미지의 변수를 만들어내기 위해 최대한 실행해야 합니다. 여러분이 필요로 하는 것을 상대에게 요청하기 바랍니다.

창업을 일상화해야 합니다

나만의 창업 루틴을 만들어야 합니다

일상에서 창업에 집중할 시간을 확보해야 합니다. 반복되는 루틴을 만들어서 창업을 일상화해야 합니다. 창업을 진행하는 동안 피곤한 날도 많을 것이고, 이런저런 일로 창업에 집중하기 어려운 상황도 생길 것입니다. 이런 상황에서 창업을 혼자 준비하고 있다면 창업을 계속 미룰 것이고, 그러다 보면 창업은 한 여름밤의 꿈으로 사그라듭니다. 눈에 보이지 않는 비현실적인 꿈을 현실화하기 위해서 매일 반복되는 시간과 습관이 필요합니다.

매일 창업에 몰입할 수 있어야 합니다

공부를 잘하고 싶다면 매일 꾸준하게 예습과 복습을 하는 것처럼, 창업을 잘하고 싶다면 매일 꾸준히 정진하면 됩니다. 몰라서 못하는 것이 아니라, 그냥 안 하는 것입니다. 최소 하루에 세 시간 이상 창업에 집중할 수 있는 시간을 확보하기 바랍니다. 자투리 시간으로 30분, 한 시간씩 끊어진 시간을 모으는 것보다 한 번에 오래 집중할 수 있는 시간을 확보하는 것이 더 중요합니다. 그러려면 무언가를 포기해야 합니다. 잠을 포기하거나, 일상에 무의미하게 소비되는 시간을 포기하세요.

📂 창업은 강물을 거슬러 헤엄치는 일처럼 쉽지 않습니다

하루 세 시간을 창업에 투자했다고 급격한 변화가 일어나지 않습니다. 누군가는 하루에 15시간 이상을 투자하면서 더 급진적으로 뛰어들고 있고, 또 다른 누군가는 이미 수년 동안 쌓아온 시간으로 시장에서 자신의 위치를 다져 놓았습니다. 하루 세 시간 동안 창업에 몰입하는 것은 개인에게 큰 투자이지만 시장 관점에서는 너무나 미약한 시간입니다. 기존 시장의 틈을 파헤쳐 들어가려면 그에 상응하는 투자가 필요합니다.

하루에 여러분이 투자하는 시간은 미약합니다. 하지만 핵심은 반복에 있습니다. 반복되면서 쌓인 시간은 어떤 변수와 시너지가 생길지 예측할 수 없습니다. 급변하는 시장 환경 속에서 여러분의 성장 속도와 여러분 주변의 네트워킹과 상호작용이 잘 이뤄진다면 강력한 영향을 만들 수 있습니다. 충분히 기존 시장의 규칙을 거스를 수 있습니다. 강물을 거슬러 헤엄치는 것입니다. 이미 수천 년 동안 인류 역사가 증명해온 방정식이고 언제 어디서나 작동합니다. 기존의 경쟁사는 오랜 시간 버텨온만큼 견고하기도 하지만, 반대로 낡은 부분도 많습니다. 함께 낡은 틈새를 발견하고 집요하게 파헤쳐봅시다.

고정적인 장소를 확보해야 합니다

시간을 확보했다면 그다음으로는 출근할 장소를 찾아봐야 합니다. 집, 카페, 직장, 학교 등 어디서든 일할 수 있지만, 반복적으로 이용할 수 있어야 합니다. 또한 집중할 수 있는 환경인지 살펴봐야 합니다. 간혹 집에서 가볍게 시작하는 방법을 선택합니다. 개인적으로 가장 현명한 방법이라고 생각합니다. 하지만 만약 집이 집중하기 어려운 환경이라면 더 고민하길 바랍니다. 20~30분에 한 번씩 누군가 와서 말을 건다면 안 그래도 부족한 시간을 빼앗기기 마련입니다. 두 번째로 고려할 점은 접근성입니다. 평소 동선에서 크게 벗어나지 않는 반경에 있어야 합니다. 접근성이 떨어질수록 루틴을 지키기 어려워집니다. 피곤한 날은 거리를 핑계 삼아 하루를 쉬게 됩니다. 마지막으로 비용도 확인해봐야 합니다.

위 요소를 충족하는 가장 좋은 선택지로 보통은 근처 카페를 생각합니다. 하지만 카페를 매일 방문한다면 한 달에 약 10~20만 원 비용이 발생합니다. 큰 비용이 아니지만, 적은 비용도 아닙니다. 아무런 매출, 수익이 없는 창업자에게 좋은 선택지는 아닙니다. 그렇기에 창업자에게 가장 먼저 추천하는 것은 주변의 공공시설입니다. 여러 도서관, 청년지원센터, 창업지원센터 등 여러분에게 열려있는 시설이 상당합니다. 혹 여러 지원사업 중에 오피스 공간을 지원하는 사업도 상당하니 초기 단계에서는 이런 옵션들을 찾아보면 굉장히 유용합니다.

창업 메이트를 구해야 합니다

창업을 포기하는 수많은 이유가 있지만 가장 큰 이유는 외로움 때문일 것입니다. 갖은 위기를 견디며 홀로 버티다 보면 누구라도 쉽게 지칩니다. 혼자서 창업하는 행위는 그래서 매우 위태로운 도전입니다. 그렇기에 가급적 팀을 이뤄서 도전하는 것을 권합니다. 하지만 아무것도 없는 상황에서 팀을 이루는 것도 꽤 어려운 일입니다. 그때에는 함께 창업할 메이트를 찾아보세요.

같이 창업하지 않더라도, 같이 시간을 보낼 수 있는 사람을 주변에서 찾아보기 바랍니다. 앞에서 정한 시간대와 공간에서 같이 각자의 창업에 집중하고, 중간중간 서로의 고민과 현황을 나누면서 피드백해주는 창업 메이트를 만나는 것은 공부할 때 스터디 모임에 들어가는 것과 비슷한 방식입니다. 주변에 창업할 사람이 많지 않거나, 서로 시간을 맞추기 어려울 수 있습니다. 그러므로 꼭 창업하는 사람이 아니더라도, 자신만의 프로젝트를 하고 싶은 사람도 괜찮고, 공부하는 사람과 짝을 이루는 것도 괜찮습니다. 중요한 점은 혼자할 때 미루게 되는 안 좋은 습관을 방지하기 위해 같이 시간을 보낼 메이트를 찾는 것입니다.

앞서 주변 지인들에게 창업 소식을 전한 이유도 창업 메이트를 보다 수월하게 찾기 위한 목적도 있습니다. 지금 당장 창업하는 사람이 떠오르지 않는다면 적극적으로 주변에 창업 소식을 전하고, 지인의 지인 중에 창업에 관심이 있거나 창업하고 있는 사람을 찾아보기 바랍니다.

창업 메이트와 대면으로 시간을 보내면서 한 주에 한 번씩은 시간을 내어 서로의 활동을 공유하고 목표를 꼭 이야기하세요. 신기하게도 혼자 창업하는 것보다 더 열심히 창업 프로젝트에 몰두할 수 있게 됩니다. 가지고 있는 고민을 메이트와 나누는 과정에서 비교적 쉽게 해결되는 경우도 많습니다.

창업을 시각화해야 합니다

창업을 시작하면서 외형적인 것들은 최대한 나중에 할 것을 권합니다. 멋진 회사 이름을 짓거나, 홈페이지를 만들거나 사무실을 구하는 것 등이 이에 해당합니다. 하지만 명함만큼은 일찍 만들 것을 권합니다. 명함에 회사 이름을 넣거나 멋진 로고를 만들고 싶은 마음도 있겠지만, 담백하게 이름과 연락처, 그리고 기억할 수 있을 만한 키워드 위주로 구성해서 만들면 됩니다.

명함을 만드는 가장 큰 이유는 창업의 현실성을 느끼기 위함입니다. 지갑에 새로운 명함을 늘 들고 다니면서 창업을 실제로 하고 있고 이를 위해서 부단히 많은 노력이 필요하다는 것을 상기하세요. 창업에 몰두할 수 있는 실제 시간은 적더라도, 창업자는 잠에 드는 시간까지 창업을 주제로 계속 생각하고 계획해야 합니다.

앞으로 다양한 사람을 만나게 될 것이고 비즈니스 관계를 만드는 가장 격식 있는 에티켓이 명함 교환입니다. 명함을 만든 후에 명함이 줄지 않는다면 무언가 잘못되었음을 인지할 수도 있습니다. 창업 초기 단계일수록 다양한 잠재고객을 만나고 다녀야 합니다. 책상에 앉아서 시장조사하고 트렌드를 파악하는 것은 무의미합니다. 잠재고객을 만나고, 경쟁사 관계자를 만나며 업계의 동향을 더 기민하게 파악해야 합니다.

 **핵심 노트** **10분 만에 명함 만드는 방법**

① 기본 인적사항 작성하기

이름 / 연락처 / 이메일 / 회사 이름(추후에 변경할 수 있는, 짧게 생각해서 작성) 등 기본 인적사항을 작성합니다.

② 근처의 문구점 혹은 인쇄소를 방문해서 위 인적사항이 담긴 명함 제작을 요청하기

디자인을 생각할 필요 없이 기본 템플릿 중에 마음에 드는 걸로 요청합니다. 혹은 인터넷에서 빠르게 명함을 만들어주는 서비스를 이용하는 것도 좋은 방법입니다.

③ 디자인은 기본적인 것으로 결정하기

평생 쓸 명함을 만드는 것이 아니기에 최대한 단순하게 제작합니다. 100장, 200장을 모두 소진하고 나서 다시 만들 때 더 나은 디자인을 만들 수 있으니 지금은 가볍게 만들어봅시다.

Action Plan 지속 가능한 창업 환경 만들기

🎯 창업 소식 작성하기

주변 지인에게 창업 소식을 알리기 전에 먼저 전할 내용을 한 차례 정리해봅시다. 창업하는 이유와 목표는 이전 절에 작성한 내용을 참고해서 작성하고 걱정되는 부분도 앞서 작성한 요소를 참고해서 작성하면 됩니다. 여기서의 핵심은 앞으로 어떤 도움이 필요한지 스스로 고민해보고, 또한 주변에 다른 사람을 소개받을 수 있도록 요청하는 것입니다.

📖 예시

창업 이유	언제든지 내가 하고 싶은 것들을 자유롭게 하면서, 보다 가치 있는 일을 하고 싶었습니다!
창업 목표	9개월 안에 월 100만 원 반복 매출을 만들어보려 합니다.
걱정되는 부분	모르는 것이 많다 보니, 어떤 것부터 시작할지 모르겠습니다.
기대되는 부분	시작할 생각을 하면 설레고, 얼른 아이템을 만들어서 테스트해보고 싶습니다.
조언이 필요한 부분	그동안 제 성격을 보았을 때 인간관계나 업무적 측면에서 어떤 부족함이 있었고 강점이 있었는지 궁금합니다.
사람 소개 요청	관련 업계에 종사하는 분들, 창업하고 있거나 관심 있는 사람들을 소개받고 싶습니다.

실습

창업 이유	
창업 목표	
걱정되는 부분	
기대되는 부분	
조언이 필요한 부분	
사람 소개 요청	

🎯 누구를 만날까? 조언과 피드백 소화하기

이제 창업 소식을 전할 사람을 작성하고 실제로 만나서 조언을 들어봐야 합니다. 그리고 만남 이후에 조언에 대한 개인적인 생각도 한번 정리해볼 때입니다. 만날 사람은 아래의 기준을 두고 정해보는 것이 좋습니다.

- **첫 번째 그룹** : 나에 대해 깊이 알고 있고, 솔직한 조언을 해줄 수 있는 사람입니다. 창업에 대해 잘 모르는 지인일지라도 나를 잘 아는 만큼 유용한 조언을 들을 수 있습니다. 보통 가족 혹은 가까운 지인들이 해당합니다.
- **두 번째 그룹** : 주변에 창업 및 사업 관련 일을 하고 있는 지인입니다. 많이 가깝지는 않더라도 조금 더 현실적인 조언을 들어볼 수 있습니다.
- **세 번째 그룹** : (가능하면) 50대 이상의 연륜 있는 시니어와 만나보는 것을 적극 추천합니다. 교수님, 직장 상사 등 주변에 지혜로운 분들과 대화를 나누며 그들의 조언을 들어보고 흡수하길 바랍니다.

📖 **예시**

이름	조언, 피드백 내용	조언에 대한 실천 계획
홍길동(지인)	너는 참을성이 없어. 조금 진전되는 것이 없더라도 세 번 정도는 참고 더 해보면 좋겠더라.	포기하고 싶을 때마다, 이 친구 찾아가 만나면서 친구 말이 틀리다는 것을 증명해봐야겠다.
아무개(사업가)	일단 빨리 시작하세요. 뭐라도 시작하고 나면 그 뒤의 일은 그때 생각해도 됩니다.	무조건 이번 달 안에 시작한다!
김철수(시니어)	주도적으로 일을 시작하는 것은 매우 고무적이야. 일단 배운다는 생각으로 실패해도 괜찮으니 가볍게 시작해봐. 그리고 이 모든 일이 하나의 경험이니 잘 기록하면서 하루하루 알차게 보내 보렴.	창업 과정을 일지로 작성하면서 실제로 과정에서 무엇을 배우는지 꼼꼼히 기록하자.

📖 실습

이름	조언, 피드백 내용	조언에 대한 실천 계획

🎯 집중할 수 있는 시간대와 공간 찾기

📖 예시

시간대	장소
• 주중 06-08시 • 주중 20-23시 • 주말 11-18시	• 집 근처 도서관 • 회사 근처 카페

📖 실습

시간대	장소

 **창업 성공의 열쇠 : 신뢰 관계 형성과 효율적 시간 활용법**

조언자와 신뢰 관계로 발전하는 방법

조언을 해준 분들에게 조언에 대한 생각과 이를 반영하기 위한 계획을 전하며 감사 인사를 해보세요. 상대의 도움에 진심으로 감사를 표하고, 더 나아지는 모습을 보여줌으로 신뢰가 생깁니다.

달성하고 싶은 목표를 공유하면서 3개월 뒤 만남을 약속해보는 것도 좋습니다. 매번 만날 때마다 변화하는 모습을 보여주고, 상대의 조언을 통해서 성장하는 모습을 보여줍니다. 그러면 조언자는 여러분을 신뢰하게 되고 여러분의 팬이 되어 여러분을 돕기 위해 더 적극적으로 노력할 수 있게 됩니다.

집중할 수 있는 시간대를 정하는 방법

① 예측되는 주중, 주말 시간 계획표 작성하기

② 두 시간 이상 길게 확보할 수 있는 시간대 파악하기

③ 일주일에 최소 10시간 이상 확보되지 않는다면, 일정 조율하기(취침 시간 등)

④ 창업에 집중할 시간대가 확정되면 주요 일정으로 확정짓고 추후 다른 일정 잡지 않기

집중할 수 있는 공간을 찾는 방법

① 지도 앱을 활용해 아래 키워드로 주변을 검색하기
- 도서관, 창업, 창업센터, 청년 공간, 스타트업

② 지역 내 존재하는 아래 창업센터에 연락해 무료 창업 공간에 대해 문의하기
- 창업센터, 대학교창업센터, 창조경제혁신센터 등

루틴을 함께할 메이트를 구하는 방법

① 창업 소식을 전하면서 주변에 창업을 하거나 별도의 프로젝트를 하는 지인 찾기

② 창업이 아니더라도 개인 프로젝트를 하는 사람과 시간과 장소 맞추기

③ 지역 내 창업 관련 프로그램을 통해 모르는 사람과 협업 시간대 맞추기

④ 소모임, 당근마켓, 링크드인, 인스타그램 등 SNS를 통해 메이트 찾기

⑤ 오프라인 시간을 맞출 사람을 찾기 어렵다면, 온라인으로 같이 할 사람 찾기

Chapter 02

창업 두 걸음 :
아이템을 찾는 게 막막하고 어려워요

창업의 두 걸음을 내디디며

많은 사람이 착각합니다. 특별한 창업 아이템이 있어야만 창업을 시작할 수 있다고 생각합니다. 그렇기에 변변찮은 창업 아이디어로는 창업을 시작하지 못합니다. 하지만 창업은 아이템이 중요한 것이 아닙니다. 창업의 초기 단계에서 우리가 떠올리는 아이템의 99.9%는 20~30점짜리 일 수밖에 없습니다. 아직 고민의 깊이가 얕은 초기 단계의 아이템은 점수가 낮을 수밖에 없습니다. 그래서 이 아이템을 확인하고 검증하는 과정이 더 중요합니다. 창업의 초기 단계인 지금, 우리가 해야 할 일은 최대한 다양한 아이디어를 떠올리고 그중에서 괜찮은 것을 선택하는 일입니다.

아이디어를 구상하기 전에 먼저 선행해야할 것이 있습니다. 바로 사업의 유형을 살펴보는 것입니다. 세상에는 정말 다양한 유형의 사업이 있습니다. 그동안 보고 들은 사업 유형만 생각하기보다 이번 기회를 통해 더 다양한 사업 유형을 살펴보고 이해해보길 바랍니다. 단순히 관심 있다는 이유로 창업을 시작할 수 있지만 막상 시작하고 나면 잘 맞지 않는다고 느낄 수도 있습니다. 창업을 본격적으로 시작하기 전에 나의 성향과 성격에 잘 맞는 사업 유형을 찾는 것이 사업 아이템을 찾는 첫 단계입니다.

아이템을 찾는 과정에서 가장 흔히 저지르는 실수 중 하나는 주변에서 이미 성공한 사례를 그대로 따라 하거나, 나 자신이 필요하다고 느끼는 무언가를 상품화하는 방식입니다. 이런 접근은 실제로 빠르고 편리합니다. 그러나 정작 그 아이템을 사용하는 고객에 대한 고민이 빠지는 경우가 많습니다. 나에게 필요한 것을 만들기만 하면 된다는 고집, 혹은 다른 곳이 성공했으니 나도 성공할 것이라는 오판이 고객을 무시하는 행동을 불러일으킵니다. 실제로 많은 창업자가 이런 이유로 자신만의 아이템에 지나치게 몰두하게 되어, 고객의 실제 수요와는 동떨어진 아이템을 고집하게 됩니다. 초기 비용을 상당히 지불한 뒤에 '왜 고객이 내 아이템을 몰라주지?'라고 이야기하며 억울해합니다.

이런 실패의 함정에서 벗어나기 위해 이 장에서는 나에게 맞는 비즈니스를 찾는 방법과 아이템을 선정하는 데 있어 고객의 목소리를 들으며 진정성 있게 접근할 수 있는 방법을 탐구할 것입니다. 여러 사업 유형을 살펴보며 각각의 장단점을 분석해보고, 내가 가진 경험과 강점을 아이디어의 씨앗으로 삼는 방법도 다룰 예정입니다. 더불어, 고객으로부터 힌트를 얻어 아이디어를 발전시키는 구체적인 접근 방식과 생각의 전환이 어떻게 도움이 되는지도 알아보겠습니다.

Section 2-1

창업 아이템은 어떻게 찾나요

창업에 관심이 있어도 어떤 걸 해야 할지 막막한 분들이 대다수일 것이라고 생각합니다. 우리에게 주어진, 얼마 안 되는 시간을 효율적으로 투자할 만한 창업 아이템은 무엇일까요? 사실 정답은 없습니다. 사람의 특성이 각기 다른 것처럼 창업의 종류도 다양하고, 각각의 성격이 있으니까요. 다양한 창업과 내게 맞는 창업에 대해 고민해볼 시간입니다.

나에게 찰떡인 비즈니스가 있나요

우리가 직업과 직무를 선택할 때 내향적이라면 영업직을 선택하지 않고, 숫자에 약하다면 회계 업무를 하지 않듯이, 회사 밖에서 내 일을 시작할 때도 나와 합이 잘 맞는 창업, 즉 비즈니스를 선택하는 것이 중요합니다. 계획을 세우고 그 계획에 따라 모든 일을 꼼꼼하게 처리하는 사람과 트렌드에 추진력 있게 대처하는 사람에게 잘 맞는 비즈니스는 다를 수밖에 없습니다. 성향뿐만 아니라 자본이 있는 사람과 자본이 없는 사람이 할 수 있는 비즈니스도 종류가 다를 수밖에 없고, 해당 분야의 지식 여부, 준비된 인프라에 따라서도 할 수 있는 비즈니스는 다릅니다.

좀 더 구체적으로 예를 들어보겠습니다. 같은 유형의 제품 유통업을 시작한다고 해도, 사람마다 특징에 따라 할 수 있는 사업의 종류가 다릅니다. 창작성이 뛰어나고 본인이 직접 무언가를 만들 수 있는 재능이 있는 사람이라면 직접 물건을 만들어 판매하는 자체 생산 방식을 택할 수 있습니다. 한편 창작성은 떨어지지만 트렌드에 민감하고 추진력이 좋은 사람은 큐레이팅에 집중해서 이미 나와 있는 제품들을 빠르게 소싱Sourcing해서 판매하는 사업 위탁 판매를 선택해서 성장할 수 있습니다. 기획력과 영업력이 좋은 사람들은 마케팅, 컨설팅 등 프리랜서 업무를 진행해봐도 좋습니다. 특별히 출시하고 싶은 서비스 아이디어가 준비되어 있고, 사업에 필요한 인프라에 대한 준비나 이해가 있으면 정부 지원을 받아 본인만의 웹/앱 개발을 진행해볼 수도 있습니다. 이렇듯 사람은 각각의 재능과 특성이 다르기에 할 수 있는 사업의 형태도 다양합니다.

소중한 시간과 비용을 투자하며 시작하는 '내 일'인 만큼 나와 잘 맞는 비즈니스를 선택해야 하며, 한 치 앞만 보는 것이 아니라 지속하고, 확장해나갈 수 있는 일을 선택해야 합니다. 문제는 이 합을 잘 알기 위해서는 비즈니스에는 어떤 종류들이 있는지 알아야 하고, 내가 그 비즈니스에 맞는지 먼저 확인해야 합니다. 그런데 많은 사람은 어떤 비즈니스 선택지가 있는지, 그 차이가 뭔지에 대해서 알지 못한 채 창업을 시작하려고 합니다. 혹은 보이는 어떤 비즈니스의 일부만 보고는 전체를 판단하여, 할 만하겠다고 생각한 채 덤비게 되는 경우도 있습니다. 하지만 예상치 못한 비즈니스의 특징이나 과정을 보고 놀랐을 땐 이미 시간과 자본을 모두 투자해둔 상태입니다.

물론, 일단 실행하는 것도 중요합니다. 하지만 아는 만큼 보이는 것이 사실입니다. '알고 안 하는 것'과 '몰라서 못 하는 것'은 다릅니다. 모든 창업자는 일단 본인의 성향을 이해할 필요가 있으며, 본인의 창업 준비 상태를 알아야 합니다. 또한 내 앞에 놓인 선택지가 많다는 것도 알아야 합니다. 수백 개 업체의 비즈니스 컨설팅을 하며 느낀 건, 돈 버는 방법은 무궁무진하다는 점입니다. 객관적인 시각에서 바라본 다양한 비즈니스 정보들을 최대한 많이 숙지하고, 그 속에서 나의 성향과 준비 상태, 비즈니스의 장단점, 위험 요소를 비교해야 합니다.

비즈니스는 돈 버는 방식을 이해하는 것입니다

비즈니스의 종류를 아는 것은 단순히 비즈니스 종류에 대해서 병렬식으로 정의하는 것이 아닙니다. 비즈니스의 구조와 프로세스를 이해하는 것부터 시작합니다. 비즈니스는 소비자들에게 무언가를 제공하고 그 대가로 수익을 만들어냅니다. 그 무언가를 생산해서 돈을 버는 과정을 알게 되면 그 과정에서 생기는 이해관계와 장단점이 보이고, 위험 요소까지도 알 수 있습니다.

돈을 버는 과정 속에서 생기는 전체적인 흐름을 둘러보고 나서야 나와 어떤 비즈니스가 잘 맞을지를 가늠해볼 수 있습니다.

▲ 비즈니스 프로세스

수많은 비즈니스에서의 수익구조는 그 종류가 많고 다양하지만 결국 모든 수익구조의 뼈대는 제품/서비스를 기획하고, 만들고, 팔고, 알리고, 관리하는 것입니다. 기획, 홍보, 관리는 공통의 영역이라 내가 팔 무언가를 만드는 방법(제조), 그리고 판매하는 방법(유통)에 따라 비즈니스의 종류를 나눠볼 수 있습니다. 즉, '어떤 물건을 어떻게 만들지', '누구에게 어디서 팔지'에 따라 비즈니스 종류를 나눌 수 있습니다. 이렇게 구분된 유형들을 살펴보면 각 비즈니스 유형별 장단점을 알게 되고, 나에게 맞는 아이템을 좀 더 수월하게 찾을 수 있습니다.

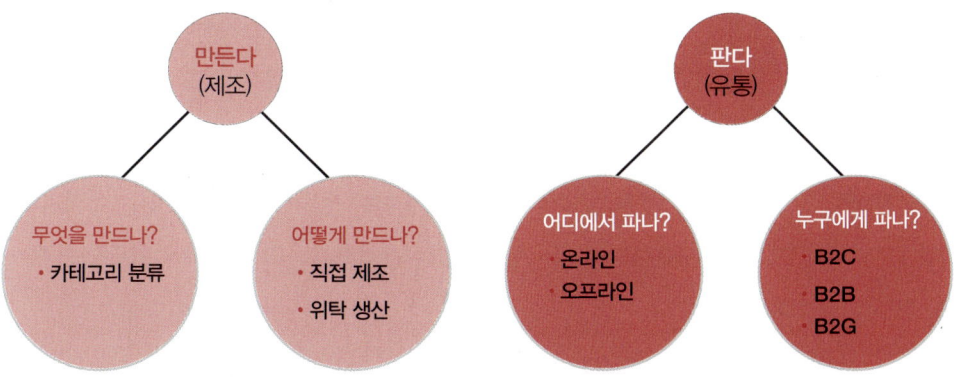

▲ 제조와 유통으로 구분한 비즈니스의 유형

제조 단계에서는 일단 무엇을 만드는지를 결정해야 하는데, 테크, 패션, 뷰티, 콘텐츠, 서비스 등 카테고리별로 가장 직관적으로 나눠볼 수 있는 게 첫 번째 분류 방법입니다. 무엇을 만들지 결정했으면, 이제 이것들을 어떻게 만드는지에 따라 '직접 제조를 하는지', '위탁을 해서 만들지'로 나눠볼 수 있습니다.

어떤 제품을 어떻게 만들지 정했다면 유통 단계에서는 어디에서 누구에게 팔지를 정해야 합니다. 오프라인에서 팔지, 온라인에서 팔지에 따라 비즈니스 종류가 달라질 수 있습니다. 판매 대상에 따라서도 소비자를 대상으로 하는지, 기업을 대상으로 하는지에 따라 비즈니스 종류가 달라집니다. 이제 이 분류에 대해 좀 더 구체적으로 살펴보겠습니다.

무엇을 만들지 고민된다면 카테고리별로 정리해보세요

'무엇을 만들어야 하나?', 아예 창업 아이템조차 없이 창업을 준비하는 분들이 있을 것입니다. 이럴 땐 일단 세상에 어떤 것들이 팔리고 있는지부터 살펴보는 것도 도움이 됩니다. 다양한 플랫폼이 있지만 신생 비즈니스를 주로 다루는 와디즈를 들여다보는 것을 추천합니다. 창업을 막 시작한 사람들이 어떤 제품을, 어떤 카테고리에서 판매하고 있는지 살펴볼 수 있기 때문입니다. 이 외에도 쿠팡, G마켓 같은 유통 플랫폼에는 카테고리가 훨씬 더 많아서 해당 사이트에 들어가보면 충분히 많은 카테고리들을 살펴볼 수 있습니다.

여기서는 카테고리가 어떤 걸 취급하는지에 대해서는 구체적으로 다루지 않습니다. 국어사전에 검색하거나 클릭만 몇 번 해봐도 카테고리 안에 어떤 것들이 포함되어 있는지 알 수 있기 때문입니다. 그 대신 판매하기 전에는 알 수 없는 카테고리들의 특징과 수익구조의 특이점 위주로 설명하겠습니다.

▲ 와디즈 펀딩 카테고리(2025년 5월 기준)

📁 테크·가전

TV, 세탁기, 공기청정기, 가습기, 온풍기 등 전기로 작동하는 다양한 제품을 다룹니다.

_특징_

- 전기를 사용하며, 제품의 기능이 강조되는 카테고리입니다. 제작 시 진입 장벽이 있는 만큼 쉽게 시작할 수 없지만 중국이라는 거대한 제조 국가 덕분에 단순한 형태의 테크, 가전제품은 비교적 쉽게 유통을 시작할 수 있습니다. 전기를 사용하는 만큼 기능의 다양성을 구현할 수 있기에 다른 제품과 차별성을 만들 수 있습니다.

유의점

- 관련 업종에서 수많은 제품 개발 경험이 있는 분들이 시도하므로, 사실 비전공자가 새롭게 진입하기에 어려울 수 있습니다.
- 전기로 작동하는 제품을 다루는 만큼 전문 지식이 필요하고 안전 인증 등을 거쳐야 하는 과정이 타 제품에 비해 더 많습니다.

- 불량 및 고장에 대한 대응 방안까지 고려해야 합니다.
- 사입 구조가 아닌 직접 개발하는 구조로 시작하려면 많은 자본을 필요로 합니다.
- 제품 개발비, 인증 비용, 추후 A/S 비용 등 여러 비용이 추가로 발생하기에 마진율도 높게 잡는 편입니다.

홈 · 리빙

일상잡화부터 가구까지 다양한 카테고리의 제품을 포함합니다. 판매 채널과 판매자가 무수히 많습니다. 다이소부터 이케아까지의 스펙트럼을 생각하면 이해하기 쉬우며, 생활 속에서 반복 구매가 이루어지는 제품군이 많아 꾸준한 수요가 존재합니다.

_특징_

- 홈 · 리빙에서는 생활화학제품 혹은 유아용품, 전기를 사용하는 제품 외에는 별도의 안전 인증을 필요로 하지 않기에 제품을 개발하고 판매하는 것에 있어 진입이 조금 수월할 수 있습니다.

유의점

- 일상생활에 필요한 다양한 제품군들이 시중에 존재하기에 더 이상 새로운 아이디어 제품을 내놓기 어려운 분야이며, 아이디어 제품을 만든다 해도 쉽게 카피되는 시장이기도 합니다.
- 같은 기능을 다르게 표현하는 노하우가 필요하고, 마케팅 메시지를 잘 풀어내는 게 중요합니다.
- 일상을 함께하는 제품이 많기에 감성적 카피 혹은 기존의 불편함을 잘 끌어내는 스토리텔링이 중요합니다.
- 고객이 구매를 고민하는 시점에 제품이 판매 채널(온라인 및 오프라인)에서 보여지는 것이 중요합니다.

패션

의류 및 가방, 신발, 액세서리, 주얼리 등 패션과 관련된 다양한 액세서리나 용품을 포함하는 카테고리로, 다양한 스타일과 트렌드를 빠르게 반영합니다. 테크, 가전 같이 기능이 강조되는 카테고리들과 다르게, 패션 카테고리는 소비자의 아이덴티티가 구매의 기준이 되어 본인과 맞는 브랜드의 아이덴티티를 찾게 됩니다. 지극히 주관적인 취향의 차이에 따라 선택의 기준이 정해집니다.

_특징_

- 패션 카테고리는 제작과 론칭이 비교적 어렵지 않아 창업자들이 쉽게 접근할 수 있는 분야입니다. 생산 방식에 따라 소규모 제작으로 시작할 수 있어 초기 비용 부담을 줄일 수 있습니다.

유의점

- 시즌성이 제일 강해서 계절이 바뀔 때마다 입고 쓰는 종류가 다르며 매년 트렌드가 바뀌기에 유행에 민감합니다.
- 브랜드 포지셔닝, 마케팅이 잘 되어 있을수록 많은 마진을 남길 수 있습니다.
- 접근성이 쉬운 만큼 경쟁사도 많기에 어지간한 감각이 없으면 성공하기 힘듭니다.
- 제품마다 사이즈가 달라 재고 관리, CS 부분에서 피로도가 있을 수 있습니다.

뷰티

스킨케어, 메이크업, 헤어·바디케어 등을 포함하는 뷰티 카테고리는 소비자들이 일상에서 매일 사용하는 소모성 필수재입니다. 스킨케어 제품군은 기능과 효용이 중심이 되고, 메이크업 제품군은 소비자의 개성을 표현하는 감성 중심의 카테고리입니다. 최근에는 많은 뷰티 제품들이 온라인 콘텐츠 마케팅과 소비자들의 리뷰를 기반으로 판매되기 때문에, 대기업 브랜드 외에도 소규모 브랜드들의 성장 가능성이 매우 높습니다.

_특징_

- 소비 주기가 짧고 재구매율이 높아, 제품 만족도가 확보되면 장기적인 구매로 이어집니다.
- 1인 브랜드, 셀럽 협업, 비건 뷰티 등 니치 마켓Niche Market[1] 공략이 가능하며 국내 제조사들의 성장으로 제조 진입 장벽이 상대적으로 낮은 편입니다.
- 최근 소비자들의 지식도 함께 성장하며, 성분 중심의 기능성 제품에 대한 관심이 높아지고 있습니다.

유의점

- 전 성분[2] 등록, 책임판매관리자 지정, (기능성 제품의 경우) 식약처 보고 및 임상 시험 등 인증 절차가 까다롭고 비용이 발생합니다.
- 최소 제작 수량Minimum Order Quantity(MOQ)이 큰 경우가 많고 사용 기한이 있어 재고 부담이 큽니다.
- 피부 트러블, 제품 불만족 등으로 인한 교환·환불 요청이 잦고, 부정 피드백이 실린 사용 후기가 올라오면 브랜드 신뢰도에 영향을 미치기도 합니다.
- 고객들을 위한 체험 키트, 샘플 구성 등의 전략적 설계가 초기 브랜드 성장에 도움이 됩니다.
- 마케팅의 상향 평준화로 콘텐츠 제작 및 마케팅비의 부담이 큰 편입니다.

📁 푸드

가공식품, 건강기능식품, 간편식, 음료 등을 포함한 푸드 카테고리는 소비자들이 일상에서 늘 섭취하는 필수 소비재입니다. 제품 소모 주기가 짧기에 초기 고객을 만족시키면 재구매율이 높습니다. 최근에는 1인 가구, 맞벌이 부부 증가와 더불어 간편식, 건강식, 프리미엄 식재료, 기능성 식품 등 세분화된 수요가 확대되고 있습니다. 브랜드의 생산 철학과 원재료에 대한 스토리텔링이 중요한 경쟁 포인트가 됩니다.

---

1 '틈새'라는 뜻처럼 니치 마켓은 기존의 시장 틈새에 존재하는 시장을 의미합니다.
2 전 성분은 화장품이나 생활화학제품 등에 사용된 모든 성분을 말합니다.

_특징_

- 먹는 제품이기 때문에 위생과 안전성에 대한 신뢰가 가장 중요한 구매 기준입니다.
- 반복 구매와 정기 배송에 특히 유리한 카테고리이고, 높은 브랜드 리텐션Retention을 가져갈 수 있습니다.
- 원재료에 대한 철학, 레시피(배합)와 제조 공법, 패키징의 차별화가 경쟁력이 됩니다.

유의점

- HACCP, 품목제조보고 등 까다로운 위생 인증이 필요하며, 제품군에 따라 영양성분 표시, 알레르기 정보 등도 반드시 명시해야 합니다.
- 유통기한이 짧거나 변질될 수 있는 경우에는 물류나 폐기 비용에 대한 부담이 크기에, 손실에 대해 유의해야 합니다.
- 마케팅, SNS 바이럴viral이 중요하지만, 과장된 표현이나 인증 없이 효능을 기재하면 식약처로부터 광고 중지 또는 행정처분을 받을 수 있습니다.

> **핵심 노트** **리텐션(특정 기간 동안 활성화된 사용자 또는 고객의 수)**
>
> 사람들은 한 번 쓰기 시작한 스킨, 로션이 얼굴에 잘 맞으면 또 다시 구매하고, 맛있었던 토마토 판매처를 기억해두었다가 다시 시켜 먹습니다. 한번 구매한 사람이 사용한 소모품이 떨어지면 해당 품목을 다시 구매하는 것인데, 브랜드 이미지를 잘 익혀두고 좋은 고객 경험을 주게 되면 하나의 제품이 꾸준히 팔리며, 이런 제품이 쌓이다 보면 업체 규모가 탄탄하게 커질 수 있습니다.

📁 반려동물, 키즈

사료, 간식, 장난감, 위생용품, 의류 등 반려동물과 유아와 아동을 위한 제품을 만드는 카테고리입니다. 이 카테고리는 실제 사용자와 구매자가 다른 특성이 있습니다. 강아지나 유아가 쓰는 물건을 보호자가 구매하기 때문입니다. 따라서 두 고객층 모두를 이해하는 것이 굉장히 중요합니다.

_특징_

- 점점 자녀나 반려동물의 건강과 안전에 관심이 많아지며 이에 따라 소비 지출이 높아지고, 시장이 프리미엄화되어 가고 있습니다.
- 키즈 시장에서는 부모들이 유대감을 형성하는 커뮤니티의 힘이 크기 때문에, 충성 고객을 확보하면 팬덤 형성과 브랜드 신뢰도 상승, 이에 따른 바이럴 효과를 기대할 수 있습니다.

유의점

- 유모차만 하더라도 개월 수나 발달 연령에 따라 아이가 쓰는 제품군이 달라지므로 사용자에 대한 공부를 꾸준히 해야 합니다.
- 안전과 관련된 제품들은 CS도 잦은 편이기 때문에 중요하게 봐야 하는 것들이 많습니다.
- 키즈 제품의 경우 KC 인증, 공급자 적합성 등 아이들이 쓸 때 문제가 없도록 안전 인증 검사가 선제되어야 하므로 이 분야에 대해서도 알아두는 것이 좋습니다.
- 인증 검사비와 절차가 까다로운 편이고, 특히나 제품의 품질을 중요하게 생각하는 소비자들이 많으므로 잘 응대해야 합니다.

📁 출판, 클래스

종이책, 전자책 및 다양한 인쇄물 등을 만드는 출판 카테고리와 특정 주제나 기술을 배우기 위한 교육 과정인 클래스 카테고리는 다음과 같은 특징이 있습니다.

_특징_

- 접근성이 굉장히 높습니다. 아이디어와 노하우가 있으면 누구나 소자본, 무자본으로 큰 매출을 낼 수 있는 몇 안 되는 카테고리입니다.
- 종이책 출판의 원가비는 판매가의 20% 정도로 다른 카테고리보다 좋은 편입니다. 전자책 출판과 클래스 시장도 기본적으로 인건비 정도만이 제작비에 포함됩니다.
- 어떤 분야에서 성공했던 경험과 노하우를 형식에 상관없이 출판하거나 클래스로 만들어서 판매할 수 있습니다(하지만 정말 그 노하우가 사람들에게 필요한 것일지에 대한 검증이 필요합니다).

유의점

- 본인에게만 유익하고, 남들에게는 필요가 없다면 절대 성공할 수 없습니다.
- 소비자들은 한 번 구매한 정보를 또 구매하지는 않기에, 재구매율이 굉장히 낮습니다.
- 크리에이터의 생애주기가 길지 않습니다. 크리에이터마다 가지고 있는 지적 자산도 종류가 거의 한두 개라 사업을 확장하기도 힘듭니다.
- 본인 분야에 대해 전문성을 갖고 있는 것이 중요하고, SNS 등 꾸준한 소통을 통한 팬덤 관리가 필수입니다. 또한, 본인의 콘텐츠를 세분화하고 개발해나가며 꾸준히 팔 수 있는 수익구조를 스스로 만들어낼 필요가 있습니다.

이렇듯 제품의 형태별 특징이 굉장히 다릅니다. 그러므로 진행하고 싶은 사업의 종류가 뚜렷하게 있는 사람이라 할지라도 단순히 카테고리의 특징과 아이디어로만 접근했다가는 나중에 크게 당황하는 경우가 많습니다. 재고 관리나 CS, 재구매율 부진 등 뒷 단계에서 일어날 수 있는 다양한 종류의 리스크가 많기 때문입니다. 유아동 제품이 귀여워서 비즈니스를 시작했지만, 까다로운 부모들의 CS에 지쳐서 그만둘 수 있는 사람도 있고, 클래스/출판업을 시작했지만 낮아지는 재구매율 때문에 미래가 보이지 않아서 유형 브랜드를 만들려는 사람도 있습니다.

따라서 재밌어 보이고 좋아 보이고를 떠나, 앞서 간단히 서술한 것처럼 각 분야마다 어떤 특징이 있는지를 먼저 알아야 합니다. 그런 다음 본인은 그런 특징들을 감내할 수 있는지, 돌파할 수 있는지 생각해보는 것이 중요합니다. 그러기 위해서는 무엇보다 해당 분야의 관련된 책을 많이 읽고 강의도 많이 들어야 합니다. 또한 현직자들과의 인터뷰 등을 통해 어떤 식으로 소싱을 하고 어떤 식으로 제작을 하며, 어디에 어떻게 파는지 등 비즈니스의 전체 과정을 이해하는 것이 선제되어야 합니다.

어떤 걸 할지 막막하거나, '창업을 하고 싶다'는 생각만 가지고 있고 아무것도 정해져 있지 않은 상태에서 카테고리를 고를 때에는 본인이 평소에 좋아하거나 관심이 있는, 혹은 지식이 풍부한 카테고리로 진행하는 것이 유리합니다. 예를 들어, 유아동 완구 회사에서 일한 경험이 있는 분이라면 아이들의 연령별 발달 과정에 대한 지식이 있고, 어떤 완구가 좋은지 잘 알고, 관련된 제조사까지 알고 있기 때문에 이쪽에서 창업을 하게 되면 훨씬 시작이 쉬울 것입니다. 이 부분은 다음 절에서 더 구체적으로 살펴봅시다.

생산 방법에 따른 분류도 알아봅시다

앞서 정리한 카테고리를 통해서 무엇을 만들지 정했다면, 각자의 준비 상태에 맞는 생산 방식도 알아봐야 합니다. 제품이나 콘텐츠, 서비스를 어떻게 만들지에 따라 비즈니스의 종류가 달라지기 때문입니다. 크게 '유형 제품', '무형 콘텐츠와 서비스'로 구분합니다.

유형 제품

먼저 유형 제품은 생산 방식에 따라 '직접 제조', '위탁 생산'으로 나눕니다.

_직접 제조_

말 그대로 제조, 즉 생산부터 유통까지 모든 걸 브랜드사가 전부 담당하는 방식입니다. 브랜드사가 아이디어를 내고, 상품을 개발하고, 생산해내기까지 전 과정을 담당합니다.

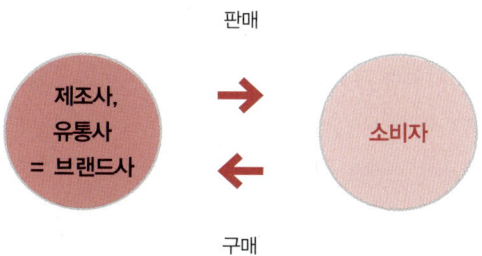

▲ 직접 제조 생산 과정

예를 들어, 유아용 포크를 만들고 싶은 사람이 있다고 합시다. 이때, 직접 생산을 하고 싶다면 포크 설계, 디자인 아이디어부터 포크를 만드는 설비 장치들, 작업하는 노동력까지 사업가 본인에게 다 갖추어져 있어야 하는 것입니다. CJ제일제당에서 가공식품, 음료 등 핵심 제품군들의 공정부터 판매까지 전 과정을 담당하는 게 직접 제조에 해당됩니다.

이렇게 얘기하니 대단해 보이지만, 규모에 따라 다르게 보일 수 있습니다. 즉, 반찬가게에서 직접 반찬을 만들어 판매하는 경우도, 수제 목공 가구를 만들어서 판매하는 경우도, 직접 봉제 인형을 만드는 경우도 본인이 생산의 전 과정을 담당하기에 모두 직접 제조에 해당되기 때문입니다. 이처럼 제작부터 판매까지 모든 과정을 브랜드사가 직접 담당하는 방식은 만드는 데 시간과 품은 걸리지만 재고 부담이 비교적 적고, 비즈니스를 시작하는 창업가들이 가장 쉽고 빠르게 진행할 수 있는 방법이기도 합니다.

 **직접 제조는 어떤 창업자에게 적합할까요**

직접 제조는 본인이 하고 싶은 영역이 확고하고, 그에 대한 장인 정신이 갖춰진 분에게 추천합니다. 제품의 요소 하나하나에 집착하고 파고들어서 완성도 높은 제품/서비스를 시장에 내놓아야 하기 때문입니다. 그렇기에 특정 제품에 대한 이해도가 매우 높고, 창작 및 새로운 제품 구상에 즐거움을 느끼는 몰입도가 높은 분에게 적합한 사업 유형입니다. 또한 생산 설비와 이를 운용할 노동력을 직접 갖추고 있어야 하므로 생산을 해낼 초기 자본을 가지고 있는 분들에게 적합합니다.

_위탁 생산_

위탁 생산은 제품을 직접 생산하지 않고 외부 업체에 생산을 맡기는 형태입니다. 따라서 제조에 필요한 설비나 인력을 직접 확보할 필요가 없고, 주로 판매와 마케팅에 신경 쓰면 됩니다. 브랜드사에서 제품의 기획과 디자인을 직접 설계하고 제조 공정만 외부 업체에 위탁하는 것을 OEM$^{Original\ Equipment\ Manufacturer}$(주문자 상표 부착 생산)이라고 합니다. 반면 제조사가 직접 기획, 개발한 제품에 브랜드사가 브랜드만 붙여 직접 판매하는 방식을 ODM$^{Original\ Design\ Manufacturing}$(생산자 개발 방식)이라고 합니다. 다수의 브랜드사가 국내뿐 아니라 중국처럼 인건비가 싼 해외에 위탁 생산을 맡기고 있습니다.

▲ 위탁 생산 과정

위탁 생산을 처음 하는 사람 입장에서는 어렵게 생각할 필요 없이, 내가 원하는 제품이 있을 때 전문 제조 공장을 찾아 의뢰할 수 있다는 것을 알면 됩니다. 특정 카테고리들은 제품 혹은 상세 페이지 상품 정보란에 제조사를 명시해두는 경우도 있어서, 내가 만들고자 하는 제품이 있을 때 비슷한 제품을 찾아서 어디서 만들어졌는지 알아보는 방법도 있습니다. 만약, 정보가 나와있지 않다면 직접 경쟁사나 관련 업체를 찾아 발품을 팔거나 제조 박람회 등을 조사하는 방식으로 제조사를 알아낼 수 있습니다.

업체와 연락할 때는 최소 제작 수량, 샘플 제작비, 양산 비용 등 처음 접하는 정보가 많기에 주변에 위탁 생산을 해본 선배들과 먼저 연락을 해서 최대한 정보를 미리 획득한 후에 생산을 맡기는 게 좋습니다.

> **핵심 노트 위탁 생산은 어떤 창업자에게 적합할까요**
>
> 위탁 생산의 경우, 일단 직접 제조 설비를 갖출 정도의 자본금이 없는 분들에게 좋습니다. 제조 설비를 갖추는 데 드는 자산이나 노동력을 아끼고, 기획이나 유통에만 집중할 수 있기 때문입니다. 이러한 이유로 유형 제품으로 시작하는 대부분의 초기 창업자들이 위탁 생산 방식을 선택합니다. 다만 유형 제품은 MOQ(최소 제작 수량)나, 금형 개발비(유형 제품의 형태를 만드는 틀을 개발하는 비용) 등이 들기 때문에 위탁 생산이라고 할지라도 꽤 큰 금액이 들어갈 수 있다는 점을 염두에 두어야 합니다. 트렌드를 포착하고 빠르게 추진해서 상품을 내놓는 추진력이 강한 분, 또한 현금 흐름 및 공장과의 일정 조율 등 챙겨야 할 요소가 적지 않기에 프로젝트 일정 관리 등을 꼼꼼하게 챙길 줄 아는 분에게 적합합니다.

> **💡 핵심 노트** 생산을 하지 않는 위탁 판매
>
> 최근 위탁 생산조차 하지 않고 도매몰 등에서 판매하고 있는 상품, 총판에서 가져온 상품의 상세 페이지까지 그대로 가져와서 조금의 마진을 붙인 채 판매하는 형태의 사업이 등장하고 있습니다. 예를 들어 네이버 스마트스토어를 보면 같은 제품이 스토어마다 가격만 다르게 책정되어 판매되는 것을 볼 수 있습니다. 제조 과정에 참가하지 않고, 이미 다 만들어져 있는 상품을 그대로 가져다 유통하는 역할만을 담당하는 것입니다. 사실 언뜻 보기에 내 상품이나 서비스가 없는 것에 비즈니스라고 이름을 붙이는 것이 애매해 보일 수도 있지만, 수많은 제품과 정보들이 쏟아지는 현대 사회에서는 소비자들에게 신뢰감을 주는 큐레이션 역시 경쟁력이 됩니다.
>
> 이런 위탁 판매의 가장 큰 장점은 재고 없이 소자본, 또는 무자본으로 시작할 수 있다는 점입니다. 사업자등록증, 통신판매업신고증 등 몇 가지 간단한 요건만 갖추고 나면 누구나 당장 앉은 자리에서 시작할 수 있다는 장점이 있기에 소자본, 또는 무자본으로 쉽게, 부업처럼 유통을 시작해보고 싶은 분들에게 가장 적합합니다. 하지만 진입 장벽이 낮아서 언제든 경쟁 업체가 뒤따라올 수 있다는 리스크가 있습니다. 실제 이런 이유로 많은 업체가 위탁 판매로 시작하지만, 결국 브랜드를 만들게 됩니다.
>
> 위탁 판매는 사람들의 요구를 빠르게 파악해서 새로운 시장을 선점하는 트렌디함을 갖춘 분에게 추천합니다. 보통 유통처에서 사람들이 많이 검색하는 키워드를 잘 잡는 것도 중요하기 때문에 사람들의 요구와 언어를 이해하는 노력이 필요합니다.

📁 무형 콘텐츠와 서비스

무형 비즈니스는 '콘텐츠'와 '서비스'로 나뉘며 대부분 사업자가 콘텐츠와 서비스를 직접 제작해서 판매합니다.

무형 콘텐츠

유형 제품만 돈이 되는 시대가 아닙니다. 클래스나 전자책, SNS 콘텐츠 등 무형 콘텐츠를 만들어서 수익화를 할 수 있습니다. 실제로 본인의 노하우를 책과 콘텐츠로 만들어 수익화를 하고, SNS를 활용하여 수익화를 하고 있는 것을 주위에서 어렵지 않게 볼 수 있습니다.

전자책, 클래스와 같은 콘텐츠들은 일반적으로 콘텐츠 플랫폼을 통해 콘텐츠를 유료로 판매하여 수익을 내는 형태가 가장 대표적입니다. 지식을 촬영하거나 글로 써서 상품화하는 방식이므로 '지식 사업'이라고도 불립니다.

콘텐츠형 비즈니스는 만드는 사람의 전문성과 작업이 중심이 되기 때문에 대부분 직접 제조의 형태로 진행됩니다. 누군가에게 대신 위탁을 하려고 해도 그 역할이 편집이나 촬영 정도로 일부에 국한되고, 본인이 스스로 해야 하는 기획이 큰 축을 담당하기 때문입니다. 따라서 콘텐츠형은 거의 직접 제조의 형태에서 규모가 커졌을 때 일부를 레버리지Leverage해서 외주로 특정 부분을 맡기는 형태가 많습니다. 가끔은 콘텐츠를 상품화하고 판매까지 대행해주는 업체에 본인의 콘텐츠만 공급해 수익을 내는 경우도 있는데, 전문성과 자본력이 충분하다면 이러한 '위탁 생산' 형태를 활용하는 것도 가능합니다.

비용만 있다면 기획을 하고 나서 후반 작업에 필요한 편집이나 촬영 부분은 외주를 맡기면 훨씬 수월하게 진행할 수 있습니다. '크몽(https://kmong.com)'이나 '숨고(https://soomgo.com)' 같은 프리랜서 사이트에 가면 이런 외주 진행을 쉽게 맡길 수 있는 프리랜서들을 찾을 수 있습니다.

원가비, 배송비 등 들어가는 비용이 없다 보니 마진율도 굉장히 높습니다. 시간을 들여 콘텐츠만 만든다면 하나를 판매할 때 마진율이 거의 100%까지 가능하기 때문입니다. 하지만 누구나 만들기 쉬운 만큼 진입 장벽이 낮아서 경쟁자들이 많다는 단점도 있습니다. 신선한 아이디어와 기획력, 전문성이 없다면 성공하기 힘듭니다. 또한 지속적인 노출과 관리가 필요합니다. 정보성 콘텐츠의 경우, 시시각각 달라지는 정보를 반영하기 위해 꾸준한 업데이트가 필수이며, 판매 후에도 SNS나 판매 페이지를 통해 후기와 문의에 대응하며 소통을 유지해야 합니다. 결국 디지털 콘텐츠는 한 번 만들어내고 끝나는 것이 아니라, 계속해서 발전시키고 관리해야 안정적인 수익 창출이 가능합니다.

유튜브와 티스토리, 블로그의 경우 모두 '콘텐츠 제작'을 통해 수익을 얻는다는 점에서는 비슷하지만, 앞서 언급한 클래스나 전자책 판매와는 수익구조가 다릅니다. 콘텐츠 자체를 직접 유료로 판매하기보다, 해당 콘텐츠를 매개로 광고를 달거나 협찬을 받는 식으로 간접적인 수익을 만듭니다. 예를 들어, 유튜브는 조회수에 따라 수익을 얻거나, 일정 기준을 충족한 채널에 광고를 삽입하여 광고 수익을 받고, 블로그나 티스토리는 플랫폼 광고나 방문자 수에 기반해 광고 수익을 받습니다. 유튜브나 블로그 모두 협찬·PPL 형태로 수익을 얻기도 합니다.

비슷하게 콘텐츠는 하나의 '퍼널Funnel(깔대기)' 역할을 하여 다른 비즈니스로 유도하는 수단이 되기도 합니다. 최근에는 콘텐츠와 커머스를 결합해, 콘텐츠 자체를 판매하기보다 콘텐츠는 하나의 퍼널로 쓰고, 이를 통해 상품 판매나 서비스를 유도하여 수익을 내는 형태가 늘고 있습니다. 예를 들어, 라이브 커머스로 실시간 상품 판매를 진행하거나, 인스타그램 게시물을 활용해 공동 구매를 하는 사례가 대표적입니다. 이렇듯 콘텐츠 자체를 직접 판매하지 않더라도, 기획력과 아이디어만 있다면 여러 방식을 통해 충분히 수익화를 시도할 수 있습니다.

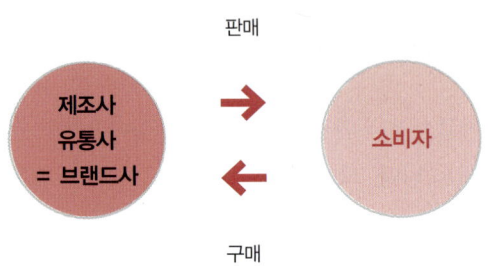

 콘텐츠 제작 과정

핵심 노트 | 콘텐츠 제작은 어떤 창업자에게 적합할까요

콘텐츠형은 본인의 콘텐츠 자체가 자산이 되고 브랜딩 수단이 될 수 있지만, 노하우가 없는 일반인들이 진입하기에는 어려운 시장일 수도 있습니다. 따라서 콘텐츠형은 무자본으로 비즈니스를 시작하고 싶은 분 중에서 본인이 남들에게 줄 수 있는 가치, 노하우가 분명히 있고 전문성이 어느 정도 있는 분들에게 잘 맞습니다.

요즘은 일방적으로 콘텐츠를 올리는 게 아닌, 사람들과 소통하며 진행하는 경우가 많기 때문에 너무 소극적이거나 소통을 어려워하는 분들에게는 힘들 수도 있습니다. 사실 콘텐츠 같은 경우 하나의 노하우를 산 사람이 똑같은 노하우를 필요로 하지는 않기에, 재구매율이 낮은 편입니다. 따라서 콘텐츠를 본 사람들을 본인의 팬덤으로 끌어들일 수 있는 친화력과 팬덤 관리 능력이 갖춰진 사람들에게 추천하고, 이를 꾸준히 발전시키려는 노력이 필요하기에 콘텐츠를 만드는 것 자체에 열정적인 분들에게 추천합니다.

다만 종류에 따라서 본인을 드러내지 않아도 되는 콘텐츠들도 있습니다. 유튜브, 블로그 등 SNS에는 본인을 드러내지 않으면서도 트래픽만 모으면 광고 수익을 벌 수 있습니다. 전문성이 없는 종류의 타임킬링 콘텐츠들도 어떤 컨셉트를 잡느냐에 따라 트래픽을 모을 수 있고, 혹은 시의 적절한 정보를 큐레이션만 잘해두어도 트래픽이 모일 수 있습니다.

하지만 이런 종류의 블로그나 인스타그램, 유튜브 같은 경우 콘텐츠를 꾸준히 만들어내야 각 플랫폼 알고리즘에 따라 트래픽이 유지되기에 리추얼^{Ritual}하게 콘텐츠를 만들어내는 끈기가 있는 분들에게 추천합니다. 또한 모든 종류의 콘텐츠는 시시각각 변하는 트렌드를 좇아야 하는 부분이 있어서 창의력과 트렌디함을 갖춘 분들에게 적합합니다.

서비스

서비스 비즈니스는 앱, 웹, 플랫폼 등 특정 서비스를 제공함으로써 수익을 창출하는 모델입니다. 사용자가 직접 서비스를 구매해서 이용하는 경우도 있지만, 서비스 트래픽을 바탕으로 수수료나 광고 수익을 얻는 방식도 있습니다. 예를 들어, OTT 서비스의 경우 월 정기권 구독료를 통해 서비스를 직접 판매하는 전형적인 서비스 구독형 방식을 보여줍니다. 사진 촬영, 카메라 보정 앱에서는 기본 기능은 무료로 제공하면서도, 고급 AI 보정 기능과 같은 부가 기능을 유료 옵션으로 판매해 수익을 올릴 수 있습니다. 한편 당근마켓(https://www.daangn.com)과 같은 플랫폼은 사용자들이 중고 거래를 무료로 할 수 있도록 연결해주는 대신 지역 소상공인들에게 광고 상품을 제공하는 수익 모델을 가져갑니다. 문토(https://www.munto.kr)라는 모임 중개형 플랫폼은 유료 모임이 열릴 때마다 모임 금액의 일정 금액을 수취하는 수수료 형식으로 수익을 가져갑니다.

정말 많은 사람이 플랫폼 비즈니스를 꿈꿉니다. 하지만 개인적인 경험과 사례로 살펴보면, 플랫폼 비즈니스를 하겠다는 창업자 중에서 현재까지 성공한 사람을 거의 보지 못했습니다. 실패율이 제일 높은 비즈니스입니다. 그 이유는 공급자와 수요자를 동시에 모아야 한다는 과제가 있기 때문입니다. 배달 앱을 예로 들면, 배달을 필요로 하는 수요자(고객)와 배달 서비스를 제공하는 공급자(식당)가 많아야 서비스가 운영됩니다. 수요자가 없으면 공급자도 이 서비스를 이용하려고 하지 않습니다. 반대로 공급자가 없으면 수요자도 큰 매력을 못 느끼게 됩니다. 그러므로 어느 한 축을 자신의 경험, 이력, 네트워킹을 토대로 빠르게 모을 수 있는 방안이 없다면 필패하는 비즈니스입니다. 또한 플랫폼 서비스는 기술적으로도 공급자 서비스와 수요자 서비스를 양쪽으로 개발해야 하기 때문에 많은 인력과 시간이 들어갑니다.

'서비스'라고 했을 때 앱이나 웹이 아닌, 프리랜서들의 서비스 자체도 판매 형태가 될 수 있습니다. 영상 편집을 잘하는 사람은 편집 외주를 할 수도 있고, 상세 페이지를 잘 만드는 사람은 상세 페이지 제작 외주를 할 수도 있습니다. 실제로 함께 일하던 디자이너는 펀딩 상세 페이지 외주 건을 하나둘 받더니 점차 인력을 고용하고 사업체를 만들어 지금은 펀딩 에이전시를 운영 중입니다. 이런 식으로 본인의 프리랜서 서비스 능력이 사업의 바탕이 되기도 합니다.

 **핵심 노트** IT 서비스형(웹, 앱, 플랫폼)은 어떤 창업자에게 적합할까요

IT 서비스형이 적합한 분들은 비슷한 서비스를 제작하는 업계에서의 경험이 풍부하거나 혹은 해당 서비스 업계에서 다양한 경험과 네트워킹이 있는 분들입니다. 웹이나 앱 개발이 필요한 서비스 제작형은 한 마디로 시스템을 구축하는 일입니다. 시스템을 구축하기 위한 전문성 혹은 진입하는 시장에 대한 네트워킹과 같은 인프라가 필요합니다.

시스템을 만든 후에 고객과 시장 관계자들을 만나며 지속적으로 수정해가며 시장에서 필요로 하는 시스템을 구축해야 합니다. 그렇기에 IT 구축 개발 능력이 부족하다면 시장 진입 및 확장에 큰 어려움이 있을 것입니다.

오프라인과 온라인 중 어디에서 판매할까요

 오프라인 판매형

오프라인 판매는 물리적인 공간에서 재화나 서비스를 제공하는 형태로, 우리가 거리에서 쉽게 접할 수 있는 자영업이 대표적입니다. 음식점, 카페, 옷가게와 같이 유형의 상품을 직접 제공하는 곳부터 미용실, PC방 등 서비스를 제공하는 공간까지, 오프라인에서는 단순히 제품을 구입하는 것을 넘어 직접 보고, 만지고, 체험할 수 있는 '경험' 자체가 중요한 가치로 작용합니다.

예를 들어, PC방이나 미용실은 시간과 서비스를 경험하는 공간으로 기능하며, 쇼룸이나 오프라인 매장은 온라인에서는 어려운 제품의 직접적인 확인과 체험을 가능하게 합니다. 물론, 옷이나 고가의 전자기기와 같이 온라인에서도 판매 가능한 상품들이 있지만, 소비자들이 제품의 질감이나 크기, 착용감을 직접 확인하고 싶어 하는 경우에는 오프라인 경험이 더 효과적입니다.

또한, 최근 온라인 사업이 성장하면서 온라인 플랫폼들이 오프라인으로 영역을 확장하는 사례도 있습니다. 대표적으로 무신사(https://www.musinsa.com), 템버린즈(https://www.

tamburins.com/kr)와 같이 온라인에서 시작해 오프라인 매장이나 팝업 이벤트를 통해 고객과의 직접적인 만남을 추구하는 경우입니다. 이러한 사례들은 오프라인 판매가 단순한 거래를 넘어 고객에게 물성이 있는 경험을 제공함으로써 브랜드 인지도와 만족도를 높이는 데 기여하고 있음을 보여줍니다.

오프라인의 또 다른 특징은 직접 경험해볼 수 있기에 온라인보다 높은 구매 전환율을 보이고, 보통은 온라인보다 높은 가격으로 거래가 된다는 점입니다. 소비자들은 직접 만져보고 경험해보고 구매할 수 있는 대신 그에 따른 비용을 좀 더 지불하는 것을 이해하는 편입니다. 오프라인 비즈니스는 시작할 때 자본금이 필요하기에 자본이 갖춰져 있거나 자본을 갖출 자신이 있는 분들에게 추천합니다. 월세, 관리비 등 필요한 서비스나 제품에 따라 필요한 자본을 생각하고 판매해야 합니다. 혹은 타 유통처에 입점하는 경우 수수료를 납부하는 방식이기에 마진구조를 잘 생각해서 진행해야 합니다.

온라인 판매형

온라인 판매는 웹사이트나 모바일 앱을 통해 제품이나 서비스를 제공하는 형태로, 개인이 직접 운영하는 플랫폼에서는 중간 유통마진이나 별도의 유료 수수료 부담 없이 마진을 챙길 수 있다는 장점이 있습니다. 인터넷 쇼핑몰에서 옷을 팔거나, 앱을 제작해서 콘텐츠나 서비스를 판매하는 것들을 예로 들 수 있습니다. 오프라인 판매에 비해 초기 자본금 부담이 적고 비교적 쉽게 시작할 수 있지만, 온라인 판매의 성공 여부는 트래픽 확보에 의해 크게 좌우됩니다. 오프라인 매장은 물리적인 위치 덕분에 자연스럽게 유동 인구를 모을 수 있는 반면, 온라인은 이미 포화된 수많은 웹사이트와 앱 틈에서 소비자의 주목을 끌어야 하기 때문입니다. 이 때문에 검색엔진 최적화(SEO), SNS 마케팅, 유료 광고 등 다양한 전략을 통해 브랜드 인지도를 높이고 방문자를 유입시키는 노력이 필요합니다. 오프라인에서는 매장 임대료와 같은 고정 비용이 발생하는 반면, 온라인에서는 광고비와 마케팅비가 주요 투자 항목이 되어, 이 비용들을 효과적으로 관리하는 것이 중요합니다.

브랜드사에서 직접 웹사이트와 모바일 앱을 만드는 것도 중요하지만, 이미 개설된 온라인 플랫폼을 통해 물건을 파는 형태도 있습니다. 위에서 말한 자사 온라인과 웹에서 트래픽을 가져오기 쉽지 않기 때문에 이미 트래픽이 구축이 되어 있는 유통 플랫폼에 입점하여 수수료를 지불하고 상품을 올려 트래픽을 이용하는 것입니다. 쿠팡(https://www.coupang.com) 같은 커머스 플랫폼 혹은 검색엔진을 기반으로 하는 네이버 스마트스토어(https://www.naver.com)를 통한 판매가 유형 제품 판매자들이 가장 흔하게 들어갈 수 있는 판매 루트이며, 와디즈(https://www.wadiz.kr) 같은 크라우드 펀딩 플랫폼에서는 펀딩을 통해 자금을 조달받으면서 신규 브랜드를 알릴 수 있습니다. 무형 콘텐츠의 경우 대표적으로 프리랜서 서비스를 판매하는 크몽, 클래스 콘텐츠를 판매하는 CLASS 101(https://class101.net) 등이 있습니다.

플랫폼별로 입점 조건과 수수료는 천차만별이기 때문에 잘 검색해보고 정리해서 입점하는 것이 좋으며, 판매하려는 제품군이 하나의 플랫폼에서만 독점 유통되는 특수한 상황이 아니라면, 유통 플랫폼을 하나만 선택해야 하는 이유가 없기 때문에 여러 플랫폼에 올려서 본인의 상품을 잘 알리는 것이 좋습니다.

내 브랜드를 만들기로 결심했다면, 트래픽이 높은 기성 플랫폼에 의지하지 않고 수수료 없이 자생할 수 있는 구조를 만드는 게 중요합니다. 본인의 브랜드력을 키워서 사람들에게 알리고, 자사몰로 유입되는 퍼널을 구축하는 것이 핵심입니다. 실제로 브랜드사가 유통업체 등을 끼지 않고 소비자에게 바로 판매하는 D2C$^{\text{Direct to Customer}}$ 시장이 대두되고 있습니다. 수수료 부담을 줄이고, 팬덤과 고객 데이터를 효과적으로 축적하며, 마케팅 측면에서도 보다 자유롭게 소통할 수 있는 장점이 있기에, 이 부분에 대해서는 책의 뒷부분에서 더욱 강조해보도록 하겠습니다.

온라인 vs 오프라인

온라인과 오프라인의 구분을 나누는 것은 비즈니스의 종류와 관계가 있습니다. 미용실을 하고 싶은 사람이 온라인 미용실을 할 수 없고, 전자책을 팔고 싶은 사람이 오프라인으로 판매하기는 힘들기 때문입니다. 그럼에도 최근 시작하는 대부분의 비즈니스는 온라인에서 시작하는 경우가 많습니다. 일단 유형, 무형의 제품과 서비스들이 대부분 온라인으로 거래되고 있는 추세이고, 초보 사업자에게 자본적인 부담 없이 진행할 수 있기 때문입니다.

유형 제품은 온라인에서 사업이 커지면 오프라인으로 확장하는 경우가 많기 때문에 사업의 규모가 커지면 오프라인에 입점하거나, 직접 몰을 차리는 경우도 있습니다. 본인의 재정적 준비 상태와 사업의 특성을 고려하여 선택하고, 확장 가능성도 염두에 두면서 판매처에 대한 큰 그림을 그리기를 추천합니다.

소비자와 사업자 중 누구에게 판매할까요

 B2C

B2C^{Business to Customer}는 일반 소비자들을 대상으로 재화나 서비스를 직접 판매하는 비즈니스 형태입니다. B2B^{Business to Business}는 기업체를 대상으로 하고 B2G^{Business to Government}는 정부 기관들을 대상으로 판매하는 비즈니스인 것과 달리, B2C는 일반 소비자 대중들을 대상으로 판매하는 것입니다. 우리가 아는 오프라인 자영업, 온라인 쇼핑몰 같은 대부분의 소매 및 서비스 업종이 대표적이라고 볼 수 있습니다. 마찬가지로, 카카오, 네이버, 쿠팡과 같은 무형 콘텐츠와 서비스들도 소비자들과 직접 맞닿아 있으며, 클래스나 전자책을 판매하는 콘텐츠 크리에이터들도 소비자들에게 콘텐츠를 직접 유통합니다.

B2C의 경우 SNS 광고, 플랫폼 등 소비자가 자주 접속하는 매체들을 통한 홍보와 판매가 이루어집니다. 대중과 맞닿아 있기에 대중의 요구를 민첩하게 파악하고 그에 맞는 마케팅 활동을 하는 것이 중요합니다. 대중들은 심사숙고해서 결정하는 B2B, B2G와는 다르게, 보이는 마케팅물에 의해 빠른 판단을 내리는 시장이기 때문에 고객들의 요구를 빠르게 파악하고 트렌드를 접목시켜 다양한 광고, 마케팅 채널에 녹여내는 것이 필요합니다.

📁 B2B

B2B$^{\text{Business to Business}}$는 사업자들을 대상으로 하는 비즈니스입니다. 흔히 도매업을 떠올릴 수 있습니다. 도매상들은 물건을 소매업자들에게 판매하고, 소매업자들은 물건을 소비자에게 판매합니다.

도매 외에도 사업체를 대상으로 하는 다양한 비즈니스들이 있는데, 최근 유행하는 SaaS$^{\text{Software as a Service}}$ 기업들도 대부분 사업체를 대상으로 한 비즈니스입니다. 전 세계적으로 쓰이는 기업용 메신저 슬랙(https://slack.com)은 대표적으로 기업 내 소통과 협업을 가속화하는 소프트웨어 솔루션입니다. 판매처가 소비자들이 아닌 기업인 것입니다. 기업이 각자 본연의 업무를 수행할 수 있도록 SaaS 업체들은 자사의 솔루션을 자동 업데이트하고 유지 작업 관리를 해주며 그 대가로 구독료를 받습니다.

이 외에도 기업 대상으로 화초 등을 렌털해주는 렌털 서비스라든지, 정육업체 사장님들에게 손을 보호해주는 보호 장갑을 파는 업체 등 B2B 대상으로 진행하는 다양한 사업들이 있습니다.

이런 B2B 사업의 경우, 기업과 기업끼리의 거래이기 때문에 대중 광고나 마케팅보다는 기업이나 업체 의사결정권자 사이의 소통에 기반합니다. 맞춤형 제안서와 데모 시연 등을 통해 각 기업의 문제를 해결할 수 있는 솔루션을 제시할 수 있어야 하며, 고객사의 내부 프로세스와 구조를 깊이 이해하는 노력이 필요합니다. 또한, 한 번 구매 시 대량 구매가 일어나고 큰 금액이 오가는 만큼 구매 결정 과정은 복잡한 검토와 승인을 거치기 때문에, 초기 접촉부터 계약까지 긴밀한 커뮤니케이션과 세심한 후속 관리가 필수입니다.

 **B2B vs B2C vs B2G**

B2B, B2C, B2G 사업은 사실 카테고리에 따라 정해지는 경우도 많지만, 본인의 영업 영역에 따라서도 나뉩니다. B2B 사업이 거래 규모가 크지만, 하고 싶다고 한들 아는 유통처나 판매 경로가 없으면 처음 시작할 때 기업들의 요구를 파악하기도 힘들고, 막막하기 때문입니다.

B2C 비즈니스는 대부분 광고나 플랫폼들을 경유해서 진행하기 때문에 아는 유통처가 없더라도 노력만 한다면 소비자들이 쉽게 나의 판매 정보를 찾을 수 있습니다. 따라서 대부분의 신생 사업들은 B2C로 비즈니스를 시작하는 경우가 많습니다. 본인의 사업 아이템이 대중에게 적합한지, 사업체에 적합한지 잘 판단한 뒤, 본인의 준비 상태를 고려하여 선택하면 됩니다.

B2C와 B2B가 혼재되어 사업을 하는 분들도 있습니다. 함께 작업을 했던 음식물 처리기 업체는 아파트 단지를 대상으로 판매를 하다가 B2C로 대상을 넓히기도 했고, B2B 편의점을 대상으로 라면 조리기를 팔던 업체가 B2C 대중들을 대상으로 소비자를 넓히기도 한 사례가 대표적입니다.

B2G는 관공서, 공공기관, 지자체 등을 대상으로 한 비즈니스 형태로, 공공 입찰이나 지원 사업 등을 통해 제품이나 서비스를 공급하는 방식입니다. 다만 이 책에서는 초보 창업자들을 중심으로 한 내용을 구성하였기 때문에, 접근성이 쉬운 B2C와 B2B 중심으로만 설명합니다.

Action Plan — 나에게 맞는 비즈니스 찾아보기

앞서 비즈니스 프로세스에서의 종류별 특징을 하나씩 살펴보았습니다. 무엇을 어떻게 만드는지, 그리고 어디에서 어떻게 파는지에 대해 비즈니스의 종류들을 설명했습니다. 이제 이 요소들을 전체적으로 조합해본다면, 비즈니스 아이템을 구상하는 데 도움이 될 것입니다.

만든다 (제조)

무엇을 만드나?

카테고리별 분류

[유형]
- 테크
- 가전
- 뷰티
- 패션
- 푸드
- 홈리빙
- 캐릭터 굿즈

[무형]
- 출판
- 클래스
- 웹/앱 서비스

어떻게 만드나?

[유형]
- 직접 제조
- 위탁 생산, OEM/ODM

[무형]
- 콘텐츠, 서비스, 직접 판매
- 수수료, 광고수익 BM

판다 (유통)

어디에서 파나?

오프라인
온라인

누구에게 파나?

B2C – 소비자
B2B – 사업체

📖 예시

🎯 예시로 보는 기업 비즈니스

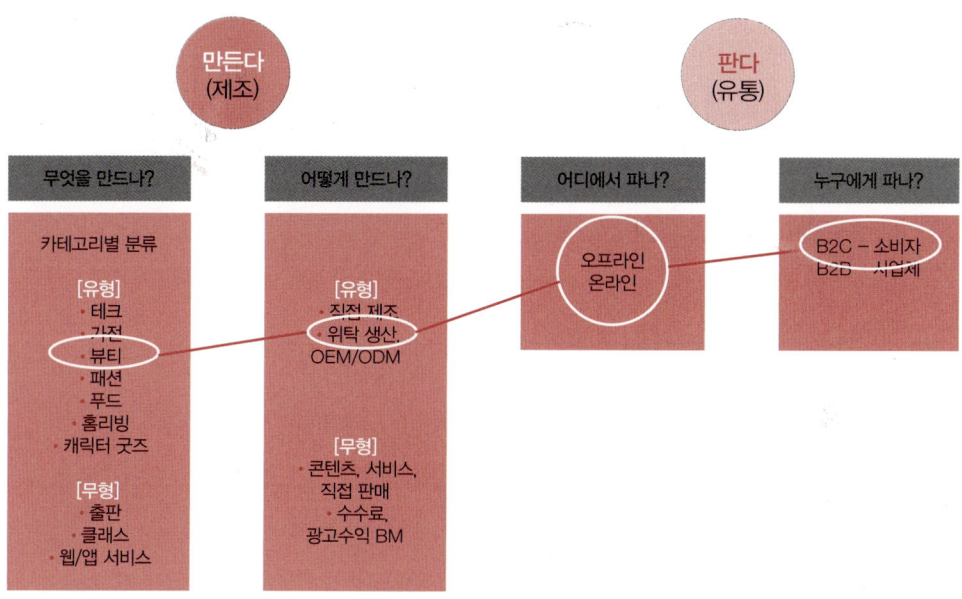

_미샤_

뷰티 제품을 → 위탁 생산해서 → 오프라인, 온라인에서 → 소비자들에게 판매합니다.

아웃백

푸드를 → 직접 제조해서 → 오프라인에서 → 소비자들에게 판매합니다.

_슬랙_

커뮤니케이션 서비스를 → 직접 제조해서 → 온라인에서 → 사업체에 판매합니다.

이런 성공한 기업들이 아니더라도 본인이 평소에 하고 싶었던 비즈니스를 수익구조에 맞게 재편해보는 예시를 들어볼 수도 있습니다.

🎯 예시로 보는 수익구조별 비즈니스

Q. 대학생 김 씨는 소자본으로 평소에 관심 있던 인테리어 소품들을 직접 예쁘게 만들어서 오프라인 소품샵을 열고 싶습니다.

A. 홈리빙 제품을 → 직접 제조해서 → 오프라인에서 → 소비자들에게 판매합니다.

Q. 화장품 회사에 재직 중인 이 씨는 본인이 평소에 필요로 했던 화장품의 기능을 조합해서 외부 공장에 맡겨 생산한 뒤 온라인에서 대중 소바자들에게 판매하고 싶습니다.

A. 뷰티 제품을 → 위탁 생산해서 → 온라인에서 → 소비자들에게 판매합니다.

Q. 주부 강 씨는 본인이 평소에 쓰던 블로그를 전자책으로 만들어서 자사 홈페이지나 유통 플랫폼들을 통해 판매하고 싶습니다.

A. 출판 콘텐츠를 → 직접 제조해서 → 온라인에서 → 소비자들에게 판매합니다.

Q. 플로리스트 양 씨는 꽃집을 운영하는 플로리스트들이 판매 정보를 공유하는 서비스를 만들어서 온라인 플랫폼을 만들어서 판매하고 싶습니다.

A. 플라워 서비스를 → 직접 제조해서 → 온라인에서 → 사업자들에게 판매합니다.

평소 구체화하던 아이템을 이렇게 정리해볼 수도 있지만, 뭘 해야 할지 막막했던 사람들은 본인이 이미 가지고 있던 배경 지식과 생산 가능한 방법을 조합해서 비즈니스 모델을 떠올려보는 것도 도움이 될 수 있습니다.

📖 실습

비즈니스 종류와 본인에게 평소 갖춰진 유통 인프라에 맞게 소비자와 사업체 중 구매 타깃을 정합니다. 마지막으로 이 과정에서 앞서 말한 종류별 특징과 리스크를 본인이 감내할 수 있는지를 꼭 체크하며 진행하면 좋겠습니다. 수많은 산업 중 내게 잘 맞는 사업을 찾아야 오래 롱런할 수 있는 브랜드를 만들 수 있습니다.

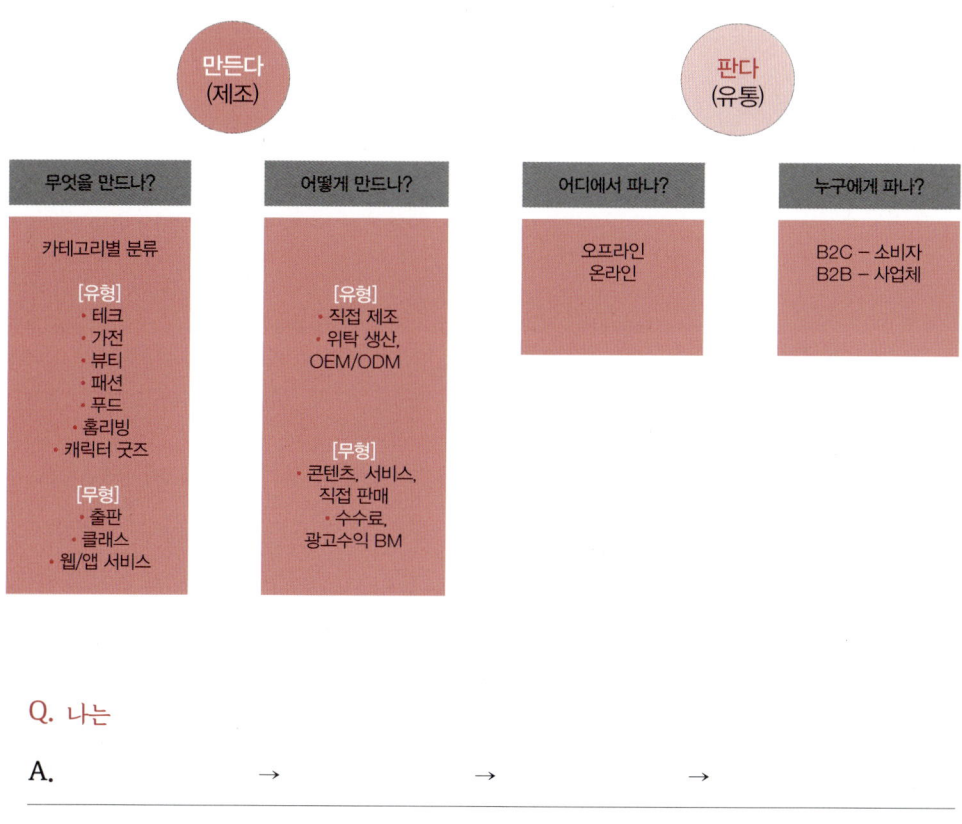

Q. 나는

A. _____ → _____ → _____ → _____

 **나와 맞는 비즈니스 찾기 4단계**

1단계 : 본인에게 관심이 있고, 제반이나 지식이 있는 분야의 카테고리를 정합니다.

2단계 : 자체 설비를 갖출 수 있는 자본과 시간적 여유가 있는지 살펴보고 직접 제조와 위탁 생산 중에서 선택합니다.

3단계 : 온라인과 오프라인 사업 중 어떤 것이 더 적합한지 비즈니스 종류와 자본 유무에 따라 선택합니다.

4단계 : 소비자에게 팔지 사업체에 팔지에 대해 고민해봅니다.

Section 2-2

경력이 없는데, 창업할 수 있나요

사업 유형에 대해 이제 조금 이해가 되었다면, 이제 본격적으로 창업 아이템을 구상해볼 차례입니다. 혹시 그동안 창업 아이템을 구상하는 게 막막하진 않았나요? 아이템이 쉽게 떠오르지 않을 때에는 보통 '나에게 필요하거나 좋아 보이는 아이템'을 찾게 됩니다. 그러나 이렇게 시작하는 창업은 대부분 실패를 맞이합니다. 특별한 경력과 경험이 없는 평범한 사람이 기발한 아이템을 구상하는 방식에 대해 배워봅시다.

가장 강력한 창업자의 무기는 평범함입니다

투자자 혹은 정부지원사업의 심사위원들이 창업 팀에서 가장 많이 보는 것은 창업자의 이력입니다. 창업자의 이력은 계획한 목표의 실현 가능성을 측정하는 근거가 되기 때문입니다. 그렇기에 아무런 특별함이 없는 예비 창업자들은 아무래도 불리한 요소로 작용합니다. 하지만 더 똑똑하거나 특별한 기술이 있다고 해서 창업에 성공하는 것은 아닙니다. 오히려 평범함이 창업에 있어 더 중요한 키가 됩니다.

평범함을 다르게 표현하면 '대중성'입니다. 평범함은 창업 내내 중요한 방향(고객 중심)을 놓치지 않게 도와줍니다. 만약 여러분이 프로그래밍 개발 스펙이 있는 사람이라고 가정해보겠습니다. 이런저런 아이템을 구상하다 최근에 사람들이 재테크에 관심이 있다는 것을 파악하고 자산관리, 가계부 정리 서비스를 만들기로 결심했습니다.

이런 경우 (모든 개발자가 그런 것은 아니지만) 개발이 진행되면서 창업 아이템은 소비자의 시선보다 기술적인 관점이 많이 반영될 가능성이 높습니다. 반면 여러분이 개발 능력이 없는 평범한 사람이라고 가정하겠습니다. 일상생활에서 가계부 정리가 불편해서 해결해보고 싶은 마음에 창업을 했습니다. 여러 앱도 사용해보고 자산관리를 잘하는 여러 인플루언서들의 방법을 참고해보았지만, 지속하기 어렵고 무엇보다 혼자서 작성하다 보니 이게 잘하는 건지 의심되기도 했습니다. 이런 경험을 바탕으로 가계부 관리 관련 서비스를 만들어보려고 합니다. 전자와 후자, 어떤 흐름이 더 매끄러워 보이나요? 여러분에게 기술력이 없어도 아이템이 충분히 합당하고 이를 뒷받침하는 근거와 스토리만 있다면, 기술이 있는 사람보다 더 매력적으로 보일 수 있습니다.

위대한 것은 평범함 속에 숨어 있습니다. '배달의 민족' 앱을 만들었던 전 김봉진 의장이 최근 새로운 창업에 도전하며 담아낸 메시지, '사소한 것을 위대하게'와 일맥상통합니다. 평범한 일상과 평범한 시장 안에 새로운 기회가 있고, 변화가 탄생합니다. 이제 여러분의 평범함에서 위대함을 끄집어내보기 바랍니다.

사람, 여러분이 무조건 가지고 있는 자산입니다

자산, 자본이 없어서 창업을 못한다는 핑계는 정말 멈춰야 합니다. 중요한 것은 돈이 아닙니다. 내가 가진 것들을 얼마나 효과적으로 잘 활용하느냐에 있습니다. 가진 것이 없어서 창업을 시작하지 못한다고 생각한다면, 장담하건대 평생 창업을 못할 것입니다(창업하더라도 금방 망할 것입니다). 창업은 충분히 가진 상태에서 시작하는 것이 아닙니다. 창업은 없는 상태에서 새로운 것을 만들어내는 것의 연속입니다. 고객에게서 불만족의 틈새를 찾아내고, 여러분의 자원(리소스)과 강점(역량 및 경험)을 토대로 기회로 만들어야 합니다. 고객, 자원, 강점, 이 세 가지가 가장 중요한 아이템 구상의 시작점입니다.

창업을 쉽사리 시작하지 못하는 또 다른 이유 중 하나는 창업할만한 능력과 자원이 없다고 생각하기 때문입니다. 하지만 그렇지 않습니다. 창업은 여러분이 속해 있는 사람 사이의 관계에서 시작할 수 있습니다(극단적으로 표현하자면, 그렇게 시작되어야만 한다고 생각합니다).

간혹 창업의 성공 스토리를 듣다 보면 주변 사람들과 함께 시작된 스토리가 있습니다.

봄과 여름에 한강에서 모기에 물리고, 캄캄한 곳에서 나들이하는 친구들을 안쓰러워하다가 나들이 패키지 용품(벌레퇴치제, 조명 등)을 대여하고 판매하는 창업을 한 사례를 보더라도, 창업은 특별한 기술과 자원이 필요하지 않습니다. 주변에 여러분이 잘 이해할 수 있는 고객 집단(사람)부터 시작하는 것이 가장 쉽고 확실하게 아이템을 찾는 방법입니다. 천천히 그 방법을 살펴보세요.

지인을 고객으로 보면 시장조사가 수월해집니다

창업을 시작하면서 마주하게 되는 곤혹스러움 중 하나는 잠재고객을 만나기가 어렵다는 것입니다. 고객을 만나기가 어려워지니 인터넷 검색에 의존하게 되고, 좀 더 편한 방법(설문조사)을 찾게 됩니다. 고객을 실제로 마주하지 않는 이상, 그들의 잠재된 요구사항을 포착하기 어렵습니다. 그러다 보니 깊이가 얕은 아이템을 떠올리기 쉽습니다. 인터넷 조사만으로 탄생한 아이템은 필패합니다.

개인적인 창업 실패 경험과 수많은 와디즈 메이커들의 실패 사례를 보면서 알게 된 것입니다. 초보 창업자는 보통 '감'에 의지해 아이템을 찾습니다. 인터넷 검색으로 자신의 감을 합리화할 근거를 찾습니다. 그렇게 그럴싸한 계획서까지 만들지만, 실제로는 고객에게 외면받습니다. 주식투자를 할 때에도 확실한 조사 단계를 거치지 않고, 스스로의 판단으로만 투자할 때 손실이 발생할 확률이 크듯이 창업도 마찬가지입니다.

주변 지인들과 인터뷰하면서 조사를 시작하면, 스스로의 주관성에 빠질 확률이 낮아집니다. 여러분과 가까운 이들, 혹은 여러분과 비슷한 사람들에게 아이템의 타당성을 검토받아 보세요. 확실한 고객 조사 없이 상상만으로 구체화한 아이템은 실패할 확률이 높습니다. 처음부터 사람들에게 무엇이 필요할지 생각하고 탐색하는 것부터 시작해야 합니다.

무엇을 좋아하고, 어디에 돈을 쓰고, 어떤 불편이 있나요

창업의 오랜 격언으로 '고객은 자신이 무엇을 필요로 하는지 모른다'라는 말이 있습니다. '어떤 아이템(What)'을 창업할 지 고민할 것이 아니라, '어떤 고객(Who)'에게 집중할지 깊이 고민해야 합니다. 고객 스스로도 모르는 것을 여러분이 파악해서 상품화해야 하므로, 상당히 어려운 일입니다.

주변에 있는 지인들을 먼저 그룹화해서 어떤 집단이 있는지 파악해보세요. 단순히 연령대와 직업 말고도 성격 혹은 취미 등 집단이 명확하게 그려지는 특징으로 그룹화해보세요. 그룹화가 되었다면, 그 그룹을 생각하면서 그들이 무엇을 좋아했고 어떤 소비에 적극적이었는지 기억을 더듬어보세요. 사람은 이성적이지만 또한 매우 감정적입니다. 어떤 소비에는 몇 백 원, 몇 천 원을 더 싸게 사려고 갖은 애를 쓰면서, 또 다른 어떤 소비에는 가격 비교 없이 흔쾌히 돈을 씁니다. 주변 지인 그룹의 소비 패턴을 학습하면서, 실제로 만나 다양한 질문을 이어가며 그들을 이해해보기 바랍니다.

또한 지인을 이해하는 과정에서 일상에서 어떤 불만족이 있는지 포착해야 합니다. 어떤 제품이나 서비스든 100% 만족하기란 어려운 법입니다. 만족하지 못한 부분을 조사하고 불만족의 원인을 파악해야 합니다. 자동차가 상용화되기 전, 더 빠른 마차를 원했던 이들의 본질은 더 나은 교통수단이었습니다.

고객의 불만족을 찾아내고 그것의 본질이 무엇인지 파악하는 일은 쉽지 않습니다. 정답이 없는 시험을 계속 치르는 일과 비슷합니다. 그렇기에 더더욱 주변 지인에서 시작하기를 권합니다. 계속 마주하고 접근하기 쉬운 고객이어야, 조금이라도 더 이해할 확률이 높아집니다. 초기 창업 단계에서는 창업하는 시간의 절반 이상을 고객과 만나고 고객을 이해하는 것에 할애해야 합니다. 그만큼 고객과의 만남은 중요합니다.

지금 당장 시작할 수 있는 것에 작은 변화만 주세요

열심히 잠재고객을 만나며 깊이 조사를 하더라도 위대한 아이템을 발견하지 못할 가능성이 높습니다. 당연한 일입니다. 지금 당장 시작할 수 있는 일은 사소한 것(아이템)입니다. 큰 기술적 혁신이 없더라도 충분히 가치를 창출할 수 있습니다.

예를 들어보겠습니다. 주변 대학생 친구들은 졸업 시즌이 되면 사진 찍는 이야기를 열심히 나눕니다. 그런데 뻔한 졸업 사진 말고 특별한 것을 원할 수 있습니다. 부모님에게 감사의 말을 전하는 커다란 감사띠나 학사모에 포인트를 줄 수 있는 소품을 원할 수도 있습니다. 이럴 때 현장에서 특별한 소품을 대여하거나 판매하는 아이디어를 생각할 수 있습니다.

또는 여름철 바닷가에 간 친구들이 많은데, 그날의 특별함을 더 간직하고 싶어 합니다. 옷도 사고, 화장도 하지만 뭔가 하나 부족함을 느낍니다. 이런 잠재고객을 대상으로 현장에서 타투 스티커 혹은 타투 프린터로 타투를 새겨주는 서비스를 진행할 수 있습니다.

사소한 아이디어로 시작한 일들이지만, 이것이 실제로 고객이 원하는 서비스라면 여기서 더 확장하고 위대해질 수 있습니다. 소품 대여 서비스는 전국 및 글로벌로 확장해서 고객이 직접 원하는 소품을 입력하면 유사한 소품을 추천해주는 추천 기반의 이커머스 서비스로 커질 수 있습니다. 타투 스티커 서비스는 오프라인 이벤트와 연계해 전국 각지의 축제 및 이벤트를 기획 및 운영하는 서비스로 거듭날 수 있습니다. 기존에서 아주 작은 변화만 줘도, 고객이 진정 원하던 것이라면 무조건 성공합니다.

이런 아이디어들이 하찮아 보일 수 있습니다. 하지만 이렇게 성공한 사람을 더 많이 봤기에, 이러한 방식을 더 권합니다. 작게 실행하고 작게 성공하거나 작게 실패하면 됩니다. 진짜 중요한 것은 돈도 못 벌고 크게 실패하는 일입니다.

막상 위와 같이 지인들을 찾아다니며 인터뷰하고 지인을 대상으로 무언가 판매할 생각을 하면 자존심이 상할 수 있습니다. 도움을 구하고 부탁하는 것을 창피하다고 느끼면 안 됩니다. 여러분이 창업을 하면서 이 일보다 창피하게 여길 일은 무궁무진합니다. 여러분은 스스로의 인생과 여러분을 믿고 여러분의 회사를 선택한 다른 동료의 인생을 책임져야 합니다. 고작 이런 것에 창피할 틈도 없습니다. 쫄딱 망하는 것이 더 창피하고 부끄러운 일입니다. 어떤 방법이든 찾아내어 쟁취해야 합니다.

손에 쥘 수 있는 무기(자원)를 찾으세요

돈이 없기 때문에 창업을 못한다고 생각했다면 다시 한번 살펴봅시다. 돈(자금) 외에 본인이 무엇을 가지고 있는지 제대로 인지해야 합니다. 막연하게 상상의 나래 속에서 창업 아이템을 찾는 사람이 많습니다. 우선, 실제로 내가 무엇을 가지고 있고, 그것으로 무엇을 할 수 있는지 파악하는 것부터 시작해야 합니다.

보통 네 가지 항목으로 가지고 있는 것들을 분류할 수 있습니다. '시간(혹은 인력)', '공간', '자산', '자금'입니다.

_시간(인력)_

실제로 투입할 수 있는 인적 자원입니다. 얼마나 밀도 있는 시간을 투입할 수 있는지, 혹은 주변에 도움 받을 수 인력이 있는지 등에 대한 것이기도 합니다. 초기 창업 단계에서 인력만으로 사업을 운영하는 경우가 예상보다 많습니다.

예를 들어, 배달의민족은 초기에 전단지를 수거해 일일이 수작업으로 정보를 입력했으며, 리멤버(명함 관리 앱)는 사용자가 명함을 사진으로 찍으면 실제 사람이 수기로 정보를 입력해주는 방식으로 서비스를 시작했습니다.

_공간_

창업 아이템을 구상할 때 중요한 재료가 됩니다. 활용할 수 있는 공간에 따라 진행할 수 있는 사업의 종류가 확연히 달라집니다. 비즈니스의 대다수가 온라인으로 이전되고 있으나 오프라인만큼 오랜 전통을 이어온 비즈니스가 없습니다. 그럼 어떤 공간을 활용할 수 있을까요? 무료 혹은 저렴하게 공간을 활용할 수 있는지 여부도 중요하지만, 해당 공간에서 영리 목적의 활동을 할 수 있는지 확인하는 것도 중요합니다.

_자금_

실제로 창업에 투자할 수 있는 돈을 의미합니다. 일부 창업자는 정부지원을 받거나, 투자를 받는 것으로 필요한 자금을 조달합니다. 하지만 외부에서 자금을 조달하는 경우에 여러 제약 조건이 있습니다. 또한 아무것도 없는 현재 시점에서 외부 자금을 조달받을 수 있는 방법도 사실상 전무합니다. 그래서 보통 창업 초창기에는 창업자의 자금이 많이 할애됩니다. 스스로 어느 정도 금액까지 창업에 투자할 수 있을지 잘 파악해두어야 합니다.

_자산_

자산은 부가가치를 창출할 수 있는 모든 것을 의미합니다. 노트북, 프린터, 자동차, 카메라 등 모두 자산에 포함됩니다. 단순히 물건이 아니라 활용하기에 따라 서비스를 만들거나 돈을 벌 수 있는 수단을 의미합니다. 예를 들어, 노트북, 자동차, 카메라라는 자산을 가지고 노트북으로 디자인 일을 하거나, 자동차로 배달을 하거나, 카메라로 콘텐츠 제작을 하는 등의 창업을 진행할 수 있습니다. 내가 가진 자산 목록을 쭉 적어보고, 그걸 어떻게 활용할 수 있을지 떠올려봅시다.

손에 쥔 무기로 '지금 당장' 무엇을 할 수 있나요

위와 같이 가지고 있는 자원을 파악한 이유는 '할 수 있는 사업'의 종류를 파악하기 위해서입니다. 창업은 자유도가 높지만 명확한 한계가 있습니다. 특히 초기 단계에서 그 한계는 너무나 명확합니다. 가지고 있는 자원으로 할 수 있는 사업의 종류를 분명히 알아야 합니다.

자본이 적은 사람은 많은 자본을 필요로 하는 사업을 할 수 없습니다. 대출을 통해서 진행을 하더라도 리스크가 상당히 큽니다. 공간이 없는 사람이 공간 비즈니스를 시작하는 것도, 시간이 부족한 사람이 노동집약적 서비스를 시작하는 경우도 마찬가지입니다. 관심사 혹은 트렌드에서만 창업 아이템을 찾는 경우, 이렇게 내 분수에 맞지 않는 아이템에 꽂히는 경우가 발생합니다.

여러분에게 있는 자원을 통해서, 지금 당장 한 달 내에 시작할 수 있는 사업은 어떤 것들이 있는지 파악해야 합니다. 사업의 종류에 대한 부분은 이전 장에서 충분히 다뤘으니 기억이 나지 않으면 다시 한번 복기해보세요. [Action Plan]에 약간의 팁도 첨부했으니 참고해서 여러분이 가지고 있는 자원으로 한 달 안에 시도할 수 있는 사업의 종류를 작성해보세요.

여러분의 성장 과정이 두 번째로 큰 자원입니다

성장 과정에 대해 깊이 생각해본 적이 있나요? 자기소개서를 쓸 때 말고는 별로 없을 것 같습니다. 그런 성장 과정이 주요한 자원입니다. 10년 이상 보고, 듣고, 경험한 것들은 돈 주고 살 수 없는 큰 가치입니다. 문제는 이것을 어떻게 활용할지 모른다는 점입니다.

다른 사람들보다 더 많이 접했거나 더 잘 이해하는 것들, 혹은 남들보다 더 특별하다고 생각하는 경험을 떠올려보세요. 사소한 것이라도 좋습니다. '남중, 남고, 공대를 다니며 남자들의 문화를 잘 아는 것'이 될 수도 있고, '학창 시절 왕따 경험이 있음'과 같이 부정적인 경험을 적는 것도 방법입니다.

경험에서 탄생한 창업 아이템은 흡입력부터 다릅니다. 억지스럽지 않고, 왜 여러분이 이 아이템을 선택했고, 왜 여러분이어야만 이 아이템을 실현할 수 있는지에 대한 설명도 매끄러워집니다(당연히 아이템의 세부 내용과 핵심에 다다르는 통찰력도 높습니다). 그렇기에 여러분의 경험을 열심히 작성하길 바랍니다. 평범하다고 생각한 경험에서 위대한 기회를 포착할 수 있게 됩니다.

여러분에게는 남들보다 '무조건' 잘하는 게 있습니다

남들과 비교하면서 항상 자신이 부족하다고 생각하지는 않나요? 혹은 특별하게 잘 나거나 못나지 않은 평범함에 아쉬웠나요? 아직 제대로 발견하지 못했을 뿐, 여러분에게도 무조건 강점이 있습니다. 그것을 찾아내야만 합니다. 몇 가지 실전 방법을 통해 스스로의 강점에 대해 고민하길 바랍니다. 강점을 찾는 것이 어려운 이유는 스스로에 대해 깊이 사고하는 시간이 없었기 때문입니다.

대부분의 사람들은 자신의 강점보다 약점을 더 쉽게 찾아냅니다. 자신의 부족한 부분은 빠르게 인지합니다. 하지만 우리는 강점으로부터 성공할 확률이 높기에, 강점을 정확히 파악하는 것이 중요합니다. 강점을 찾는 것이 어려울 때 시도해볼만한 방법이 있습니다. 바로 살면서 편안했던 순간들을 떠올리는 것입니다. 불안하지 않고, 방해되는 요소 없이 부드럽게 일이 잘 풀렸던 때를 떠올리면 반복되거나 공통된 요소가 있을 것입니다. 그것이 여러분에게 있는 '강한' 부분입니다.

위 방법으로 찾아내기 어렵다면, 여러분의 과거 성과와 성취를 작성해보세요. 이뤄낸 성취들 안에는 여러분의 강함과 선호를 알아낼 수 있습니다. 학생 때부터 지금까지 받은 상장, 선정되거나 쟁취한 것들을 나열해서 여러분이 그동안 어떤 것으로 인정받아왔는지 살펴보세요.

마지막으로, 여러분이 그동안 들었던 칭찬을 떠올려보세요. 스스로 객관화하기 어렵다면, 그동안 타인이 평가한 여러분의 강점을 떠올려보세요. 여러분이 들었던 칭찬, 그중에서도 두세 번 이상 반복되었던 칭찬은 의심할 여지없는 여러분의 강점입니다.

나의 강점을 찾는 것으로는 더 전문적이고 다채로운 분석 방법이 있습니다. 시중에 공개, 공유된 자료를 토대로 더 적극적으로 찾아보기를 바랍니다. 가장 좋은 것은 스스로 생각하는 시간을 충분히 갖는 것입니다. 나의 강점은 나에게 '정답지'가 있습니다.

잘하는 일 vs 좋아하는 일, 무엇이 정답일까요

몇몇 사람들이 실제로 이런 질문을 합니다. 창업을 시작한 이유는 좋아하는 일을 하기 위해서인데, 막상 좋아하는 일이 아닌 잘하는 일로 시작해야 하는 상황에 불만족입니다. 하지만 한 가지 꼭 기억해주었으면 하는 부분이 있습니다. 창업은 취미 활동이 아닙니다. 창업을 통해서 최소한의 생계를 유지할 수 있어야 하고, 나아가 채용을 하게 된다면 그 직원의 삶에 대해서도 일부분 책임을 져야 합니다. 이런 상황에서 좋아하는 일만을 좇는 것은 이상적일 수 있습니다. 여러분에게 있어 창업의 간절함과 절박함이 크다면 잘하는 것을 통해 빠르게 안정성을 도모해야만 합니다. 좋아하는 것을 따르는 자유는 충분한 안전을 확보한 다음에 집중하면 됩니다.

좋아하는 일로 창업해서 성공한 사람도 있습니다. 그러나 실패한 사람은 곱절로 많습니다. 여러분에게 무엇을 선택하라고 강요할 수 없지만, 창업을 시작하면서 여러분의 고집만큼은 내려놓기를 강력히 권합니다. 생계유지도 안 되는 상황에서 좋아하는 일을 포기하지 않는 것은 '아집'이라고 단언합니다. 잘하는 것과 좋아하는 것을 가리지 않고 더 나은 창업을 위해 계속 선택하는 것이 창업자의 숙명입니다.

강점의 공통점과 본질을 파악해야 합니다

앞서 편안했던 상황, 성취를 이뤘던 순간, 타인이 말한 칭찬, 이 모든 것이 여러분의 숨겨진 강점이라고 했습니다. 이제 그 강점을 통해, 여러분이 잘하는 일들의 공통점을 찾아내고 잘 사용해야 합니다. 강점을 그대로 창업에 활용하기보다 한 차례 분해와 조립하는 과정을 거쳐서 강점의 본질을 찾아보세요. 이렇게 하는 이유는 발상에 한계를 제한 짓지 않고 더 넓히기 위해서입니다.

예를 들어, 비즈니스 디자인(PPT, 포스터 등)을 잘하는 A 씨가 있습니다. 여러분이 창업 컨설턴트가 되어 A 씨의 강점을 살린 창업 아이템을 추천하자면 어떤 아이템을 추천해주겠나요? PPT, 포스터, 일러스트레이션 등의 비즈니스 디자인 외주 서비스 혹은 디자인 파일을 템플릿화하여 판매하는 콘텐츠 비즈니스, 아니면 디자이너들이 자주 사용할법한 소프트웨어 개발 등 어떤 아이디어든 간에 '디자인'이라는 범주에서 크게 벗어나지 못할 겁니다. 하지만 아래와 같이 강점을 분해해서 본질을 찾아내고 다른 강점들 간의 공통점을 찾아낸 상황이라면 어떨까요?

'디자인을 잘한다'라는 강점은 아래처럼 여러 갈래로 쪼갤 수 있습니다. 그리고 아래와 같이 강점을 분해해서 살펴보면 확장 가능한 영역이 더 넓어집니다.

- 표현하고 싶은 내용을 명확히 정리하는 것을 잘합니다. → 객관화, 문서 작업
- 추상적인 내용을 객관화하고 상징화하는 능력이 좋습니다. → 콘텐츠 제작
- 사람들이 공감하고 이해하기 쉽게 표현하는 능력이 있습니다. → 마케팅, PR, 콘텐츠

위 요소를 토대로 다시 한번 창업 아이템을 구상해보면 '○○집단'을 타깃으로 한 뉴스레터 비즈니스, '초보 디자이너를 위해 쉽게 메시지를 전달하는 법' 등의 교육이나 강의, '직장인들을 위한 보고서 작성 방법' 기업 교육 등 디자인의 영역을 넘어선 아이디어들이 생기기 시작합니다.

평범함을 반죽하면 특별한 아이템이 됩니다

여러분 주변에 있는 소중한 네트워킹, 그리고 여러분이 가지고 있는 자원과 경험, 강점을 쭉 작성한 후에는 그 내용을 재료 삼아 새로운 아이디어를 떠올려야 합니다. 창업 아이템을 찾을 때 거시적으로 접근하는 방법보다 내 주변에서부터 시작하는 미시적인 방법이 보다 쉽게 좋은 아이디어를 찾아낼 수 있습니다. 우리는 창업 초보입니다. 그러니 초보에 알맞게 쉬운

방법부터, 빠르게 성장하고 배울 수 있는 방법을 통해서 레벨업을 해야 합니다.

여러 생각들을 조합하는 그 순간에, 그동안 생각지도 못했던 아이디어들이 탄생할 것입니다. 막상 괜찮은 아이디어가 생각나지 않는다 해도 걱정하지 마세요. 오늘 고민하고 분석한 내용이 앞으로의 창업 활동에 있어서 모두 자양분이 됩니다. 오늘 발아하지 않더라도, 여러분의 생각은 머지않아 싹트게 될 것입니다.

Action Plan

내가 가진 것들로 창업 아이템 구상하기

🎯 **[예시]** 방학 기간에 창업에 도전하는 평범한 대학생의 창업 아이템 구상하기

Section 2-2에서 다룬 내용처럼 누구나 쉽게 창업 아이디어를 떠올릴 수 있습니다. 하지만 지금 떠올리는 아이템으로 창업이 유지될 확률은 0%에 가깝습니다. 창업이 진행되는 과정에서 지금 아이템보다 더 나은 선택지를 계속 찾아낼 것이기 때문입니다. 그러니 긴장감과 부담감을 내려놓고 자유롭게 떠올려보세요. 이번 [Action Plan]에서는 방학 기간에 창업에 도전하는 평범한 대학생을 예시로 살펴보겠습니다.

- **[네트워킹 분석]** 주변 지인의 관심사와 불만족 분석하기
- **[리소스 파악]** 내 자원을 객관적으로 살펴보기
- **[가능한 사업 분석]** 당장 실행할 수 있는 사업 종류를 찾아내기
- **[강점 분석]** 나만의 무기를 찾아내기
- **[아이디에이션]** 모든 것을 조합해 아이디어로 만들기

🎯 [네트워킹 분석] 주변 지인의 관심사와 불만족 분석하기

네트워킹, 다른 말로 인맥입니다. 살면서 마주한 모든 사람이 여러분의 소중한 인맥입니다. 하지만 우리는 여기서 조금 더 중요한 기준을 둘 것입니다. 네트워킹의 중요한 기준은 실질적인 도움을 줄 수 있는 관계의 깊이에 있습니다. 아무리 훌륭한 지인이 있어도 쉽게 도움을 요청할 수 없는 관계라면 네트워킹이라고 보기 어렵습니다.

아래처럼 자신의 지인을 그룹화해보고, 그들의 특성과 관심사를 생각나는 대로 적어보세요. 작성한 내용은 추후에 다른 실습물들과 조합해서 아이디에이션하기 위해 사용할 것입니다.

📖 **예시**

지인 분류	특성, 관심사	불편함(기회) & 불만족
대학교 동기	취업, 학교생활, 여행, 연애	• 시간은 많은데 돈은 없어서 하고 싶은 것을 제대로 못함 • 취업에 대한 막연한 불안감이 높고, 생각보다 정보가 많이 없음
고등학교 동창	비슷한 동네에 거주, 연애에 대한 고민이 많음	• 최근 탈모 걱정을 하는 지인들이 늘어남
독서 동아리원	소설 및 인문학 독서 좋아함, 내적인 취미, 집을 좋아함	• 독서를 좋아하는데, 주변에 도파민을 자극하는 콘텐츠가 많아 독서가 어렵다고 함
러닝 크루	달리기를 포함해서 각종 아웃도어 스포츠를 좋아함	• 다양한 스포츠 및 아웃도어 취미활동을 하고 싶은데, 비용 부담이 큼

📖 실습

지인 분류	특성, 관심사	불편함(기회) & 불만족

🎯 [리소스 파악] 내 자원을 객관적으로 살펴보기

먼저, 가용할 수 있는 자원의 양을 파악해야 합니다. 자원은 보통 인력, 공간, 자산(돈, 장비 등)으로 나눌 수 있습니다. 창업에 몰두하는 기간 동안에 가용할 수 있는 것을 명확하게 정리해보세요. 여기에는 내가 지금 가지고 있지 않지만 지인에게서 충분히 대여 및 활용할 수 있는 것을 기입하는 것도 좋습니다.

📖 예시

구분	가지고 있는 것	도움을 받을 수 있는 것
시간, 인력	• 대학생 1년에 4달은 쉼, 집에서 보내는 시간이 많음(주중에도 비교적 자유로움) • 휴학으로 6~12개월가량 더 확보 가능	• 경영학과 전공의 대학 친구 및 교수님들에게도 도움을 요청할 수 있음
공간	• 집 공간 말고는 없음 • 본가에 넓은 마당이 있음	• 대학교의 여러 시설을 활용할 수 있음 • 친구 부모님이 펜션을 운영하고 계심 • 친구 네 자취방
자금	• 약 50~100만 원가량의 여유 자금이 있음 • 고정적인 수입이 없음	• 100~200만 원의 부모님 지원
자산	• 노트북 한 대, 모니터 한 대, 프린터 한 대 • 자전거 한 대	• 대학교의 대여 물품(카메라 등)

 실습

구분	가지고 있는 것	도움을 받을 수있는 것
시간, 인력		
공간		
자금		
자산		

🎯 [가능한 사업 분석] 당장 실행할 수 있는 사업 종류 찾아내기

하루라도 빨리 창업하려면 지금 가지고 있는 자원 내에서 빠르게 시작할 수 있는 사업 종류를 찾아내는 것이 중요합니다. 아래 추천 표를 추가로 작성했으니 살펴보면서 현실적으로 찾아보기 바랍니다.

방금 전에 작성한 가용 가능한 자원들을 살펴보면서 활용 가능한 항목을 한 차례 정리해보는 것입니다. 그다음, 가진 것 내에서 시도할 수 있는 사업 아이템을 먼저 추려보세요. 대부분 자본이 풍족하지 않겠지만, 자본이 풍족한 경우라 할지라도 보수적으로 자본을 축소해서 생각하길 바랍니다. 창업은 돈이 많다고 성공하지 않습니다. 작게 시도해서 결과를 빠르게 보는 것이 더 중요합니다.

가진 것 내에서 시도할 수 없는 사업이라면, 우선순위를 낮추길 바랍니다. 지금 우리가 필요한 것은 뭔가 있어 보이는 창업이 아닙니다.

📖 **예시**

구분	활용 가능	할 수 있는 사업 종류
시간, 인력	• 6~12개월가량 몰입할 수 있는 시간 • 단기간에 4~10명 정도 도움을 받을 수 있음 • 학교 교수님의 지원 가능	• 노동집약적 서비스(대행 서비스) • 소규모 프로젝트 컨설팅 등
공간	• 집 공간 말고는 없음 • 본가에 넓은 마당이 있음 • (단기간) 자취방 혹은 펜션 등	• 네트워킹 행사, 파티 이벤드, 독서 모임 등 • 유통 사업
자금	• 총 150~200만 원가량 사용 가능	• 지류 관련 사업 • 소자본 사업
자산	• 노트북 한 대, 모니터 한 대, 프린터 한 대 • 자전거 한 대 • 카메라 등	• 온라인 비즈니스 • 촬영 관련 사업

📖 실습

구분	활용 가능	할 수 있는 사업 종류
시간, 인력		
공간		
자금		
자산		

그리고 아래 추천 비즈니스를 토대로 상황에 알맞은 사업군도 추려보세요.

특징	추천 비즈니스
자본이 비교적 적게 드는 사업	• 수공예 제품(목공, 봉제, 음식류 등) • 지류 관련 아이템 제작 판매(출판, 다이어리, 스티커, 포스터 등) • 최소주문금액 및 수량이 낮은 카테고리 제품(일부 화장품, 패션, 생활용품) • 위탁 판매 등
공간을 활용할 수 있는 사업	• 네트워킹 및 파티, 이벤트 행사 • 공간 임대(촬영 스튜디오 및 짐 보관 등) • 공간 내에서 별도의 서비스 제공(교육 및 클래스 등)
시간이 많은 사람이 활용할 수 있는 노동집약적인 사업	• 심부름 서비스와 같은 노동집약된 사업 • 커스터마이징 제품 제작 • SNS 운영 및 관리(인스타그램, 블로그, 유튜브 등)
전문성 활용한 사업	• 자기 능력을 활용한 프리랜서 활동 • 전문성 기반의 콘텐츠 제작(전자책, SNS 등)

🎯 [강점 분석] 나만의 무기 찾아내기

지금까지 살아오면서 경험한 것들을 토대로 역량, 스킬, 그리고 강점을 분석해보겠습니다. 처음부터 강점을 찾아보려고 하면 어렵습니다. 작성이 어렵다면, 스스로 생각하는 시간을 더 깊게 가져보길 바랍니다(온라인에서 다른 강점 진단 방법을 시도해보는 것도 방법입니다). 핵심은 최대한 다양한 각도에서 다방면의 강점을 적는 것입니다. 아래 표는 다방면에서 스스로의 강점을 찾아볼 수 있도록 돕는 하나의 방법입니다. 아래 표를 작성하는 법을 구체적인 방법은 다음과 같습니다.

- 그동안 경험했던 사건 및 순간들을 작성합니다. 기억에 남고 중요하다고 생각하는 순간들을 작성합니다. 경험 부분에서는 편안하고 즐거웠던 순간, 성취와 성과, 타인에게서 평가받았던 인정 등을 작성하면서 여러분에게 숨겨진 강점을 찾아보세요.
- 경험 부분을 다 작성했으면 경험에서 배우고 익혔던 것들을 정제해서 작성합니다. 경험에서 파생된 능력, 역량, 하나의 스킬이 있습니다. 해당 경험을 통해서 배우고 발휘했던 능력, 역량, 스킬을 천천히 고민하면서 작성해보세요.
- 능력, 역량은 하나의 기술입니다. 해당 스킬의 특성, 본질을 파헤쳐보는 작업도 해보세요. 이 과정은 특정 기술에 나의 강점을 국한시키지 않고 더 유연하게 사고하기 위함입니다. 이 과정을 어렵게 느낀다면 모두 넘어가고 각 항목에 알맞은 내용을 생각해서 작성해보세요. 형식에 갇힐 필요는 없습니다.

예시를 들어 설명합니다. '예술, 창조적인 활동을 좋아하고 여러 활동과 도전을 좋아하는 경험을 통해서 목공과 영상 편집 기술을 배우게 되었고, 더 나아가 여러 활동을 하면서 빠른 실행력 등의 역량을 갖추게 되었다'라고 작성할 수 있습니다. 그런데 이러한 능력의 본질을 한층 더 분석한 후 고민해보면, 지속적으로 새로운 것을 탐구하고 호기심 있게 궁금해하는 강점이 있음을 알 수 있습니다. 많은 도전을 하고 짧은 시간 안에 원리를 이해하고 배워가는 과정에서 학습력과 이해도가 높은 장점이 있다는 것도 분석할 수 있습니다. 경험과 역량에서 본질적인 요소를 도출하는 방식은 스스로에 대한 깊은 이해가 필요합니다.

 **예시**

	경험을 통해 배우고 익힌 능력(기술)	능력(스킬)의 뿌리가 되는 '나'의 강점
	경험	능력, 역량, 스킬	강점, 성격
편안하고 즐거웠던 경험	• 예술, 창조적인 활동을 좋아함 (그림, 만들기 등) • 스포츠 및 액티비티 활동을 좋아하고 새로운 활동에 대한 도전을 즐겨함	• 목공 및 DIY, 영상 편집 스킬 • 각종 스포츠 운동 능력 • 도전의식 및 빠른 실행력	• 새로운 것을 **탐구**하고 받아들이는 **학습 능력**이 높음 • 호기심이 강하고 이해도가 높음
그동안 이룬 성과와 성취 경험	• 5개월 동안의 세계 여행 • 여러 공모전에서 수상한 이력	• 자료를 조사하고 수집하는 능력 • 자료수집을 토대로 전략(계획) 수립 • 세계여행 관련 정보 • 공모전 발표 방법, 공모전 수상 비법	• 새로운 것에 대한 호기심 • **빠르게 적용**하고 판단하는 능력
타인의 칭찬 혹은 인정, 평가	• 새로운 소프트웨어에 대한 이해도 및 적용 능력이 뛰어남 • 말을 조리 있게 잘함 • 차분하면서 인사이트가 강함	• 빠른 학습력과 업무 활용 능력 • 복잡한 내용의 구조화와 추상화	• **본질을 파악**하려는 사고방식 • 상대에게 도움을 주고자 하는 이타적 마인드
기타	• 창업에 도전해봤던 경험 • 창업 관련 내용으로 몇 차례 강의/강연한 경험	• 강연 자료 디자인(스토리텔링) 및 강연 강의하는 법	• 공감대 파악을 잘하고 메시지를 효과적으로 잘 전달함

 **실습**

경험을 통해 배우고 익힌 능력(기술) 　　능력(스킬)의 뿌리가 되는 '나'의 강점

경험	능력, 역량, 스킬	강점, 성격
편안하고 즐거웠던 경험		
그동안 이룬 성과와 성취 경험		
타인의 칭찬 혹은 인정, 평가		
기타		

🎯 [아이디에이션] 모든 것을 조합해 아이디어로 만들기

이제 모든 것을 조합할 차례입니다. 가장 먼저 한 것은 우리의 네트워킹을 조사하는 것이었습니다. 그다음은 가진 것을 토대로 지금 당장 할 수 있는 사업의 종류를 찾아내는 것이었습니다. 네트워킹과 지금 할 수 있는 사업 종류를 파악하는 것만으로도 다양한 아이템을 찾아낼 수 있습니다. 여기서 한 발 더 나아가 강점과 역량까지 첨가해 '나만의 아이템'을 도출해보면 더 논리적이고 합리적인 아이템을 찾아낼 수 있을 것입니다.

모든 것을 조합하는 것은 일종의 방법론입니다. 꼭 모든 것을 조합할 필요는 없습니다. 다만 지금까지 작성한 키워드를 살펴보면서 해볼 수 있는 여러 아이템을 생각해보길 바랍니다. 창업 아이템을 구상할 때 그동안 많이 힘들었다면, 지금부터는 작성해온 키워드들을 보면서 끊임없이 고민하길 바랍니다.

📖 **예시**

누구(Who)	기반(Based on)		무엇(What)
네트워킹(고객)	리소스(자산, 자금)	스킬(경험, 역량, 강점)	아이템(구체적 요소)
• 대학교 동기 : 취업, 학교 생활, 여행, 연애 • 고등학교 동창 : 비슷한 동네에 거주, 취업에 대한 고민이 많음 • 독서 동아리원 : 소설 및 인문학 독서 좋아함, 내적인 취미, 집을 좋아함 • 러닝 크루 : 달리기를 포함해서 아웃도어 스포츠를 좋아함	• 6~12개월가량 몰입할 수 있는 시간 • 단기간 동안 4~10명의 도움을 받을 수 있음 • 학교 교수님의 지원을 받을 수 있음 • 본가에 넓은 마당이 있음 • (단기간) 자취방/펜션 등 • 총 150~200만 원가량 • 노트북 한 대, 모니터 한 대, 프린터 한 대, • 자전거 한 대, 카메라 등	• 호기심, 학습력 • 이해력, 공감, 본질 파악 • 발표 및 커뮤니케이션 스킬 • 세계여행 • 공모전 수상 • 창업 경험	• 노동집약적 서비스(대행 서비스) • 소규모 프로젝트 컨설팅 등 • 네트워킹 행사, 파티 이벤트, 독서모임 등 • 유통사업 • 지류 관련 사업 • 소자본 사업 • 온라인 비즈니스 • 촬영 관련 사업
새로운 경험에 목마른 대학생들에게	대학교 공간 시설을 기반으로	세계여행을 다닌 경험과 여러 발표 경험을 활용해서	세계여행 네트워킹 및 정보교류회 이벤트 행사를 서비스한다.
같이 러닝 하는 크루들 중에서 새로운 사람을 만나는 것을 좋아하는 사람들에게	지인의 펜션을 기반으로	공모전 프로젝트 경험을 활용해서	미니 소규모 대회를 개최한다.
변변한 공모전 수상 이력이 없는 대학생들에게	온라인을 기반으로	공모전 수상 이력을 활용해서	공모전 수상 비법 특별 컨설팅 및 유료 소그룹 모임을 서비스한다.

실습

누구(Who) 네트워킹(고객)	기반(Based on) 리소스(자산, 자금)	스킬(경험, 역량, 강점)	무엇(What) 아이템(구체적 요소)
_____에게	_____을 기반으로	_____을 활용해서	_____을 판매(서비스)한다.
_____에게	_____을 기반으로	_____을 활용해서	_____을 판매(서비스)한다.
_____에게	_____을 기반으로	_____을 활용해서	_____을 판매(서비스)한다.

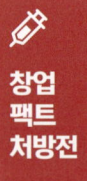

창업 팩트 처방전

앱 서비스, 플랫폼 등 IT 창업을 꿈꾸는 여러분에게

여러분은 천재가 아닙니다

신기하게도 창업한다는 예비 창업자의 아이템 70%는 앱 서비스, 플랫폼 아이템입니다. 앱 서비스, 플랫폼으로 성공한 창업자들이 많아서인지 유난히 더 많습니다. 스타트업하면 생각나는 이미지와 가장 겹쳐 보이기 때문일 수도 있습니다. 하지만 여러분은 천재가 아닙니다. 스스로 개발할 수 없거나, 개발을 도와줄 인력풀이 없다면 앱 서비스, 플랫폼은 일찌감치 포기하는 것을 권합니다. 창업 자체도 쉽지 않은데, 기술에 대한 이해도가 없는 사람이 개발까지 신경쓰면서 창업하는 것은 상당한 난이도가 있는 일입니다. 우리는 천재가 아닙니다. 더 쉬운 방법이 있습니다. 일단 쉽게 시작해보세요.

Section 2-3

매력적인 아이템은 어떻게 찾나요

이전 [Action Plan]을 통해서 여러 아이디어를 떠올리다 보면 느낌이 좋은 아이디어가 있을 것입니다. 초기 단계에서는 창업자의 감이 중요하긴 하지만, 그럼에도 여러분의 주관적 판단을 경계해야 합니다. 창업자는 경주마처럼 주변을 제대로 보지 않고 지금 당장 눈앞에 있는 것만 보는 경우가 있습니다. 이 절에서는 매력적인 아이템을 선정하기에 앞서 몇 가지 핵심적인 마인드셋을 공유합니다.

창업 아이템은 여러분의 자식이 아닙니다

아이디어를 탐색하고 고민하는 시간이 길어질수록 특정 아이템에 대한 애착이 생깁니다. 애착은 곧 애증이 되어 쉽사리 아이디어를 포기하지 못하게 만듭니다. 어느 정도 시간과 돈까지 투입된 단계라면 아이템을 마치 자기 자식처럼 소중하게 여기는 경우도 있습니다. 그렇기에 타인의 부정적인 피드백을 제대로 수용하지 못하고 자기 아이템이 최고라 생각하며 자멸의 길로 빠지게 됩니다.

중요한 것은 창업 아이템, 아이디어가 아닙니다. 창업을 통해서 이루고 싶은 본질적인 목적입니다. 언제든지 목적을 위해서 수단을 바꿀 수 있다는 마음가짐으로 창업에 임해야 합니다. 특히나 창업 초기 단계에서는 더 빈번하고 빠르게 창업 아이디어를 폐기하고 새로운 아이디어를 모색해야 합니다.

끈기와 집착은 다릅니다

지금의 아이디어에 대한 집착을 버리라고 이야기해도 이해하지 못하는 경우가 있습니다. 조금만 더 하면, 잠재력Potential이 터질 것 같다는 미지의 기대를 하게 됩니다. 끈기 있게 시도해 창업에 성공한 사례를 위안 삼으며 버티는 것을 선택합니다. 하지만 끈기와 집착은 다릅니다. 끈기는 객관적인 정보를 무시하면서 무식하게 행동하는 것을 의미하지 않습니다. 끈기는 더 본질적인 목적을 위해서 포기하지 않고 장기간 자신의 의지를 견고히 하는 것입니다. 지금 여러분이 하고자 하는 것이 끈기 있는 행동인지, 미련을 버리지 못한 집착인지 구분할 필요가 있습니다.

수용과 포기도 다릅니다

몇몇 사람들은 '내가 금방 포기해 버리는 것은 아닐지' 고민하기도 합니다. 포기와 수용하는 것의 차이를 분명히 인지해야 합니다. 아이디어를 포기하는 것은 견디기 어려운 특정 상황에서 더 이상 유지할 힘이 없을 때 하는 행위입니다. 수용은 더 이상 이 아이디어의 성장과 개선에 새로운 시도와 개선할 방법이 없을 때, 실패한 이유를 명확히 이해하고 받아들이는 것입니다. 그리고 그다음으로 넘어가는 것(학습과 개선)입니다.

안 될 것 같다면 빠르게 다른 아이템을 찾으라고 말하는 것이 아닙니다. 끝까지 집중하고 모든 수단을 모두 시도하고 나서 한계를 마주했을 때, 실패를 수용하라는 것입니다. 실패의 원인과 의사결정의 부족함을 순순히 받아들이고 더 나은 실행을 도모하는 것이 수용하는 자세입니다. 실패에 대한 충분한 학습이 없다면, 그것은 단순한 회피이자 포기입니다.

매력적인 창업 아이템은 고객이 알려줍니다

가장 중요한 '매력적인 아이템을 찾는 방법'은 이 책에서 서술하기 어렵습니다. 여러분이 어떤 산업에서 어떤 아이템을 시도하는지 모르고, 설사 그것을 안다고 해도, 매순간 변화하는 시장과 고객심리를 일목요연하게 표현할 수도 없습니다. 그럼에도 가장 쉽고 확실하게 알 수 있는 방법이 여러분 눈앞에 있습니다. 바로 고객입니다. 고객과 대화하면서 여러분의 아이디어에 대해 확신할 수 있습니다. 다시 한번 마지막으로 기억하길 바랍니다. 혼자서 아이디어를 선택하고 결정하지 마세요. 고객과 대화하면서 고객의 입에서 매력적인 아이템을 찾으세요. 이와 관련된 내용은 다음 장의 고객 및 시장을 조사하는 부분에서 더 자세히 살펴보겠습니다.

Chapter 03

창업 세 걸음 : 창업했다가 망하면 어떡해요

창업의 세 걸음을 내디디며 : 실패를 두려워하지 않는 창업 마인드셋

창업 계획의 중반을 지나 아이템을 구체화하는 단계부터는 특정 아이템에 애착이 생기기 시작했을 것입니다. 하지만 때로는 애착을 외면하며 현실적으로 아이템을 포기해야 하는 상황이 발생할 수도 있습니다. 아이템을 포기하는 것은 실패가 아닌 더 나은 선택지를 발견하는 과정입니다. 창업의 세 번째 걸음에서는 앞으로 수도 없이 마주할 실패에 대한 관점을 바로잡고 시작해봅시다.

'실패'라는 단어가 주는 부정적인 강한 뉘앙스 때문에 실패를 마주하거나 받아들이려 하지 않습니다. **하지만 창업자는 실패를 반갑게 마주해야 합니다.** 더 많은 실패를 할수록 더 많은 성공의 기회를 잡을 수 있습니다. 더 빨리 실패해야, 더 크게 손해볼 위험을 방지할 수 있습니다. 창업을 시작한 사람들이 창업을 포기하게되는 가장 큰 이유는 자신의 실패를 제대로 인정하지 않고 무의미한 실패를 반복하기 때문입니다. 실패를 빨리 알아차리고 무엇이 잘못되었는지 분석해서 다시 시도하며 개선하는 것이 필요합니다.

간단하게 예를 들어보겠습니다. 자기 자본 3천만 원에 7천만 원을 대출 받아 카페를 창업했는데, 매출보다 대출금 이자와 운영비 지출이 더 크다면 얼마 유지하지 못하고 매장을 정리해야 합니다. 실패했을 때 다시 회복하기 어려운 타격이 있다면 재도전이 불가합니다. 이런 상황에서 확실한 시장조사 없이 시제품 개발과 인테리어 등에 사업자금의 90% 이상을 투자해서 모든 비용을 소진한다면 이는 무책임하고 어리석은 행동입니다. 재기 불가능한 실패를 겪으면 다시 일어설 용기가 생기지 않습니다. 지금의 내가 10의 실패를 감당할 수 있다면 실패의 크기를 쪼개 1~2 크기로 만들어 실패를 여러 번 반복하는 것이 필요합니다. 100의 실패를 감당할 수 있다면 처음부터 조금 더 큰 크기의 도전과 실패를 반복할 수 있습니다. 카페 관련 전문 컨설턴트 혹은 인근의 카페 사장님을 통해 빠르게 시장조사를 해서 투자할 가치가 있는 아이템인지 파악하는 것이 더 적합합니다.

무수히 여러 번 말하지만, 한 번에 성공하는 사람은 드뭅니다. 창업해서 망하는 것이 걱정된다면 무리한 창업을 계획하는 중일 수 있습니다. 우리가 할 일은 실패해도 큰 타격이 없는, 작은 규모의 실행을 계획하는 것입니다. 즉, 작게 도전해서, 작게 실패하는 것이 목표입니다. 작게 도전해서, 작게 성공하는 것도 욕심입니다. 실패가 기본값이고 당연한 결과라고 생각하세요. 열 번 도전해서 열 번 실패하는 것이 당연한 일이고, 우연히 한 번 성공한다면 축하할 일입니다. 여러 번 시도하다 보면 점점 실패의 횟수가 줄고 성공을 마주하는 순간이 늘어날 것입니다. 인간은 학습의 동물입니다. 실패를 반복하다 보면, 성공하는 사업의 감각을 쥐어 잡기 마련입니다.

작게 도전한다는 것은 비용과 시간에 대한 이야기입니다. 6개월 동안 상품을 개발해서 시장에 론칭하는 것이 아니라, 1개월 안에 고객들을 만나보면서 상품 개발 여부를 결정짓는 것입니다. 1천만 원을 투자해서 무언가 제작하는 것이 아니라, 10~20만 원의 적은 비용으로 빠르게 상품의 수요를 확인하는 것입니다. 지금부터 어떻게 작게 도전할 수 있는지 구체적인 방법을 알아봅니다.

다음 페이지에 소개한 [나는 망하는 창업가인가] 진단 리스트를 통해 여러분의 상황을 먼저 확인해보세요. 그런 후 본격적으로 관련 내용을 살펴보겠습니다.

🎯 [나는 망하는 창업가인가] 진단 리스트

Q. 이 아이템의 잠재고객에 대해 얼마나 자세히 알고 있나요?
- ☐ 아이템이 필요한 고객의 자세한 특성을 30분 동안 설명할 수 있습니다.
- ☐ 현재 아이템에 호기심을 보이는 잠재고객이 10명 이상 있습니다.

Q. 경쟁사에 대해 자세히 알고 있나요?
- ☐ 경쟁사 대비 아이템의 차별점이 명확합니다.
- ☐ 경쟁사들의 마케팅, 브랜딩, 제품 전략, CS 방식에 대해 명확히 이해하고 있습니다.

Q. 아이템의 수익성 및 비용구조에 대해 알고 있나요?
- ☐ 아이템을 구체화(시제품 제작)하기까지 어느 정도의 비용이 발생하는지 짐작하고 있습니다.
- ☐ 바로 앞 항목에서 발생하는 비용이 전체 운용 가능 비용에서 합리적인 비중(5-20%)입니다.
- ☐ 아이템 구체화에 어느 정도의 시간이 소요될지 계산할 수 있습니다.
- ☐ 수익 실현을 위해 어느 정도의 가격과 판매량을 달성하면 되는지 계산할 수 있습니다.

진단 결과.
- 7~8개 : 안정적이고 균형감 있는 창업가
- 4~6개 : 다소 모험적이지만 합리적인 창업가
- 0~3개 : 무모한 창업가(1년 이내에 망할 확률 90% 이상)

혹시 무모한 창업가로 나오지는 않았나요? 무모한 창업가로 나왔어도 너무 낙담하지 않았으면 합니다. 아마도 책을 읽는 대다수의 독자분들이 0~3개 내에서 체크했으리라 생각합니다. 창업을 준비하는 현재 시점에서는 당연한 결과입니다. 그렇기에 이번 장이 더욱 중요합니다. 우리는 이번 장을 통해서 무모한 창업 계획을 보다 안정적으로 만드는 현실 감각을 기를 것입니다.

Section 3-1
이 아이템으로 될까요

창업자의 시각은 아무리 객관성을 유지하려 해도 편향되기 마련입니다. 그래서 끊임없이 외부의 사람에게 아이템의 존망 여부에 대해 확인받기를 원합니다. 이 절에서는 더 확실하게 아이템에 대한 확신을 가지는 방법을 알아봅니다.

아이템의 성공 가능성을 직접 확인해봅시다

시장의 틈새를 잘 노리고, 경쟁사보다 월등히 좋은 아이템을 구상했을지라도 고객이 필요로 하지 않는다면 말짱 도루묵입니다. 지금부터는 주관적으로 생각한 아이템의 객관성을 확인할 시간입니다. 바로 고객조사입니다. 창업이 엄청 복잡하고 어렵게 느껴지지만 상당히 쉬운 구조입니다. 고객이 원하는 것을 제공하기만 하면 됩니다. 고객이 원하는 것을 찾고 만들기 위해 수만 가지의 기술과 방법론이 있습니다. 그렇지만 결과적으로 정답은 언제나 가까운 곳에 있습니다. 고객에게 직접 물어보면서 찾아가는 것이 가장 확실한 정공법입니다. 고객은 자기가 진정 원하는 것이 무엇인지 모른다는 말이 있지만, 그것은 미래를 바꾸는 혁신적인 아이템에 해당하는 말입니다. 창업의 99%는 고객과의 긴밀한 대화에서 정답을 찾아낼 수 있습니다.

고객조사는 나의 고객이 누구인지, 무엇을 좋아하고 싫어하는지 등 입체적으로 조사하는 작업입니다. 더 나아가서 고객이 진정 창업 아이템을 필요로 하는지, 아이템을 기획할 때 세운 가설이 옳았는지 확인하는 작업입니다. 고객과 대화하면서 고객을 학습하는 과정입니다. 그러나 많은 창업가들이 고객조사 단계에서 답을 정해놓고 시작하는 실수를 하는 경우가 많습니다. 이제부터 올바르게 고객조사를 하는 방법과 자세에 대해 알아보겠습니다.

대체로 내 아이템은 내 눈에만 괜찮아 보입니다

시간을 내어 열심히 아이디어를 구상해서 괜찮은 아이템을 찾아낸 여러분에게 먼저 축하를 보냅니다. 하지만 그 아이템은 아마 여러분 눈에만 괜찮아 보이는 아이템일 수 있습니다. 잘 될 거라고 믿어 의심치 않지만, 사실은 본인이 가지고 있는 편견과 검증되지 않은 가설이 혼재되어 있는 경우가 많습니다. 그래서 먼저, 아이템에 어떤 가정과 가설들이 포함되어 있는지 객관적으로 분리하는 작업이 필요합니다. 그리고 고객조사를 통해서 나의 생각과 가정이 옳았는지 확인하는 과정도 필요합니다.

예를 들겠습니다. 아래 표를 보면서 여러분이 생각한 아이템을 떠올린 과정을 생각해보세요. 구상하는 과정에서 섞여 있는 가정, 가설, 편견 등을 살펴보세요. 아래와 같이 아이템에 대해 '왜'라는 질문을 할수록 뒤엉킨 가설을 분해할 수 있습니다.

아이템 소개	다이어리 글(일기, 계획 등) 작성을 돕는 다양한 템플릿의 지류 다이어리와 지속적으로 동기를 부여해주는 알림 서비스, 그리고 글 작성 활동을 공유하는 커뮤니티

왜?	내가 잘 될거라고 생각했던 편견	확인이 필요한 가설
왜 (필요할까)	글을 쓰고 싶은 마음은 있지만 다이어리 초반 이후를 채우지 못하고 반복됨	끝까지 다이어리를 못 쓰는 사람들은 다 채우고 싶어 할까?
왜 (못 쓸까)	습관이 되어 있지 않고, 혼자 쓰다 보니 까먹을 때도 많고, 주제도 마땅치 않음	글쓰기를 지속하지 못하는 이유가 이런 이유들이 맞을까?
왜 (혼자서는 못할까)	재미가 없고, 글 쓰는 것보다 재미있는 것이 너무 많기 때문에	혼자서도 잘 쓰는 사람들은 재미있어서 지속적으로 잘 쓰는 걸까?

왜?	내가 잘 될거라고 생각했던 편견	확인이 필요한 가설
왜 (글쓰기는 재미없을까)	글쓰기는 즉각적인 도파민이 부족하기 때문에	다른 도파민 행위가 차단되면 글을 쓰게 될까?
왜 (글을 쓰고 싶을까)	생각이 정리되고 기억이 선명하게 남고 더 나은 사람이 되는 것 같아서	글을 쓰고 싶어 하는 사람들은 이런 이유로 글을 쓰고 있을까?
아이템에 섞인 가설 정리	• 다이어리를 사는 사람들은 끝까지 못 채우는 것에 대한 아쉬움이 있을 것이다. 아쉬움을 해결할 수 있는 서비스가 있다면 구매할 것이다. • 글쓰기를 지속하지 못하는 이유는 글쓰기에 대한 즐거움과 습관을 혼자서 찾아내지 못하기 때문이다. 글 쓰는 즐거움을 잘 느낄 수 있고 습관이 될 수 있도록 돕는 방법이 있다면 글쓰기를 지속할 수 있을 것이다.	

▲ 아이템 구상 과정 점검

우리 과제는 내가 세운 가설이 얼마나 정확했는지 입증하는 것이 아닙니다. 추상적인 가설에서 어떤 부분이 맞았고, 틀렸는지 검증하는 것입니다. 당연한 결과가 보이는 확실한 가설도 고객과 대화하면서 한 차례 검증하는 과정이 필요합니다. 여러분의 생각보다 고객의 생각을 더 우선하는 습관을 들이는 과정입니다. 긍정적, 부정적 판단을 스스로 도출하는 것보다 고객에게 확인하고 진행하는 습관을 들여야 합니다.

계속 '왜?'라는 질문을 반복하는 '5 why 기법[1]'은 문제의 근본 원인을 찾아가는 것에 효과적인 방법으로 기획자들이 자주 사용하는 방법론입니다. 고객들이 제품을 구매하는 이유에 대해 지속적으로 '왜 그럴까', '왜 구매할까', '왜 그런 요구가 있을까', '왜 그럴 수밖에 없을까' 등의 질문을 하면서 더 본질적인 필요를 찾아보세요. 이런 과정을 거치면 아이템의 가정과 가설을 찾아볼 수 있을 것입니다.

---

1 말 그대로 다섯 번의 "왜?"라는 질문을 연속으로 하면서 문제의 근본 원인을 찾아내는 방법을 말합니다.

반드시 고객조사로 확인해야 합니다

창업 아이템의 필요성을 객관적으로 파악하기 위해서 이제 사람에게 물을 차례입니다(고객조사). 어디에서, 누구에게, 어떤 가설을, 어떻게 확인할지 계획해야 합니다. 가설을 확인하는 여러 방법으로는 '설문조사', '온라인 광고로 반응을 파악하는 방법', '고객 인터뷰' 등이 있습니다. 그리고 각 아이템의 특성에 맞게 시행하는 것이 중요합니다. 어떤 방식으로 확인할지 잘 모르겠다면, 유사한 아이템들을 서비스하는 경쟁사 사례를 깊이 파고드는 방법을 권합니다.

일반적인 콘텐츠 아이템(게임, 캐릭터, 콘텐츠, 디자인 제품, 사치 욕구를 자극하는 제품 및 서비스)은 시각적인 이미지로 고객의 반응을 파악합니다. SNS에서 랜딩 페이지와 이미지를 포스팅(혹은 광고 집행)한 후 잠재고객들의 반응을 살펴보는 것입니다. 다양한 콘텐츠로 빠르게 시도할 수 있다는 장점이 있는 반면, 정량적인 데이터 외에 고객의 정성적인 반응을 보지 못하는 단점이 있습니다.

고객이 현재 불편하다고 느끼는 점을 개선하는 것으로 가치를 전달하는 경우에는 고객 인터뷰를 토대로 고객의 행동을 면밀히 관찰합니다. 단순히 아이템에 대한 가치 판단을 물어보는 것이 아닌 전반적인 고객의 라이프스타일과 사고방식을 학습하고 아이템의 방향성을 맞춰 가는 방식을 택합니다.

어떤 아이템이든지 고객을 직접 만나고 고객의 생각에 깊이 파고들어야 합니다. 고객에 대한 구체성이 떨어질수록 아이템의 성공 확률은 현저히 하락합니다. 고객을 직접 만나는 과정, 고객조사(인터뷰)에 대해 더 구체적으로 알아봐야 합니다.

여러분은 아이템의 반응만 궁금할 뿐, 고객을 궁금해하지 않습니다

고객조사에서 오류가 발생하는 이유 중 하나는 창업자가 원하는 답을 정해놓고 고객이 말하도록 유도하기 때문입니다. 즉, "이 아이템 좋아요!"라는 답변을 듣기 위한 과정으로 고객조사를 시행하는 것입니다.

이런 경우, 고객조사 과정에서 새로운 인사이트를 발견하기 어렵습니다. 우리가 고객조사를 하는 이유는 고객 반응(아이템의 긍정, 부정 여부)을 파악하려는 게 아닙니다. 고객을 알아가기 위해서입니다. 아이템의 기획의도에서 생각했던 고객의 요구(필요 혹은 불편한 경험)가 실제로 있었는지, 고객은 그 불편함을 해결하기 위해 어떤 노력을 하고 있었는지, 고객은 유사한 요구를 어떤 방식으로 해소하고 있었는지(대체재, 경쟁사 조사)를 파악하는 것입니다.

더 나아가 A라는 고객이 있다면 이 고객의 평소 라이프스타일은 어떤지, 어떤 미디어를 많이 보는지, 주변에 어떤 사람들과 어울리는지 등 고객에 대해 알아야 할 것이 산더미입니다. 마치 짝사랑하듯이 고객을 궁금해하고 알아가야 합니다. 이런 과정을 넘어간 채 열심히 구상한 아이템을 설명하면서 아이템이 어떤지 물어보는 행위는 소개팅에서 "연애하기에 저는 어떤 것 같나요? 매력적이지 않나요?"라고 강요하는 것과 같습니다.

고객은 대부분 동의하는 척 하지만 진정성은 지갑에서 나옵니다

고객조사를 하면서 빠지기 쉬운 두 번째 함정은 신뢰도에 있습니다. 많은 사람이 고객조사를 설문조사로 시행합니다. 하지만 설문조사에는 여러 한계점이 있습니다.

첫째, 설문조사 문항을 작성하는 단계에서 실수를 합니다. 설문조사는 원칙에 맞춰 과학적으로 설계해야 합니다. 이중 질문을 피하고, 문항이 전달하는 바를 모든 사람이 명확하게 이해할 수 있게 작성해야 합니다. 가령 "피곤하신가요?"라는 질문에 대해 피곤의 기준이 사람마다 다르기 때문에 주관적인 것을 객관적으로 표현하는 방식으로 설계해야 합니다.

둘째, 문항을 잘 작성한다고 해도 설문조사 결과 자체에 대한 신뢰도 문제가 있습니다. 설문조사는 대체로 경향성을 파악하기에 최적화된 방법입니다. 미세한 (고객) 집단을 분석하기에는 부적합합니다. 설문조사에 참여하는 고객들은 대체로 긍정적인 답변을 합니다. 창업자는 이 응답을 토대로 강한 확신을 가지고 그다음 단계로 넘어가지만 실제로 상품을 고객에게 선보였을 때 고객조사와는 다른 '무반응'을 보게 됩니다. 멀리서 예를 찾을 필요 없이, 여러분이 직접 그동안 여러 설문조사에 응답하던 때를 생각하면 됩니다. 깊게 생각하지 않고 대충 답을 적는 경우가 있지 않았나요? 간혹 정말 마음에 든다고 답할지라도 돈을 지불할 정도가 아닌 경우가 많습니다. 고객조사를 하면서 확인해야 할 것은 고객이 돈을 지불할 정도로 아이템을 필요로 하는지 확인하는 것입니다. 해당 방법에 대해서는 다음 장(Chapter 04)에서 다시 자세하게 다룰 예정이니, 지금 기억해야 할 점은 고객의 긍정적인 답변이 항상 진실하지 않다는 보수적인 자세를 취해야 한다는 것입니다.

고객조사라고 하면 보통 설문조사를 떠올리기 마련입니다만, 위의 이유를 토대로 살펴보자면 결국 설문조사보다는 고객 인터뷰가 더 효과적입니다. 고객을 직접 만나 대화하면서 고객의 비언어적 응답까지 직접 마주하는 방식으로 고객을 학습해보세요. 정해 놓은 질문에서 자유롭게 벗어나 꼬리에 꼬리를 무는 질문으로 고객을 더 깊게 이해할 수 있습니다.

짝사랑하듯이 고객조사를 하세요

짝사랑을 해본 적이 있나요? 고객조사를 할 때는 그때의 감정으로 진행하세요. 상대가 무엇을 좋아하고 싫어하는지 관찰하고, 대화하면서 상대의 행동과 생각을 끊임없이 궁금해하던 때를 떠올려보세요. 짝사랑하는 사람이 영화를 좋아한다고 말하면, '아 그렇구나' 하고 넘어가는 것이 아니라 그다음 질문이 따라와야 합니다. '어떤 영화를 좋아해? 로맨스 아니면 공포?', '영화관 가는 것도 좋아해?', '영화 볼 때 가장 좋아하는 간식은 뭐야?' 고객조사는 고객에게서 정답을 찾는 시간이 아닙니다. 고객의 마음을 학습하는 시간입니다.

고객에게 조언을 구하는 마음으로 다가가야 합니다. 연달아 질문을 하다 보면 마치 수사관과 같은 분위기를 줄 수 있습니다. 고객조사에 임하기 전, 인터뷰에 응하는 고객에게 도움과 조언을 구하는 말을 전하면서 더 깊이 몰입할 수 있는 관계를 만들어보기 바랍니다.

고객의 수많은 이야기에서 본질을 찾아내야 합니다

고객들은 여러 이야기를 합니다. '괜찮다', '불편하다', '필요하다', '모르겠다' 등 여러 이야기가 산재되어 있습니다. A 고객의 말과 B 고객의 말이 서로 상충될 때도 있습니다. 서로 다른 방향성의 이야기에서 고객이 진정 필요로 하는 것은 무엇인지 그 본질을 파악해야 합니다. 고객의 입에서 직접적으로 무언가 필요하다는 말은 엄청난 힌트지만 항상 옳은 것은 아닙니다. 다양한 고객의 목소리를 하나로 규합하는 과정은 쉽지 않은 일입니다. 마치 눈을 가린 채 길을 걷는 것과 같습니다. 마냥 천천히 갈 수도 없습니다. 뒤에서는 '시간'이라는 불덩이가 굴러오기 때문입니다. 최대한 빠르게 내 앞의 땅을 두드리면서 걷는 수밖에 없습니다. 그렇지만 너무 걱정하지 않아도 됩니다. 어느 정도 버티면 감이 생깁니다. 그리고 좀 더 익숙해지다 보면, 안전한 길을 찾는 법을 터득할 수도 있습니다.

고객의 목소리에서 본질을 찾아내는 방법은 텍스트로 알려주기 어려운 감각적인 영역입니다. 그렇지만 감각이 없다고 낙심할 필요도 없습니다. 수많은 시행착오 끝에 본질을 찾아낼 수 있습니다. 여러 번 시도하고 실패하면서 배우는 길은 정형화된 스타트업의 표준적인 방법입니다. 여러 고객을 만나 더 많이 대화하고 다채로운 정보를 모을수록 더 쉽게 본질을 찾아낼 수 있을 것입니다. 여러분의 감각을 믿지 마세요. 언제든지 괜찮은 아이디어를 폐기할 생각을 하고 고객에게 깊이 다가가세요.

예상하지 못한 사람 중에 고객이 되기도 합니다

고객조사를 하다 보면 특정 짓던 고객 집단과 아이템이 맞지 않는다는 결과가 도출될 수 있습니다. 그럴 때, 바로 해당 아이템을 폐기하기보다 타깃 집단을 한 차례 수정하는 것도 좋은 방법입니다. 어렵지 않습니다. 처음 타깃으로 생각했던 고객과 인터뷰하는 시간에 다음처럼 추가 질문을 삽입하면 도움을 받을 수 있습니다.

> "오늘의 대화를 통해 이 아이템이 여러분에게 필요하지 않다는 것을 확실하게 알게 되었습니다. 혹시 이런 아이템은 어떤 사람들에게 더 필요할 것 같나요?"

단 한 번만에 대상 고객을 찾을 수 있다면 더할 나위 없이 좋겠지만, 현실은 녹록지 않습니다. 아무리 명사수라 할지라도 사격을 하기 전에 영점 조정이 필요하듯이, 우리도 영점을 조정해야 합니다. 처음 생각했던 타깃에서 여러 번 타깃을 변경함으로써 해당 아이템의 잠재성을 확인해야 합니다.

고객에게 어떤 가치를 줄 것인지도 확인해야 합니다

고객이 실제로 필요로 하는 것이 무엇인지 명확할수록 우리가 줄 수 있는 '가치'도 분명해집니다. 그리고 어떤 가치를 제공할 것인지 분명하게 정의할 수 있어야 합니다. 아이템이 고객에게 어떤 가치를 전달하는지 명확하지 않으면 이후의 개발, 론칭, 마케팅, 브랜딩, 고객 관리 등의 모든 기획이 약해집니다. 모래 위에 성을 짓는 것과 같습니다. 고객이 무엇을 필요로 하는지, 그리고 고객에게 어떤 가치를 제공할 것인지에 대한 개념도를 분명히 이해하는 것이 바로 고객조사의 핵심 목표입니다.

간단하지만 효과적인 고객조사 팁

① 혼자보다는 둘이서 가세요
일대일로 고객과 대화하다 보면 놓치는 포인트가 생깁니다. 고객조사 단계에서는 타깃으로 생각한 고객 집단에 대해 입체적으로 이해하는 것이 중요합니다. 같이 창업을 준비하는 혹은 도움을 줄 수 있는 지인과 함께 인터뷰하면서 고객의 언어와 비언어적인 몸짓 등을 통해 여러 인사이트를 같이 파악할 수 있습니다.

② 인센티브를 제공하지 마세요
주변 지인을 대상으로 아이디어를 모색해야 하는 이유는 신뢰 관계가 있는 사람을 빠르게 만나기 위해서입니다. 낯선 고객을 타깃으로 하면 대상자를 찾는 것도 어렵고 인터뷰를 요청하는 것도 어렵기 때문에 인센티브(기프티콘 및 별도의 상품 등)를 제공하기 마련입니다. 하지만 인센티브를 통해 진행되는 고객 인터뷰에서는 솔직한 답변을 받기 어렵습니다. 되도록이면 모르는 사람에게 인센티브를 제공하는 인터뷰보다는 아는 사람과 식사나 다과를 겸하는 진솔한 대화를 권합니다.

③ 최소 20~30명 이상은 만나세요
고객 인터뷰는 다다익선입니다. 최소한의 신뢰할 수 있는 결괏값을 보려면 최소 20~30명 이상은 만날 것을 권합니다. 이 인원을 채우기 어려울 수 있습니다. 하지만 고객 20~30명을 만나는 과정이 이 책의 그 어떤 [Action Plan]보다도 값진 시간입니다. 한 고객과의 만남에서도 수없이 새로운 기회가 만들어지고 아이템의 방향성이 변화합니다. 고객은 많이 만날수록 좋습니다. 책과 미디어에서 전달하지 못하는 압축적인 배움이 있을 것입니다.

④ 짧은 시간 안에 협력자로 만드세요
고객과 대면으로 만나는 것에 많은 시간이 쓰이는 만큼 단순 조사만 하고 끝내는 것만으로는 아쉽습니다. 고객에게 여러분의 비전을 보여주면서 잠재적인 지지자, 팬, 협력자로 만들길 바랍니다. 아이템의 변화 과정에 대해 지속적으로 업데이트할 것을 약속하고 피드백을 받는 관계로 만들어야 합니다.

⑤ 노트북 타이핑, 녹음보다는 필기, 대화를 하세요
고객과의 대화를 모두 기억하기 위해 노트북으로 타이핑을 하거나 녹음을 하는 경우가 많습니다. 물론 그 방법이 잘못된 것은 아니지만 때로는 더 중요한 것을 놓칠 수도 있습니다. 노트북 타이핑을 하느라 고객의 비언어적 요소를 놓칠 수 있습니다. 혹은 녹음을 하기 때문에 고객의 이야기에 100% 집중을 하지 않고 느슨하게 들을 가능

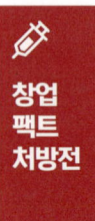

성도 있습니다. 글을 적으면서 상대의 말에 집중하고 대화를 하면서 상대의 말 이면에 숨은 진의를 파악해야 합니다.

⑥ 다음 인터뷰(고객) 대상을 추천 받으세요

언제까지나 지인 안에서 고객을 만날 수 없습니다. 이럴 때에는 지인의 지인, 네트워킹을 효과적으로 활용해야 합니다. 고객을 가장 잘 찾는 방법은 고객 옆에 있는 사람을 만나는 것입니다. 둘이 비슷한 사람일 확률이 매우 높기 때문입니다. 다음 인터뷰 대상자를 꼭 한 명 이상 추천받아 인터뷰가 끊기지 않게 유의하면서 고객조사를 이어가야 합니다.

Action Plan 가설 수립, 고객 인터뷰 설계

🎯 아이템에 섞인 나만의 생각 분리하기

아이템, 아이디어를 구상하는 단계를 떠올리고 어떤 과정을 거쳤는지 살펴보면 그 과정에서 어떤 가설과 가정에 있었는지 쉽게 파악할 수 있습니다. 고객 입장에서 이 아이템이 왜 필요하고, 그렇게 생각하고 판단한 이유는 무엇인지 여러 번 질문을 하다 보면 그 안에 숨겨진 가설과 추론을 찾을 수 있습니다.

더 이상 '왜?'라는 질문에 답변하기 어렵다면 거기서 멈추고, 작성한 질문과 이유에 숨겨져 있는 가설은 무엇일지 고민한 후 빈 칸에 작성해보세요.

📖 예시

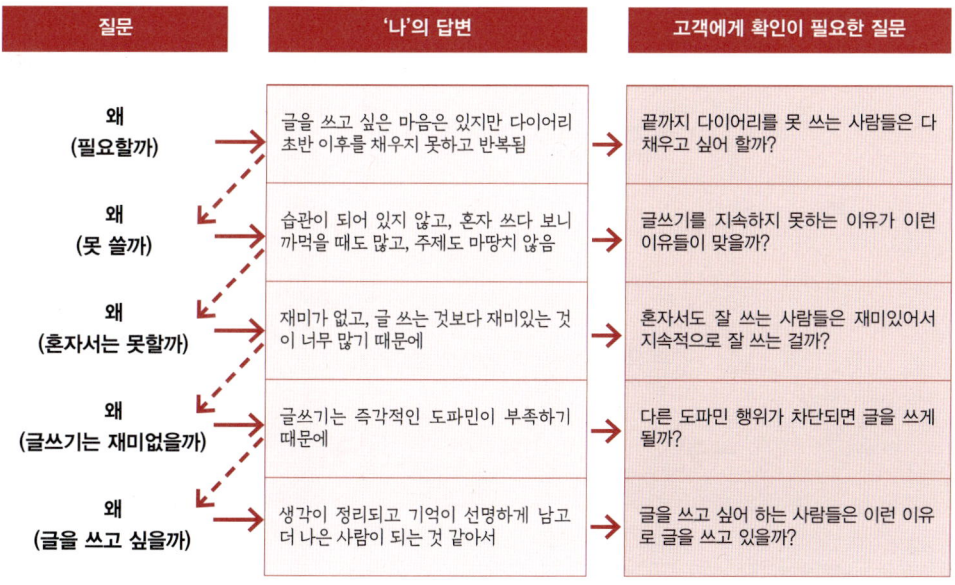

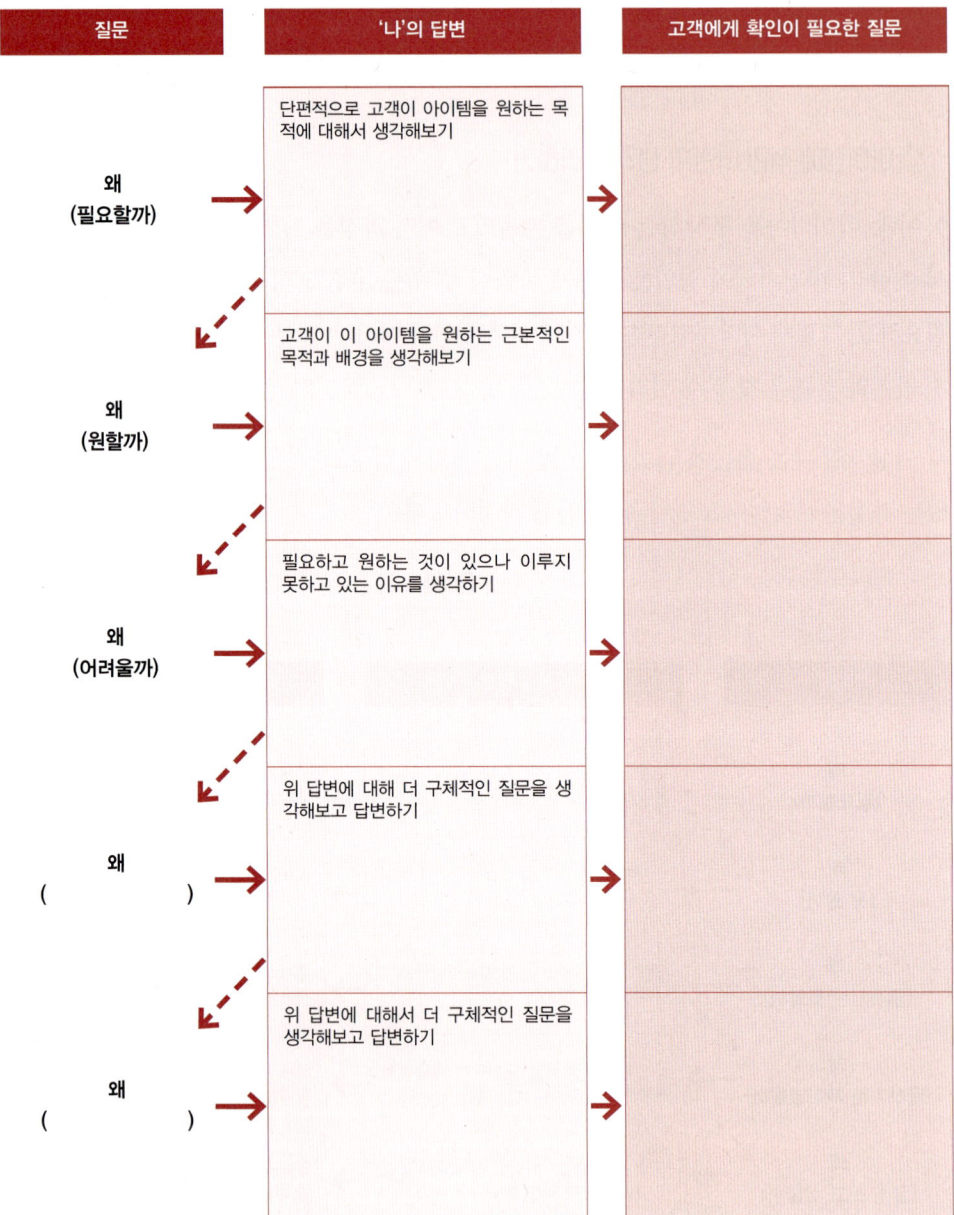

고객 인터뷰가 처음인 여러분을 위한 가이드

고객 인터뷰를 할 때에는 정형화된 질문지 리스트가 필요합니다. 이 질문지를 활용하면서 고객과 대화하되 질문지의 틀에 갇혀 대화를 이어갈 필요는 없습니다. 최소한 확인해야 할 내용을 질문지에 담아놓고, 고객과 대화하면서 고객의 대답에서 질문을 이어가는 방식으로 입체적으로 학습해보세요.

고객 인터뷰는 총 여섯 파트로 나눌 수 있습니다. 인사, 불편, 대안, 고객군, 아이템 테스트, 추천입니다. 고객에게 질문할 때에는 닫힌 질문(단답형으로 대답을 유도하는 질문)보다는 열린 질문(문장으로 대답을 유도하는 질문)으로 하는 것이 중요합니다.

아래 사용하기 좋은 열린 질문 리스트를 참고해서 자신만의 고객 인터뷰 시나리오 및 질문지를 작성하기 바랍니다.

① 인사 → 창업 동기 → 도움 요청의 순서로 진행하세요

예시 저는 최근 창업을 준비하고 있는 ○○○입니다. 고객의 생각이 궁금해서 이렇게 ○○ 님에게 인터뷰 요청을 드렸습니다. 요청에 응해주셔서 감사합니다. 제가 구상한 아이템에 대해서도 질문할 예정입니다만, 그보다는 ○○ 님과 같은 분들에 대해 더 알아가고 싶은 마음이 큽니다. 자세할수록 좋으니 생각나는 내용이 있으면 많이 말씀해주세요. 부탁드립니다.

○○ 님처럼 저도 다이어리를 참 좋아하고 많이 샀습니다. 들뜬 마음으로 올해는 꼭 글을 잘 쓰겠다고 다짐을 하지만 금방 마음은 시들고 그렇게 초반에만 반짝 쓴 다이어리만 많아졌습니다. 그래서 꾸준히 글을 쓸 수 있도록 돕는 방법이 있으면 좋을 것 같아 관련 주제로 고객 인터뷰 조사를 하고 있습니다.

팁 처음의 인사가 가장 중요합니다. 감사함과 신뢰를 전달하면서 솔직하게 도움을 구하는 모습을 비춰야 합니다. 진정성이 가장 중요합니다.

② 이상과 현실(불만족과 불편함)에 대해 질문하세요

어떤 부정적 경험을 겪는가?, 문제의 본질은 무엇인가?

바라는 것, 이상적인 모습, 원하는 것은 무엇인가? 왜 그것을 원하는가?

예시 • ○○ 님은 혹시 저와 같이 다이어리를 초반에만 쓰고 이후 지속하지 못하나요?

- 다이어리를 다 쓰지 못했을 때 얼마나 큰 아쉬움을 느끼나요?
- 계속 지속하지 못하는 이유가 무엇이라고 생각하나요?
- 글을 잘 쓸 때는 어떤 이유가 작용했나요? 혼자서 글쓰기가 잘 안 될 때 그 이유는 무엇인가요?
- 어떤 요소에 방해를 받았나요? 글을 지속적으로 쓰는 것이 ○○ 님에게 중요한 이유는 무엇인가요?
- 언제부터 그런 생각을 하게 됐나요? 그런 계기가 있었나요?

팁 고객이 어떤 불편이 있는지 알아내는 것도 중요하지만, 본질적으로 불편을 감수하는 원인, 불편한데도 이상적으로 목표하는 이유, 근본욕구가 무엇인지 알아내는 것도 중요합니다.

③ **현재 고객은 불편함을 해결하기 위해 어떻게 행동하는지 확인하세요(얼마나 필요한지, 지불할만한 용의가 있는지)**

예시
- 글을 지속적으로 쓰고 싶은 필요를 충족하기 위해 실제로 시간과 돈을 투자해서 행동한 경험이 있나요?
- 만약 글을 지속적으로 쓸 수 있게 돕는 서비스가 있다면 얼마 정도의 비용을 지불할 용의가 있나요?
- 글쓰기와 관련해서 모임, 서비스, 제품에 돈을 사용한 경험은 얼마나 있나요?

팁 고객의 현황을 질문하는 파트는 중요한 대목입니다. 여기서 중요한 점은 불편하다고 말하는 것을 해결하기 위해 고객이 어떤 노력까지 했고, 비용을 지불할 용의가 있는지 구체적으로 파악하는 것입니다. 단순히 "○○ 서비스가 있다면 이용하고 싶나요?"라는 추상적인 질문으로는 고객의 불편 정도를 명확히 파악할 수 없습니다.

실제로 해결하기 위해 행동하지 않는다는 것(혹은 비용을 지불하고 있지 않다면)은 그렇게 다급한 문제, 즉 크게 필요하지 않다는 말이기 때문입니다. 예를 들어, 바퀴벌레를 무서워하는 사람은 많습니다. 그중에서 이를 해결하기 위해 각종 퇴치 용품과 청결 서비스를 이용하는 사람과 그냥 무서워하고 불편해하기만 하는 사람과는 큰 차이가 있습니다.

④ **고객군의 특성(어떤 특성을 갖추고 있는가, 어떤 집단에 속해있는가)을 파악하세요**

예시
- ○○ 님은 다이어리와 관련된 내용을 주로 어떤 매체(유튜브, 오프라인 서점, 지인 등)를 통해 새로운 정보를 접하나요? 혹은 관련 활동이나 모임에 참석하나요?
- ○○ 님과 같이 다이어리를 좋아하는 분들은 주로 어떤 곳에서 만날 수 있을까요? 주변 친구분 중에 다이어리를 좋아하는 다른 친구분과의 공통점이 있나요?
- ○○ 님은 어떤 SNS를 좋아하세요? 어떤 인플루언서를 좋아하나요?

> **팁** 고객의 페르소나, 라이프스타일 등 다채롭게 고객의 다방면을 이해하는 과정입니다. 이 질문들은 추후 마케팅 계획을 세울 때도 큰 도움을 받는 중요한 자료가 됩니다. 우리의 핵심 타깃이 되는 고객들이 어떤 성향이고 어떤 매체에 영향을 받는지 자세히 확인해야 합니다.

⑤ 아이템의 반응도(생각한 아이템이 고객의 불편함을 해소해주는지)를 확인해보세요

다이어리를 지속적으로 쓸 수 있도록 리마인드 하는 알림과 여럿이 같이 응원하고 지지하는 커뮤니티, 그리고 지속적으로 글을 쓸 수 있도록 돕는 글감을 제공하고, 일련의 챌린지를 통해 글쓰기 습관을 잘 가질 수 있도록 만드는 서비스를 제공하고자 합니다.

> **예시**
> - 이런 서비스가 그동안 글을 잘 쓰고 싶었던 마음을 잘 해결할 수 있으리라 생각하나요?
>   - 비용을 투자할 만큼의 가치가 있나요? 어느 정도의 비용까지 사용할 수 있나요?
>   - 이 아이템이 주변에 다른 지인 분들에게 추천할 정도로 좋을까요? 추천하고 싶은 분이 있나요?

> **팁** 단순히 아이템의 인상을 물어보는 정도가 되어서는 안 됩니다. 아이템을 통해 정말 필요했던 요구가 충족되는지, 기존 방식보다 월등히 나은지를 확인해야 합니다. 이를 위해 비용을 지불할 수 있는지와 지인에게 추천할 수 있는지를 파악하는 것이 좋은 방법입니다.

⑥ 가망고객[2]으로 등록하고 지인도 소개해달라고 말하세요

> **예시**
> - 오늘 시간을 내어주셔서 진심으로 감사합니다. ○○ 님만 괜찮으면 제 아이템에 대해 지속적인 업데이트 소식을 전달드리고 싶습니다. 제가 이후에 개별적으로 연락해도 괜찮을까요? ○○ 님의 요구사항을 해결하기 위해 열심히 노력하겠습니다.
>   - ○○ 님과 같은 분들을 더 만나면서 더 좋은 아이템을 만들고 싶습니다. 혹시 ○○ 님 주변 분 중에서 인터뷰할 수 있는 분을 추천받을 수 있나요?

> **팁** 고객과의 만남이 더 이어질 수 있도록 징검다리를 만들어야 합니다. 또한 고객의 주변을 지속적으로 침투할 수 있는 방안을 마련하세요.

---

[2] 제품이나 서비스에 관심이 생겨 구매 의사가 어느 정도 있는 고객을 말합니다.

Section 3-2
내 창업 아이템에 경쟁사가 있어요

세상에는 정말 많은 기업이 있습니다. 하루에도 새로운 기업이 수 없이 탄생합니다. 그중에 우리 아이템의 경쟁사가 없을 리 만무합니다. 경쟁사와의 관계는 독이기도 하고 때로는 약이 되기도 합니다. 이 절에서는 경쟁사를 지렛대 삼아 우리 아이템을 가속화하는 방법을 살펴봅시다.

경쟁사가 있다면 오히려 시간과 비용을 아낄 수 있습니다

아이템을 정한 후 시장조사를 하다 보면 여러분이 생각한 아이템으로 이미 서비스하고 있는 경쟁사를 발견하게 됩니다. 기본 콘셉트부터 세부적인 디자인 스펙까지 유사한 부분이 많을수록, 한 발 늦었다는 사실에 불안할 수도 있습니다. 때로는 아이템을 포기하는 경우도 있습니다. 하지만 경쟁사가 있다는 사실에 오히려 안도해야 합니다. 경쟁사를 통해 고객과 시장의 존재를 확인할 수 있습니다. 아무도 팔지 않는 물건은 아무도 사본 적 없는 물건(혹은 사지 않는 물건)입니다.

경쟁사가 있다는 의미는 이미 누군가 숱한 시도와 실패를 해왔다는 의미입니다. 우리는 그것을 학습해서 실패 확률을 낮추면 됩니다. 아이디어가 유사할수록 시간과 비용을 낮출 수 있습니다. 많은 비용을 투자하지 않더라도 아이템에 대한 시장의 자세한 반응을 알 수 있습니다. 현재의 불만사항을 경쟁사 고객의 리뷰에서 찾아내면 됩니다. 이제부터 경쟁사 정보를 탈탈 털어서 여러분의 것으로 만드세요.

오히려 경쟁사 없는 상황을 경계해야 합니다

경쟁사가 없다고 손뼉치고 좋아할 일이 아닙니다. 경쟁사가 없는 아이템은 블루오션이 아니라 오히려 황무지나 사막일 가능성이 높습니다. 블루오션과 사막의 차이는 고객의 존재 여부입니다. 블루오션은 말 그대로, 고객은 넘쳐 나는데 아직 아무도 개척하지 않은 시장입니다. 이 시장은 혁신과 함께 빠르게 개척됩니다. 자동차, 컴퓨터, 스마트폰 등의 제품이 등장했을 때를 생각하면 됩니다. 사람들의 수요는 존재했으나, 마땅한 제품이 없었던 시장입니다. 블루오션의 최초 진입자는 막강한 성장을 하게 됩니다. 그래서 많은 창업자가 욕심을 내는 영역입니다.

하지만 최초라는 타이틀에 눈이 멀어 황무지에서 무리하게 시작하면 창업은 곧 실패합니다. 황무지는 경쟁사도, 고객도, 그 누구도 존재하지 않는 곳입니다. 황무지에 매몰된 채로 아직 개발이 부족했을 뿐이라고 실패를 인정하지 못하는 고지식한 창업자들은 생각보다 많습니다(여러분은 그러지 않기를 바랍니다). 내 아이디어와 유사한 경쟁사가 없다면 두 가지를 의심해야 합니다. 정말 돈이 안 되는 아이디어, 황무지 사막이거나 여러분이 아직 경쟁사를 못 찾았을 뿐입니다. 안타깝게도 세상에 완전한 최초는 없습니다.

경쟁사, 정말 제대로 찾아야 합니다

경쟁사를 금세 찾아낼 수 있다면 다행이지만, 열심히 찾아봐도 경쟁사를 못 찾는 경우가 있습니다. 비슷한 범주 내에서 경쟁사를 찾기 어렵다면, 고객이 제품을 선택할 때 고려하는 옵션을 경쟁사로 두고 찾는 것도 좋은 방법입니다. 예를 들어보겠습니다.

> "캠핑용품을 대여해주고 캠핑장까지 배송해주는 서비스가 있다고 하면, 경쟁사는 유사 서비스가 아닌 글램핑장 혹은 펜션, 캠핑장에서 용품을 대여해주는 서비스 등입니다."

제가 창업을 처음 시도했을 때에도 비슷한 경험을 했습니다. 결론부터 말하자면, 경쟁사는 없는 것이 아니라 제대로 못 찾았던 것입니다. 정말로 못 찾겠더라도 아래 방법을 통해 지속적으로 살펴보기 바랍니다.

① 키워드 함정에 빠졌을 수 있습니다. 다양한 키워드를 조합해서 검색해보세요

개인맞춤형이라는 키워드는 다양하게 변형할 수 있습니다. 커스터마이징, 커스텀, 나만을 위한, 퍼스널리티, 수제, 핸드메이드, 세상에 단 하나뿐인, only, 맞춤디자인, 맞춤제작 등입니다.

② 검색엔진을 바꿔 검색해도 다른 결과를 얻을 수 있습니다

네이버, 구글, SNS, 유튜브, 각종 커뮤니티 사이트, 뉴스 기사에서도 의외로 많이 찾을 수 있습니다.

③ 고객의 이야기에서 찾을 수 있습니다

잠재고객과의 대화 속에서 어떤 기업의 제품/서비스를 이용하는지 들어보는 것이 가장 깔끔합니다. 고객은 대체로 여러분보다 전문가입니다.

④ 일주일에 한 번, 지속적으로 예민하게 경쟁사의 소식을 감지하고 있어야 합니다

서너 시간으로는 못 찾는 게 당연합니다. 경쟁사는 창업이 끝날 때까지 계속 찾아야 합니다.

얼굴에 철판을 깔고 경쟁사의 속사정을 들으러 가세요

창업의 핵심은 결국 생존, 수익입니다. 생존하기 위해 경쟁사의 매출, 이익 등의 구조를 먼저 파악해야 합니다. 단순히 경쟁사에 한정 짓는 것이 아닌, 전체 산업의 평균적인 이익률 및 원가율, 동향 등을 알아야 합니다. 산업 구조도 모른 채 사업에 뛰어드는 것은 시험 범위도 모른 채 시험을 치르는 것과 같습니다.

세부 정보는 인터넷 검색으로 알아볼 수 없습니다. 전문 매체의 보고서, 뉴스 기사, 인터뷰,

논문, 시장조사 분석표 등 정보가 다양하지만 안타깝게도 인터넷에서 구할 수 있는 정보는 한계가 분명합니다. 이때 필요한 것이 바로 경쟁사 관계자와 직접 만나는 것입니다.

경쟁사 관계자와 만나는 일은 생각보다 어렵지 않습니다. 지레 겁먹고 포기하지 말고 주변에 경쟁사에서 일하는 지인이 있다면 바로 연락해보세요. 혹은 지인의 지인 중에도 관계자가 있을 수 있으니 최대한 많이 경쟁사 지인을 찾아 나서야 합니다. 지인을 통해 접근하는 방법이 가장 좋지만, 아무런 소득이 없다면 맨땅에 헤딩하듯이 경쟁사 관계자를 찾아내고 티타임을 잡는 팁을 공유합니다.

먼저 배우는 자세로 진솔하게 다가가는 것이 가장 성공적인 정공법입니다. 티타임을 요청하는 메시지는 각자의 상황에 맞게 선택하면 됩니다. 아래 순서를 순차적으로 시도해보기를 권합니다. 당연히 한 번에 성공하지 않습니다. 열 명 중에 한 명이 수락하면 높은 성공률이니, 거절당하는 것을 당연하게 생각하며 여러 곳에 제안해보세요. 많은 사람이 티타임을 통해 새로운 인사이트를 얻고 모르는 업종에 대한 학습을 합니다. 티타임을 제안할 때 본인이 줄 수 있는 것도 같이 기재해보세요.

① 인터넷에서 경쟁사 직원 이메일을 찾아 이메일을 보내거나 전화로 제안하기

규모가 작은 경우에는 공식 이메일, 회사번호로 연락하는 것이 좋습니다. 이메일을 찾을 수 없다면 이벤트 페이지나 채용 페이지 등에서 찾을 수 있습니다.

② 경쟁사 사명을 SNS에 검색해서 담당 실무자의 개인 SNS 계정을 찾아내어 연락하기

업무 계정이 아닌 만큼 첫 메시지를 더 정중하게 쓰는 조심성이 필요합니다.

③ 비즈니스 SNS를 활용해서 관계자 찾기

비즈니스 SNS(예 링크드인, 로켓펀치, 리멤버 등)는 비교적 모르는 상태에서 연락해도 수락률이 좋습니다.

④ 지인 통해서 경쟁사 관계자 찾기

지인 혹은 지인의 지인 중에 경쟁사 직원과 연결되어 있을 확률도 높습니다. 지인 중에서도 관계망이 좋은 연령대가 높은 분에게 요청해보세요.

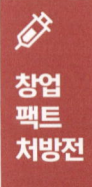
창업 팩트 처방전

'티타임 이렇게만 하세요!' – 티타임 시나리오 작성하기

티타임 일정은 잡았는데, 어떻게 해야 할지 막막한 분들을 위해 간단하게 몇 가지 팁을 소개합니다.

① 인사 → 창업 동기 → 도움 요청 순으로 진행 : 진정성이 중요합니다

저는 ○○ 아이템으로 창업하려고 하는 ○○○입니다. ○○ 때문에 관심이 생겨 창업을 시작했는데 참 막막한 것들이 많더라고요. 그래서 이렇게 ○○ 님에게 요청을 드려 자리를 마련했습니다. 요청에 응해주셔서 정말 감사합니다. 모르는 것이 많아 질문을 여러 가지 준비했는데, 편하게 얘기해주세요.

② 브랜드 파악 : 질문이 구체적일수록 좋습니다

- ○○ 브랜드를 유심히 보았는데, 이쪽 분야에서는 대단하신 것 같더라고요. 혹시 어떤 과정을 거쳐서 지금의 기업이 되었는지 간단한 히스토리를 들어볼 수 있을까요?

(미리 조사한 내용을 토대로 브랜드사의 성장 과정에서 궁금한 내용을 질문합니다.)

- ○○ 브랜드는 처음 시장 진입할 때 ○○ 제품으로 시작했는데 처음 시장 진입을 어떻게 시작했나요?
- 시장 진입 과정에서 어려웠던 점은 없었나요?

(티타임 대상자가 창립 멤버가 아니라면, 현황에 대해 질문합니다.)

③ 업계 동향 파악 : 민감한 질문이 될 수 있으니 상대의 눈치를 잘 살펴보세요

- 제가 이 쪽 분야로 창업을 해보려고 하는데, 요새 업계 동향은 어떤 편인가요?
- 지속적으로 성장하는 분위기인가요? 아니면 정체된 느낌인가요?
- 혹시 점점 시장 반응이 안 좋아지고 있나요?
- 최근에 신생 브랜드들이 많이 생기고 있나요?
- 신생 브랜드는 어떤 어려움들이 있는 편인가요?

④ 고객 인사이트 파악 : 내 생각을 섞어 질문한 후 답변하기 쉽게 유도하세요

- 제 생각에 ○○ 브랜드(혹은 ○○ 제품, ○○ 산업)의 고객들이 제품을 구매할 때 가장 중요하게 생각하는 요인은 ○○인 것 같은데, 담당자님은 어떻게 생각하나요?

- 주로 고객들의 성향이 ○○일 것 같은데, ○○사의 고객들은 어떤 성향이라고 생각하나요?
- 기억에 남는 고객 사례가 있나요?

⑤ 수익성 및 경제성 파악 : 구체적인 숫자를 알 수 없으면 비중치라도 파악하세요

조금 민감한 질문일 수도 있을 것 같은데, 저도 이제 아이템을 만들어야 하는 입장에서 정보가 너무 없어서 여쭙니다.

- 혹시 제품의 대략적인 샘플 제작 비용이나 원가가 어느 정도 될까요?
- 구체적인 단가를 밝히기 어려우면 대략 소비자가의 몇 % 정도 되는지 알려줄 수 있나요?
- 판매가에서 원가 외에 고정적으로 빠지는 비용은 또 어떤 것들이 있나요?
- 광고비용이나 입점 수수료 등 소비자 가격 책정에 신경 써야 할 비용이 있을까요?

⑥ 마케팅 및 판매 전략 : 검증된 노하우는 존재합니다

- ○○ 브랜드에서는 근래 어느 판매 채널에서 가장 많이 판매가 되고 있나요?
- 해당 채널에 입점하려면 필요한 요소가 있을까요?
- 그 채널에서 잘 판매하려면 어떤 것을 신경 써야 할까요?
- 초기에 마케팅(혹은 세일즈)하는 방법과 지금 방법과 차이가 있나요?
- 어떤 이유 때문에 변화를 주게 되었나요?

⑦ 조언 및 피드백/마무리 : 여러분의 평생 멘토로 여기세요

오늘 시간을 내주셔서 진심으로 감사합니다. 개인적으로는 제가 혼자서 3개월 동안 끙끙거리던 골칫거리가 단번에 해결되었습니다.

- ○○ 님만 괜찮다면 분기에 한 번 정도는 제가 식사 대접을 하면서 이런 자리를 마련하고 싶은데 괜찮을까요?

혹시 오늘 자리 마무리하면서 저에게 이야기해주고 싶은 피드백이나 조언이 있다면 부탁드립니다! 제가 ○○ 님처럼 인사이트가 깊은 분들을 만나서 행운인 것 같아요. 아마 ○○ 님 주변에는 비슷한 업종에서 일하며, 무척 스마트하신 분들이 많을 것 같아요.

- 혹시 ○○ 님 주변에 동종업계 분들을 추천해줄 분이 있을까요?

'고객 리뷰'는 경쟁사 분석의 핵심입니다

경쟁사를 다르게 표현하면 선생님, 선배님, 멘토, 그리고 답안지라고 말할 수 있습니다. 경쟁사의 히스토리를 살펴보면서 성공, 실패의 노하우를 뽑아낼줄 알아야 합니다. 더 구체적으로 경쟁사의 고객 리뷰가 앞으로 우리가 풀어야 할 문제이자 정답지입니다. 경쟁사가 개척한 길을 이용하는 것은 늦게 출발하는 창업자에게는 혜택입니다. 그러니 최대한 많이 파헤쳐 분석해야 합니다. 고객 리뷰에서 고객들이 어떤 언어와 키워드를 사용하는지, 그리고 어떤 유형의 고객들인지를 파악해야 합니다(고객의 성향, 성격, 라이프스타일 등에 대한 고객 페르소나 분석). 가장 중요한 분석은 고객들이 어떤 점에서 만족했는지, 어떤 점에서 불만족했는지를 파악하는 것입니다. 경쟁사 고객의 리뷰만 잘 겨냥해서 분석해도 경쟁사 분석은 절반 이상 성공함 셈입니다.

고객 리뷰 분석 예시 1 : 수제 햄버거 레스토랑

- **만족 리뷰** : 햄버거 패티가 두꺼워서 식감이 좋아요. 감자튀김이 바삭해서 좋아요.
- **불만족 리뷰** : 웨이팅이 너무 길어요. 이전 손님이 먹다 흘린 음식물이 테이블에 남아 있어요.
- **경쟁사 따라잡기** : 고객들은 두껍고 바삭한 식감을 좋아하니까, 조금 더 자극적인 맛에 집중하고 매장 내 위생이나 운영에 큰 불편함을 느꼈으니 매장 환경에 더 집중해야겠다. 매장이 깔끔하기로 유명한 곳들의 운영 매뉴얼을 한번 조사해야겠다.

고객 리뷰 분석 예시 2 : 노트북 가방

- **만족 리뷰** : 컬러감이 너무 좋고, 가벼워서 좋아요! 가방 디자인이 클래식하면서도 독특해요!
- **불만족 리뷰** : 내부 포켓이 없어서 가방에 수납 분류가 어려워 물건이 나뒹굴어요.
- **경쟁사 따라잡기** : 고객들은 저런 디자인의 제품을 좋아하는구나. 최대한 비슷하게 만들어보면서 나만의 포인트를 넣어보자. 외부 디자인이랑 내부 포켓 디자인도 신경써야겠다.

경쟁사의 주요 구매 요인을 파악하세요

경쟁사 조사에서 핵심적으로 포착해야 하는 부분은 결국 '고객'입니다. 고객은 어떤 요인을 기준으로 제품을 구매하고 있었는지 파악해야 합니다. 경쟁사 관계자와 인터뷰하고 경쟁사 고객의 리뷰를 꼼꼼하게 읽다 보면 대략적으로 고객들의 구매를 결정짓는 요인을 파악할 수 있습니다. 가장 핵심이 되는 요인을 구분하는 것이 중요합니다.

아이템 개발 과정에서 실패하는 이유 중 하나는 차별화와 아이디어에 집중한 나머지 가장 기본이 되는 고객의 구매 요인을 놓치는 것입니다. 쉽게 말해, 고객이 기본적으로 요구하는 것을 놓치는 것입니다. 창업을 하다 보면 쉽게 범하는 실수입니다. 빵을 만들어서 창업하는 사람에게 있어 가장 중요한 것은 맛과 가격, 그리고 접근성일 것입니다. 하지만 남들과 다른 빵에 집착한 나머지 화려하고 재미난 모양의 빵을 만들어냈지만 비싸고 먹기 어려운 빵을 만드는 잘못을 범할 수 있습니다. 어리석어 보이지만 창업하다 보면 시야가 좁아져 편향에 치우치게 됩니다.

실제로 이런 창업자가 많습니다. 특히 매출이 없는 상태에서 정부지원사업을 통해 지원금을 막 지원받은 예비, 초기창업자들에게서 볼 수 있는 특징입니다. 그렇기에 경쟁사 제품을 살펴보면서 고객들이 어떤 요인 때문에 구매하는지 살펴볼 필요가 있습니다. 고객의 주요 구매 요인을 기준으로 경쟁사 제품과 내 제품을 객관적으로 살펴보세요. 차별화 전략, 나만의 무기를 찾는 것은 그다음에 필요한 일입니다.

Action Plan: 경쟁사 조사와 차별화 전략 수립

고객조사와 관련한 [Action Plan]에서는 아래 내용을 달성하는 것이 목표입니다! 이번에 모두 달성하지 못하더라도 꼭 시간을 들여 진행해야 합니다.

예시 아이템 : 꾸준히 글을 쓸 수 있도록 도와주는 구성으로 디자인된 지류 다이어리

- 경쟁사 찾기 : 최소 세 곳 이상
- 고객 리뷰에서 만족, 불만족 키워드 찾기 : 경쟁사 고객 분석
- 고객은 어떤 기준으로 제품을 선택하는지 파악하기 : 주요 구매 요인 파악
- 내 아이템과 경쟁사 아이템 비교하기 : 고객 구매 요인 파악

🎯 경쟁사 찾기 : 최소 세 곳 이상

경쟁사는 지속적으로 조사하는 것이 가장 중요합니다. 두세 시간의 짧은 검색 시간 동안 찾아내지 못할 확률이 높습니다. 끊임없이 고객과 소통하면서 유사한 업체를 찾아봐야 합니다. 일주일에 최소 30분 정도라도 검색하는 습관을 들여 유사 업체를 찾아야 합니다. 이 과정에서 못 찾았던 경쟁사를 발견할 수도 있지만, 새로운 경쟁사의 등장을 빠르게 알아차릴 수도 있습니다.

 예시

내 아이템과 유사한 키워드 찾기(최소 여섯 개)	다양한 검색엔진 활용
• 수첩, 다이어리, 일기장, 메모장, 노트, 공책 • 글쓰기, 작가, 습관, 작문, 소설, 에세이, 글쓰기 모임, 글쓰기 클럽	• 구글 • 네이버 • 유튜브 : 글쓰기 콘텐츠 전문 유튜버 등 • 인스타그램, 페이스북 • 뉴스 기사 • 다이어리 꾸미기 커뮤니티, 글쓰기 모임 커뮤니티

 실습

내 아이템과 유사한 키워드 찾기(최소 여섯 개)	다양한 검색엔진 활용

🎯 고객 리뷰에서 만족, 불만족 키워드 찾기 : 경쟁사 고객 분석

본격적으로 제품을 기능 단위로 쪼개서 어떤 장단점이 있는지 분석해봅시다. 각 온라인 몰(혹은 고객 인터뷰에서 조사한 내용 기반)에서 리뷰를 조회하면서 고객들이 만족한 내용, 키워드를 'Good'에 작성하고 불만을 표현한 내용은 'Bad'에 작성하세요. 두 내용을 종합해서 고객들이 왜 만족했고, 불만족했는지에 대한 본질적인 고객의 요구는 'Insight'에 작성해봅시다.

 예시

경쟁사 이름	Good	Bad	Insight
경쟁사 A	• 내지 구성이 좋다. • 가격이 저렴하다. • 액세서리가 다양하다.	• 배송 중에 파손되었다. • 번짐이 심하다.	• 기본적인 품질이 중요하다.
경쟁사 B	• 표지가 고급스럽다. • 선물하기 좋다.	• 가격이 비싸다. • 가격 대비 품질이 애매하다.	• 가격에 기대하는 수준이 사람마다 다른 듯하다.
경쟁사 C	• 꾸준히 글쓰기에 도움이 된다.	• 어떻게 써야 할지에 대한 가이드가 불친절하다.	• 내지 구성에 대한 가이드북이 같이 동봉되면 훨씬 좋겠다.

실습

경쟁사 이름	Good	Bad	Insight

🎯 고객은 어떤 기준으로 제품을 선택하는지 파악하기 : 주요 구매 요인 파악

지금까지 조사한 내용을 바탕으로 고객의 가장 주요한 구매 요인, 구매를 자극하는 요소를 키워드로 도출하는 작업을 이어가야 합니다. 아래에 작성하는 요인이 이제 앞으로 내 제품과 경쟁사 제품을 비교하는 척도가 되는 기준점이 될 것입니다!

📖 예시

경쟁사 성공요인	만족 고객 리뷰	불만족 고객 리뷰
• 제품의 다양화 • 낮은 재구매율 • 다양한 판매처	• 가격 • 표지 디자인 • 내지구성 • 품질	• 가격 대비 품질 • 불친절한 작성 가이드 • 배송 이슈

⬇ ⬇ ⬇

고객의 주요 구매 요인

가격   제품 품질   디자인   브랜딩(콘셉트)   다양한 판매처

📖 실습

고객의 주요 구매 요인

🎯 내 아이템과 경쟁사 아이템 비교하기 : 고객 구매 요인 파악

앞에서 작성한 구매 요인을 표에 기입해서 내 아이템과 경쟁사 아이템을 비교하는 표로 만들어보세요. 보통 아래와 같이 차별화 포인트를 표로 만들어 작성합니다. 이때 내 아이템이 부각되는 기준으로 작성하는 경우가 있는데, 좀 더 객관적으로 고객 입장에서 아이템을 선택하는 기준으로 작성해야 제품의 차별화 요소가 뚜렷하게 보입니다.

만약, 고객이 구매를 결정하는 주요 요인으로 비교했을 때, 내 아이템을 선택할만한 특별한 요소가 없다면, 아이템의 매력도가 떨어진다는 것을 깨달아야 합니다.

📖 **예시**

고객 구매 요인	내 아이템	경쟁사 A	경쟁사 B	경쟁사 C
가격	19,000원	9,000원	49,000원	25,000원
품질	보통	약간 낮음	매우 높음	보통
디자인	• 두 가지 디자인 • 클래식, 단색	• 매우 다양 • 캐릭터 및 패턴	• 다섯 가지 디자인 • 가죽, 단색	• 네 가지 디자인 • 단색 및 패턴
브랜딩(콘셉트)	꾸준히 글을 쓰는 습관 형성	판매량 1위, 막쓰는 다이어리	선물용 고급 다이어리	글을 잘 쓰도록 지원하는 콘셉트
판매처	적음	많음	보통	적음

실습

고객 구매 요인	내 아이템	경쟁사 A	경쟁사 B	경쟁사 C

Section 3-3

열심히 했는데, 돈을 못 벌면 어떡해요

모두들 창업에 가장 중요한 것이 아이템이라 생각합니다. 아무도 생각 못한 아이템을 찾느라 시간을 씁니다. 하지만 결론적으로 창업은 생존의 싸움이고 생존은 수익이 있어야 가능합니다. 수익에 대한 계획과 전략 없이 창업을 이어간다는 것은 판타지입니다. 이 절에서는 수익에 대해 알아봅니다.

좋은 아이템도 망하는 이유는 돈 때문입니다

예비 창업가들의 현실감이 떨어지는 부분이 바로 돈입니다. 고객을 아무리 잘 이해해도, 고객이 열광하는 아이템을 만들어도 망할 수 있습니다. 그 이유는 수익성을 계산하지 않고 주먹구구식으로 일하기 때문입니다. 수익을 고려하지 않았지만 성공한 창업가도 분명 있습니다. 하지만 그렇게 성공한 창업의 확률은 아주 희박합니다. 이처럼 희박한 확률을 좇지 말고 더 명확한 것을 향해 나아가야 합니다. 수익을 고려하지 않는 창업자는 오래 지속할 수 없습니다. 아무리 숫자랑 안 친하다 할지라도 창업을 결심한 순간부터는 비용과 수익, 숫자들과 친해져야 합니다.

돈 버는 것보다 돈 쓸 곳을 먼저 알아야 할 때입니다

돈과 관련한 이야기를 하면 보통 매출에 대해 생각합니다. 하지만 창업을 시작하는 단계에서는 얼마를 쓸지에 대한 비용 계획에 집중해야 합니다. 장기적으로 사업을 지속하려면 비용과 수익에 대한 감각을 익혀야 합니다. 아이템을 구체화하기까지 어디에, 얼마의 비용이, 어느 기간 동안 필요한지 알아야 합니다. 아이디어 제품을 만드는 수많은 창업자들이 처음에는 작고 간단한 제품이라 비용이 얼마 들지 않을 것 같다고 생각해서 바로 창업에 뛰어들지만, 제품을 만드는 단계에서 금형을 제작하거나 샘플 제작을 n차 반복하면서 개발 비용으로만 수천만 원부터 많게는 몇 억 원까지 쓰는 경우가 있습니다.

제작비가 좀 더 저렴해 보이는 무형 아이템이라고 다르지 않습니다. 단순한 앱 개발도 몇 천만 원을 필요로 하고, 개발 기간은 처음 생각했던 기간에서 두 배 이상 늘어나기도 합니다. 더 많은 기능을 추가하게 될 때마다 비용이 계속 발생합니다.

아이템 개발에 착수하기 전에 대략 어느 정도의 기간과 비용이 소요될지 파악되어야만 이후 현금 흐름 계획도 잘 세울 수 있습니다. 가장 먼저 경쟁사를 조사하면서 파악했던 비용 분석 부분을 더 고도화해서 첫 아이템을 구축하기 전에 비용이 어떤 항목에서 발생할지 더 면밀히 파악해야 합니다.

변동비와 고정비를 늘 염두에 두어야 합니다

창업을 준비하면서 여러 비용이 발생하다 보면 비용에 민감해질 수밖에 없습니다. 이때, 비교적 규모가 큰 비용을 줄이기 위해 노력을 기울입니다. 하지만 무작정 비용을 줄이는 것만이 능사가 아닙니다. 비용 절감은 필연적으로 품질 하락으로 이어지고 판매가격과 수량에도 큰 타격을 줍니다. 그러므로 비용 집행에 대한 중요한 우선순위 기준을 세워야 합니다. 그러기 위해 먼저 '변동비'와 '고정비'에 대해서 확실히 이해하고 있어야 합니다.

📁 변동비

변동비는 상품을 한 건 판매할 때마다(혹은 서비스 한 건을 제공할 때마다, 고객이 한 명 늘 때마다, 거래가 한 건 늘 때마다 등) 발생하는 비용입니다. 변동비는 구매 수가 늘수록 같이 느는 비용입니다. 예를 들어, 나무 의자를 제작해 파는 사람의 변동비는 나무 의자 한 개를 판매할 때마다 드는 비용입니다. 나무 의자에 사용되는 원목 비용(재료 비용)과 의자 한 개를 제작할 때 소요되는 시간(인력 비용), 그리고 그 외 소품 비용과 배송 비용, 카드 수수료(판매 수수료) 등입니다.

구체적으로, 10,000원에 판매되는 인형으로 변동비를 산정해보겠습니다. 인형 한 개 당 원단과 솜 등의 재료 비용 원가는 2,000원, 판매하는 온라인 플랫폼의 수수료는 15%로 약 1,500원가량입니다. 마케팅 비용은 대략 개당 1,000원 정도 발생합니다. 그렇다면 이 인형의 변동비는 약 4,500원(원가 + 플랫폼수수료 + 마케팅 비용)이 되는 셈입니다.

📁 고정비

고정비는 구매가 한 건 발생할 때와 100건이 발생했을 때, 차이가 발생하지 않는 단일 비용을 말합니다. 예를 들어, 기획과 관련된 인건비, 임대료, 각종 설비 구매 비용 등이 됩니다. 앞서 예로 든 나무 의자를 만드는 경우, 목공을 위해 구매한 목공용품 및 목공방 운영비 등이 있을 것입니다. 인형의 경우에는 인형 시제품 개발 비용 및 개발 관련 인건비, 그리고 사무실 임대료 등이 있을 것입니다. 인형이 10개 팔려도, 10,000개 팔려도 사무실 임대료 혹은 인건비는 동일하게 쓰일 뿐, 일정 규모까지는 비용이 동일합니다.

그렇지만 무형의 아이템은 변동비와 고정비로 나눠 계산하기에 다소 모호한 부분이 있습니다. 예를 들어, 전자책 콘텐츠를 판매하는 지식 서비스를 제공한다면, 전자책 콘텐츠(혼자서 가볍게 쓴 전자책)의 경우 전달하고 유지보수하는 비용이 없으므로 원가는 0원입니다. 다만 전자책이 한 번 판매될 때까지 마케팅 비용 및 각종 수수료가 통상 약 20,000원의 비용이 발생함으로 변동비는 대략 20,000원으로 볼 수 있습니다. 전자책을 작성하고 편집하기까지 약 2개월의 시간이 소요되었으므로 고정비로 인건비 2개월치를 책정할 수 있습니다.

구분	변동비	고정비
유형 제품	제품 원가, 마케팅 비용, 판매 수수료, 배송 비용 등	인건비, 임대료, 제품 개발 비용, 디자인 외주 비용 등
전문인력 서비스	인력 비용, 마케팅 비용, 서비스 제공에 따른 소모성 비용 등	상품 개발 비용 등
무형 콘텐츠	마케팅 비용, 콘텐츠 제작을 위한 인력 비용(구매할 때마다 제작이 필요한 경우, 예) 포스터 디자인 등), 콘텐츠 및 기타 소품 비용 등	콘텐츠 제작을 위한 장비 구매 비용, 콘텐츠 제작을 위한 인력 비용(일회성으로 초기 제작에 집중된 경우) 등

▲ 변동비 고정비 예시

지출되는 비용이 타당한지 따지세요

아이템 개발 중에는 상당히 많은 변수가 발생하고 예기치 못한 비용이 발생합니다. 그래서 최대한 경쟁사 혹은 동종업계에 있는 분들과 교류하면서 비용에 대해서 더 꼼꼼히 확인해야 합니다. 지금까지 작성한 비용 항목을 토대로 동종업계 관계자 분에게 조언을 구하는 것이 가장 빠른 길입니다. 조언을 받을 때 비용을 아낄 수 있는 항목과 비용을 아껴서는 안 되는 중요한 항목에 대해 의견을 구하는 것도 잊지 마세요.

비현실적인 아이디어를 현실성 있게 더 잘게 쪼개고 다듬으세요

이번 절에서 이야기하고 싶은 가장 중요한 부분입니다. 여러분의 아이템은 적은 비용으로도 개발가능한 수준이어야 합니다. 더 극단적으로 1개월 안에 공개 가능할 정도로 단순하고 쉬운 아이템이어야 합니다. 만약 짧은 시일 안에 개발하기 어려운 아이템이라면 비용을 조사하는 단계에서 현실을 마주할 것입니다. 개인적인 경험에 빗대어 추정해보면 예비 창업자들의 80% 이상은 앱을 기반으로 한 서비스 및 플랫폼 아이템을 준비합니다.

하지만 플랫폼 앱을 만들기 위해 대략 어느 정도의 비용이 드는지 견적을 받아보면 아찔해집니다. 적은 비용으로도 개발이 가능하다고 하는 업체들이 있을 수 있습니다. 하지만 여러분이 생각하는 멋진 아이디어가 반영된 결과물을 선보이려면 최소 5천만 원~n억 원, 그 이상의 비용이 들 것입니다. 지금 당장 플랫폼 앱이 필요하지 않습니다. 그전에 더 작게 아이디어를 쪼개고 작게 다듬을 수 있습니다.

예를 들어 중고 명품 판매 플랫폼 아이디어로 창업을 시작한다고 가정해보겠습니다.

> 가장 먼저 필요한 것을 플랫폼 앱이라고 생각해서 개발을 시작합니다. 처음에는 중고 가방을 볼 수 있는 형태의 앱을 기획해서 개발을 시작했습니다. 약 1~2천만 원으로 시작할 수 있었습니다. 그러나 판매자를 위한 전용 페이지가 없었던 것을 나중에 알게 되었고 플랫폼에서 이 기능을 추가하고 견적을 받아보니 5천만 원이라고 합니다. 예상치 못했던 비용이 추가되었습니다. 그렇게 고생해가면서 앱을 개발했고 이제 시작인데, 정작 구매자와 판매자를 모집하는 과정에서 사람들이 잘 쓰지 않을뿐더러 원하는 요구사항은 더 많아집니다. 주변에 유사한 앱 서비스들이 우후죽순 등장하면서 기능적으로도 밀리기 시작합니다. 결국 아이디어를 접게 됩니다.

위의 아이디어를 다른 방법으로 접근해보겠습니다.

> 중고 명품 플랫폼을 구축하는 것에 있어 가장 중요한 것은 중고 명품을 가진 고객들 중 판매 의향이 있는 사람, 즉 판매자를 모집하는 것이 중요합니다. 이를 먼저 모집하고 이들이 필요로 하는 기능을 파악하기 위해 사진을 찍어 올리면 중고 견적을 내주는 서비스를 5백만 원 이내로 빠르고 가볍게 웹/앱 페이지로 구축합니다. 사진을 보고 나서 견적을 전달하는 과정은 우선 사람이 직접 운영하는 방식으로 제공하고, 견적이 마음에 들었을 경우 제품 등록을 유도하는 형태로 판매자 데이터베이스를 모읍니다. 어느 정도 판매자 데이터베이스가 생성되고 그들이 우리 서비스를 이용할 가치와 잠재성이 확실해졌을 경우, 그다음으로 구매자를 모을 방법을 시도합니다. 이 과정에서는 지금 당장 특별한 앱 개발을 필요로 하지 않습니다. 필요에 따라서 엑셀 스프레드시트, 노션, 네이버카페, 밴드 등 단순한 여러 형태로 시작할 수 있습니다.

창업에 있어 중요한 것은 특별한 아이디어가 아닙니다. 빠르고 작게 일단 실행해서 결과를 보내는 것입니다. 우리가 가진 시간과 돈 모두 너무나 제한적입니다. 가진 것 이내에서 가장 큰 효율을 내기 위해 아이디어를 더 작게 다듬을 필요가 있습니다.

예상보다 더 많이, 더 비싸게 팔아야 합니다

처음 듣는 변동비, 고정비를 계산한 이유는 바로 판매수량과 가격대를 추정하기 위해서입니다. 아이디어가 아무리 훌륭해도, 고객이 지불해야 할 비용이 상식적인 수준을 넘어선다면 구매가 이뤄지지 않습니다. 혹은 경쟁사와의 가격 경쟁을 위해 판매가격을 조정하다 보면 수익을 남기기 위해 상상 이상의 판매량이 필요해지는 경우도 있습니다. 손해를 보지 않는 지점, 손익분기점을 넘기까지 어느 정도의 가격과 수량을 판매하면 될지, 적정한 가격과 수량의 균형을 찾는 과정이 필요합니다.

많은 예비 창업가는 이 과정을 실습하면서 얼굴에서 웃음이 사라집니다. 자신의 아이디어를 세상에 내놓았을 때, 손해보지 않기 위한 최소한의 판매수량이 과도하게 높거나 혹은 터무니없는 가격대로 설정해야 되기 때문입니다.

수식은 간단합니다. 아래 수식을 만족하는 수량과 가격을 찾아가면서 적정 수준을 찾으면 됩니다. 아래 과정을 통해서 찾을 수 있습니다. [Action Plan]에서 함께 진행해봅시다.

▲ 손익분기점을 찾는 수식

손익분기점을 넘으면 돈에 가속도가 붙습니다

손익분기점은 비용보다 매출이 늘어나는 시점, 즉 이익이 발생하는 지점을 의미합니다. 보통 고정 비용으로 지출된 것을 넘어서 매출이 발생하는 시점입니다. 창업을 시작할 때 손익분기점을 지나는 판매 건을 명확히 이해하고 있어야 합니다.

예를 들어, 많은 이의 로망인 카페를 창업한다고 가정해보겠습니다. 인테리어 비용과 각종 설비 구매 비용(고정비)이 약 1억 원, 1년 동안 인건비가 약 4천만 원 정도 소요됩니다. 커피 한 잔을 판매했을 때의 판매가격에서 변동 비용을 뺐을 때 2천 원이 이익으로 남는다고 하면 1년에 약 5만 잔의 커피를 판매해야 합니다. 한 달에 약 4천 잔의 커피를 팔아야 하고, 하루로 환산하면 약 140잔의 커피를 팔아야 합니다. 이 외에 비용이 더 발생한다면 더 많은 커피를 팔아야 이익이 발생합니다. 이런 계산을 반복하다 보면 판매 증진 전략이 상당히 구체적이어야 이익이 남는다는 것을 스스로 확인할 수 있습니다.

그렇지만 비용에 대한 이야기는 꼭 암울하지만은 않습니다. 오히려 현실적인 계산을 토대로 이상적인 계획까지 고려할 수 있습니다. 또한 현실을 극복하기 위해서 실제로 집중해야 하는 요소가 무엇인지 파악할 수 있습니다. 손익분기점까지 도달하는 것이 어렵지만, 막상 도달되면 그 이후부터는 수익이 가파르게 증가합니다. 손익분기점에 도달하는 수량과 가격대를 머릿속에 넣어두고, 어떻게 도달할 수 있을지에 대한 계획을 고민해야 합니다.

비용을 낮추거나, 더 많이 팔거나, 아니면 망하거나

사실 방법은 간단합니다. 무구한 경영의 역사 속에서 규명된 심플한 구조입니다. 매출을 늘리거나, 비용을 줄이거나, 아니면 망하거나. 세계를 주도하는 글로벌 기업의 경영 목표도 이와 같습니다. 매출을 늘리기 위해 새로운 기술, 제품을 개발하고 새로운 시장(국가)을 개척해가며, 다양한 마케팅, 광고를 통해 지속적으로 매출을 늘리는 계획을 세웁니다. 혹은 원가를 더 저렴하게 만들 수 있는 방법을 찾아내거나 운영 비용을 감축하기 위해 효율성 증대를 위한 프로젝트를 준비합니다. 비즈니스 활동의 모든 것은 매출과 비용으로 귀결됩니다.

창업도 마찬가지입니다. 우리 계획은 매출과 비용에 초점을 맞추어야 합니다. 몇 가지 쉬운 방법이 있습니다. 변동비를 낮추기 위해서 원가가 더 저렴한 공급업체를 찾거나, 제품의 품질을 낮추거나, 혹은 마케팅 및 부수 운영비용을 낮출 수 있는 혁신적인 방법을 찾는 것입니다. 고정비 또한 마찬가지입니다. 최소한의 비용으로 최대의 효율을 낼 수 있는 방법을 찾아야 합니다. 인력을 최소화하거나, 불필요한 고정 지출을 줄이는 것입니다.

비용을 줄이면서 고려해야 할 점은 매출 하락에 영향을 주지 않도록 신경을 기울이는 것입니다. 원가를 낮추면서 판매가격은 어느 정도 유지할 수 있도록, 운영 비용을 낮추면서 판매 수량은 유지할 수 있는 방법을 찾아야 합니다. 이렇게 고민을 하다 보면 뉴스에서 수많은 기업들이 원가를 낮추다 각종 사건 사고가 왜 일어났는지 이해할 수 있을 것입니다. 왜 쓸모없고 이상한 제품들이 세상에 등장하게 되었는지 조금은 알아차릴 수 있을 것입니다.

여러분의 창업 신념과 아이디어에 대한 본질, 고객의 요구사항을 지켜내면서 합리적인 비용과 판매가격, 수량을 결정짓는 과정을 겪다 보면 어엿한 비즈니스를 하고 있음을 알게 될 것입니다. 창업은 탁월한 아이디어를 떠올려서 실행하는 발명가나 공학도 같은 모습보다 비즈니스 사업가와 같은 모습이 가장 어울립니다. 다시 스스로에게 질문해보세요. 여러분이 하고 싶은 창업이 예술인지, 발명인지, 자아실현인지, 봉사인지, 아니면 비즈니스인지를.

Action Plan: 수익성과 손익분기점 분석, 개선 전략

실제로 내 아이템의 수익성을 함께 알아봅시다. 구체적일수록 좋지만 지금 당장 구체화가 어렵더라도 한번 따라해보면서 대략적인 경향을 파악해보는 것도 좋습니다. 정보가 부족하다면 생성형 AI의 도움을 받는 것도 좋은 방법입니다!

> **예시** 내가 만들고 싶은 앱의 기능은 ○○○○이야. 대략적인 발생하는 변동비와 고정비와 항목에 대해 알려줘. 항목마다의 구체적인 비용도 추정해줘.

예시 아이템 : 꾸준히 글을 쓸 수 있도록 도와주는 구성으로 디자인된 지류 다이어리

- 아이템 제작 및 판매에 소요되는 비용 파악하기
- 고정비, 변동비 작성하기
- 최소 판매수량, 적정 판매가격 시뮬레이션하기
- 비용, 가격, 판매수량 조율하기 위한 보완 전략 수립하기

🎯 아이템 제작 및 판매에 소요되는 비용 파악하기

여러분의 아이디어를 구현하기까지 실제로 어떤 비용이 발생하는지 아주 사소한 것까지 한 번 작성해보겠습니다. 잘 모르겠다면 앞선 단계에서 인터뷰했던 경쟁사 및 동종업계 관계자와의 티타임을 통해서 구체적인 항목들을 추려내보세요.

 예시

아이템	개발 및 제작 비용	판매 및 운영 비용	유지보수 및 기타 비용
예시	• 제품 개발 비용 • 원가(원재료 비용) • 개발 및 기획 인력 • 장비 물자 비용	• 마케팅 비용 • 각종 수수료 비용 • 판매 및 운영 인력 비용 • 임대료 및 운영비 등 • 배송비용	• AS 관련 비용 • 유지 비용
예시: 다이어리 아이템	• 다이어리 샘플 제작 비용 • 다이어리 제작 비용	• 판매, 마케팅 인력 비용 • 택배 비용	• AS 관련 비용

실습

아이템	개발 및 제작 비용	판매 및 운영 비용	유지보수 및 기타 비용

🎯 고정비, 변동비 작성하기

위 칸에 비용을 잘 작성했다면, 이제 비용의 성격을 구분 짓고 각 항목마다 실제 비용이 어느 정도 발생할 것 같은지 작성해보세요. 고정비와 변동비에 대해 아직 이해가 되지 않았다면, 앞의 글을 다시 읽어보세요. 책 내용으로 부족하다면 구글이나 유튜브를 검색해서 고정비와 변동비에 대한 개념을 다시 점검할 수도 있습니다.

예시

고정비	비용	고정비 합계
다이어리 샘플 제작 비용(10만 원씩, 3회)	300,000원	2,300,000원
기획 개발 및 판매 인력비용(약 1달, 1일 10만 원)	2,000,000원	

변동비	비용	변동비 합계
다이어리 한 권당 제작 비용	5,000원	10,500원
마케팅 비용	2,000원	
택배 비용	3,500원	

📖 실습

고정비	비용	고정비 합계

변동비	비용	변동비 합계

🎯 최소 판매수량, 적정판매가격, 매출이익 시뮬레이션하기

자, 이제 즐거운 계산 시간이 되었습니다. 아래 수식을 보고 지레 겁먹지 마세요. 사칙연산만 할 수 있다면 무난히 계산할 수 있습니다. 우리가 먼저 실습해볼 것은 내가 판매할 수 있을 것 같은 수량을 기준으로 판매가격을 정해보는 작업입니다.

자신의 네트워킹에서 시작된 아이디어라면 자신 있게 판매수량을 정할 수 있을 것입니다. 주변에 다이어리를 사용하는 대학교 지인 10명, 고등학교 동창 지인 10명 등 총 20개를 판매 가능한 수량으로 계산할 수 있습니다. 판매 가능한 수량을 변경해가면서 대략적인 판매가격을 살펴보겠습니다.

예상 판매가격은 한 개당 고정비용(전체 고정비/판매수량)과 변동비의 합산으로 계산됩니다. 판매수량이 아직 확정되지 않았기에 판매수량을 조절해가면서 대략적인 판매가격을 살펴보는 것이 실습의 핵심입니다. 여기서 계산되는 판매가격은 손익분기점이 달성되는 지점에서의 판매가격인 점도 참고하길 바랍니다.

| 고정비 | ÷ | 판매수량 | + | 변동비 | = | 예상 판매가격 |

▲ 판매 가능 수량으로 계산하는 예상 판매가격 계산하기

📖 **예시**

No	고정비	÷	판매 가능 수량	+	변동비	=	예상 판매가격
1	2,300,000	÷	50	+	10,500	=	56,500
2	2,300,000	÷	100	+	10,500	=	33,500
3	2,300,000	÷	150	+	10,500	=	25,833
4	2,300,000	÷	200	+	10,500	=	22,000
5	2,300,000	÷	250	+	10,500	=	19,700

📖 실습

No	고정비	÷	판매 가능 수량	+	변동비	=	예상 판매가격
1		÷		+		=	
2		÷		+		=	
3		÷		+		=	
4		÷		+		=	
5		÷		+		=	

이번에는 반대로 판매가격을 산정해두고 손익분기점까지 얼마나 팔아야 하는지 파악해보겠습니다. 실제로 판매할 수 있는 수량인지 고민하면서 판매가격을 조정해보는 것을 권장합니다. 위의 과정과 아래 과정을 반복하다 보면 대략적인 판매가격과 판매수량에 대한 감각이 늘어날 것입니다. 여기에서 계산한 것이 절대적인 수치는 아닙니다. 다만 경향성을 파악하는 목적으로 꼭 필요한 과정입니다. 실제 창업에서는 이보다 더 다양한 비용 지출이 생기거나 혹은 예상했던 것보다 더 많이 팔리는 일이 생기는 등 다양한 변수가 발생합니다.

투자한 금액(고정비)에서 한 개 당 수익(판매가격 − 변동비)을 차감해서 투자한 금액이 모두 회수되는 시점을 알아봅시다. 이를 통해 대략 예상 판매수량을 측정할 수 있습니다. 판매가격에 따라 투자 비용을 회수하기까지 필요한 판매수량도 달라집니다.

▲ 예상 판매가격으로 계산하는 예상 판매수량

예시

No	고정비	÷	(판매가격 - 변동비)	=	예상 판매수량
1	2,300,000	÷	3,000	=	767
2	2,300,000	÷	5,000	=	460
3	2,300,000	÷	7,000	=	329
4	2,300,000	÷	9,000	=	256
5	2,300,000	÷	11,000	=	209

실습

No	고정비	÷	(판매가격 - 변동비)	=	예상 판매수량
1		÷		=	
2		÷		=	
3		÷		=	
4		÷		=	
5		÷		=	

지금까지는 손익분기점까지 필요한 판매수량과 가격을 알아보았습니다. 이제 어느 정도 판매가 되어야 이익이 생기는지 한번 살펴보겠습니다. 여기에서는 월 기준으로 계산해보는 것을 권합니다. 한 달 동안 판매 가능한 수량을 변경해가면서 월 이익이 대략 어느 정도 발생할 것인지 파악해보겠습니다. 판매가격은 동결해서 계산하는 것이 직관적인 비교에 도움이 됩니다.

이익은 매출에서 비용을 뺀 금액입니다(이익 = 매출 - 비용). 여기서 각각 매출과 비용은 아래와 같이 조금 더 세부적으로 나누어볼 수 있습니다. 매출은 판매가격과 판매수량을 곱한 값이고, 비용은 고정비와 변동비를 더한 값입니다. 여기에서 변동비는 판매수량만큼 곱한 값을 더함으로 전체 수량에 대한 변동비를 더합니다.

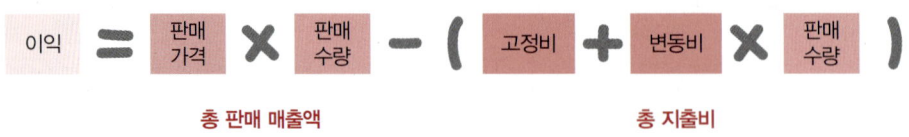

▲ 목표 이익을 위해 필요한 판매가격과 판매수량 계산하기

이익을 구하는 식을 조금 더 간소화할 수도 있습니다. 즉, 이익 = 판매수량 × (판매가격 − 변동비) − 고정비입니다.

📖 예시

No	판매수량	×	(판매가격 − 변동비)	−	고정비	=	이익
1	250	×	9,000	−	2,500,000	=	−250,000
2	500	×	9,000	−	2,500,000	=	2,000,000
3	1,000	×	9,000	−	2,500,000	=	4,000,000
4	1,500	×	9,000	−	2,500,000	=	8,500,000
5	2,000	×	9,000	−	2,500,000	=	10,500,000

📖 실습

No	판매수량	×	(판매가격 − 변동비)	−	고정비	=	이익
1		×		−		=	
2		×		−		=	
3		×		−		=	
4		×		−		=	
5		×		−		=	

🎯 비용, 가격, 판매수량을 조율하기 위한 전략 수립하기

위 과정을 성실히 따랐다면, 말도 안 되는 판매가격과 판매수량을 마주했을 가능성이 높습니다. 아마 그게 정상적인 계산일 것입니다. 이제 여기서부터 조금씩 더 아이템을 간소화하는 방법을 찾거나 혹은 비용을 낮추는 방법을 찾아가길 바랍니다.

어느 정도 합리적인 가격대와 수량이 산출되었다면 그래도 다시 한번 고정비와 변동비를 제대로 파악했는지 파악해보세요. 우리는 아직 예비 창업자이기에 모르는 비용이 더 있을 확률이 높습니다. 막연하게 느낄 필요는 없습니다. 모든 비즈니스가 말도 안 되는 상황을 개선시키는 과정입니다. 이제 비용을 줄이고 매출을 늘릴 방안을 찾아보세요. 역사적으로 모든 비즈니스는 아래와 같은 행동으로 귀결됩니다. 비용을 낮추되 매출을 올리는 방안을 자체적으로 고민하고 시도해보세요.

예시

변동비를 낮추는 전략
- 원가 절감이 가능한 업체 찾기
- 핵심 기능만 구현하기
- 마케팅 비용 줄이기

예) 다이어리 제작에 부수적인 디자인적 요소를 모두 제외해서 원가를 절감하고 마케팅 비용을 최소화하고 바이럴에 집중하기

고정비를 낮추는 전략
- 최소한의 인력으로 구성하기
- 운영 관련 비용 등 최소화하기

예) 가급적 개인으로 일하고, 부득이 인력이 필요한 경우, 최대한 아웃소싱으로 해결하기, 그 외 자질구레한 비용이 발생하지 않도록 비용 절감하기

판매수량을 높이는 전략
- 대량 구매 가능한 판매처 찾기
- 리텐션(반복 구매) 높이기

예) 두 개 이상 구매해서 선물을 유도하는 옵션 구성하기, 지속적으로 구매할 수 있도록 CRM 구축하기

판매가격을 높이는 전략
- 제품 차별화로 시장 점유율 높이기
- 기획, 개발로 제품 품질 높이기

예) 무형 콘텐츠 및 네트워킹 모임 등 프리미엄 옵션 아이템을 추가로 구성하기

📖 실습

변동비를 낮추는 전략

고정비를 낮추는 전략

판매수량을 높이는 전략

판매가격을 높이는 전략

Chapter 04

창업 네 걸음 : 어떻게 팔아야 할지 모르겠어요

창업의 네 걸음을 내디디며 : 끈질김으로 뚫는 시장 진입

창업을 시작하는 것도 어렵지만, 창업을 지속하는 것은 몇 배로 더 어렵습니다. 창업을 지속하려면 돈, 수익이 필요합니다. 수익이 있으려면 판매(세일즈와 마케팅)가 선행되어야 합니다. 보통 좋은 아이디어와 주변에 뜻이 맞는 사람들이 있어 운 좋게 상품화까지 성공하더라도 제대로 수익 실현을 못하는 경우가 빈번합니다. 얼마나 큰 성과를 달성하는지는 중요하지 않습니다. 얼마나 꾸준하고 끈질기게 창업을 이어갈 수 있는지가 중요합니다. 혜성처럼 등장했다가 사라지는 스타트업들은 상당히 많았습니다. 우리가 기억하는 스타트업은 큰 성공을 이룬 스타트업보다 지금까지 살아서 우리 앞에 보이는 스타트업입니다. 기억해야 할 점은 '지속성'입니다.

돈이 없다면 버틸 수 없습니다. 창업은커녕 일상생활도 불가능합니다. 많은 창업자가 정부지원사업부터 생각하는 이유는 지금 당장의 수익이 없어도 이 사업에 선정되면 최소한 반년은 버틸 수 있기 때문입니다. 하지만 정부지원사업은 어디까지나 '지원'입니다. 지원에만 의존한다면 창업이라 부를 수 없습니다. 상품 개발에 앞서 매출을 확보할 수 있는 구체적인 방법을 생각해야 합니다.

앞선 내용을 통해 창업 계획 단계를 잘 세웠다면, 어느 정도 수익성이 검증되었고 차별점도 있는 명확한 아이디어가 눈앞에 있을 것입니다. 성공할 것만 같은 고조감에 들떠서, 가진 돈을 다 긁어 모아 상품을 개발하고 싶은 마음이 가득할 것입니다. 하지만 지금부터 할 일은 상품을 개발하는 일이 아닌 위험 요소를 낮추는 일입니다. 바로 아이템 없이 아이템을 판매하는 일입니다. 아이템이 없는 상황에서 아이템에 대해 열광적인 서포터를 찾는 과정을 통해서 아이템의 시장성을 확인할 수 있습니다. 또한 아이템 개발 과정에서 편향에 갇혀 잘못된 판단의 가능성도 대폭 낮춥니다. 물론, 초기 서포터를 모으기 어려운 아이템도 있습니다. 이런 아이템의 경우에는 시장진입도가 낮아 경쟁사와의 경쟁도가 높기 때문에 사업지속성이 낮습니다. 그렇기에 더더욱 초기에 서포터를 강하게 끌어모을 수 있는 전략 혹은 아이템이 필요합니다. 서포터를 찾기 어려울법한 아이템이라면 다시 사업을 재검토해야 합니다.

Section 4-1
좋은 창업 아이디어가 있는데 어떻게 시작하나요

가끔씩 사람들이 이런 이야기를 할 때 있지 않나요? "저 아이템, 나도 생각했었는데." 생각보다 아이템을 구상하고 계획하는 것은 어렵지 않습니다. 그것을 구현하는 것이 어려운 일입니다. 한 문장으로 정리할 수 있는 아이템을 구체화하기 위해 수많은 고민과 테스트 그리고 검증이 필요합니다. 그 과정을 진행하기 위한 첫걸음을 같이 살펴봅시다.

창업을 할 때 아이템 개발 단계에서 망하는 세 가지 이유

지금까지 한 일은 아이템의 시장성을 확인하는 일이었습니다. 썩 괜찮은 아이템을 보면서 빨리 상품화하고 싶은 마음이 가득하지만 현실을 냉정하게 파악해야 합니다. 좋은 창업 아이디어가 있으면 정말 그 아이디어가 좋은지, 아이디어만으로도 고객이 열광하는지 확인해야 합니다. 그냥 좋다고 무턱대고 큰돈을 들여 개발할 수 없습니다. 아니, 개발해서는 안 됩니다. 고객에게 판매할 수 있는 형태로 개발하기까지 기간은 최소 1~2개월에서 오래 걸리면 1년 이상도 걸립니다. 그런데 이 과정에서 또다시 수많은 창업자들이 실패를 맛봅니다. 아이디어 단계에서 잘 될 것 같은 아이템이 론칭 단계에서 망하는 경우를 숱하게 봤습니다. '시장성을 충분하게 검토했는데, 왜 반응이 없었을까?' 그 이유는 세 가지입니다.

📁 세일즈와 마케팅 뒷심이 부족해서 그렇습니다

상품 개발에 에너지를 모두 소진한 결과, '알리는 힘'이 달립니다. 여기서 알리는 힘이란, 세일즈와 마케팅입니다. 제품이나 서비스를 만드는 것은 완전히 새로운 일입니다. 직접 아이템을 개발할 수 있는 역량이 있다면 조금 수월하겠지만 외부에 아웃소싱을 하면서 진행하는 경우에는 컨트롤되지 않는 내용이 시시때때로 발생합니다. 개발하는 데 시간이 지연되거나 비용이 추가로 발생하는 등 상품 개발에 많은 에너지를 소모하기 때문에 막상 개발이 완료되고 나서 아이템을 알리는 일에 많은 투자를 못하게 됩니다.

고객은 판매된 적이 없는 상품의 첫 구매자가 되기를 꺼립니다

고객은 아무런 정보가 없는 무명의 상품을 소비하지 않습니다. 리뷰(혹은 고객 사례)가 없는 상품은 외면받기 쉽습니다. 최근 구매했던 제품을 떠올려보세요. 리뷰나 참고할 만한 정보가 없는 기업의 상품을 쉽게 선택한 적이 있었나요? 상품은 괜찮아 보여도 아무도 구매한 사례나 리뷰가 없다면 선뜻 마음이 내키지 않습니다. 리뷰가 쌓인 상품과 리뷰가 하나도 없는 상품이 있다면 무엇을 먼저 클릭하나요? 상품의 품질에 집중하는 것보다 상품의 신뢰도를 보여줄 수 있는 정보(리뷰 혹은 고객사례)를 만드는 것이 더 중요합니다. 참고할만한 기존 고객의 정보나 긍정적 리뷰는 좋은 상품을 개발하는 것과 동일한 비중의 중요한 과제입니다.

시장은 변화하기 때문입니다

조사할 시점과 론칭할 시점에서 고객의 마음은 바뀝니다. 제품 서비스를 개발하는 기간 동안 새로운 경쟁사가 등장했을 수도 있습니다. 혹은 그 사이에 트렌드가 바뀌어서 더 이상 내 아이디어가 매력적이지 않을 수도 있습니다. 더 나아가 개발과정에서 혼자만의 세상에 갇혀, 고객이 원하는 제품이 아닌 내가 원하는 제품을 만드느라 시간과 비용을 다 썼을 확률도 높습니다.

그렇다면 도대체 어떻게 상품을 만들어야 할까요? 어떤 방식으로 창업을 해야, 뒷심이 떨어지지 않으면서 고객의 정보를 확보한 상태에서 시장이 변화하는 것에 빠르게 대응할 수 있을까요? 정답은 간단합니다.

이제부터 그 정답을 하나씩 알아보겠습니다.

아이템 개발보다 서포터를 먼저 모으세요

위 세 가지 상황을 피하기 위해서는 아이템 개발에 착수하기 전에 미리 서포터Supporter(충성적인 잠재고객)를 확보하는 방법이 있습니다. 상품에 대해 호감을 보이는 잠재고객으로는 부족합니다. 아직 상품은 없지만 상품의 필요성과 비전에 깊이 공감해서 개발 과정에서 다채로운 피드백을 기꺼이 줄 수 있는 서포터가 필요합니다. 고객 이전에 우리 아이템을 기대하는 서포터를 모집해야 합니다.

서포터가 미리 확보되면 상품을 개발하느라 지쳐 판매할 힘이 없어도 이미 기다리고 있는 서포터가 있으므로 판매에 크게 힘을 들이지 않아도 됩니다. 또한 서포터에게 상품의 리뷰를 받아볼 수 있습니다. 리뷰는 상품 개선의 주요한 자료로 사용되고 또한 다른 고객이 구매를 결정짓는 신뢰성 있는 콘텐츠가 됩니다. 마지막으로 서포터에게 개발 과정을 공유하며 피드백을 주고받으면서 자기 편향에 빠지는 일도 방지할 수 있습니다. 서포터를 통해 앞서 살펴본 아이템 개발과정에서의 실패 원인을 대폭 줄일 수 있습니다. 그럼 어떤 서포터를 모집해야 할까요?

여러분에게 돈과 시간을 쓰는 서포터를 모으세요

아무것도 없는 상태에서 여러분의 아이템에 기대하고 시간을 투자할 서포터를 모집하는 것은 굉장히 어렵습니다. 자칫 잘못하면, 사기꾼으로 오해받을 수도 있습니다. 하지만 불가능하지 않습니다. 그럼 어떻게 서포터를 모집할 수 있을까요? 물론 아이템에 따라 세부 내용은 다릅니다. 오프라인 매장을 열고 싶은 사람과 앱 서비스를 만들고 싶은 사람은 같은 방식으로 서포터를 모집할 수 없습니다. 하지만 서포터 모집의 공통적인 핵심은 내 아이템에 대해 열광적으로 지지해줄 수 있는 사람을 확보하는 것입니다. 그래서 눈에 보이는 구체적인 아이템이 없는 상태에서도 돈과 시간을 쓸 만큼 여러분의 아이템에 열광적인지 확인하는 것이 핵심입니다.

여러분이 아이템을 소개할 때 대부분의 사람들은 긍정적인 반응을 할 것입니다. 하지만 돈을 지불할 만큼 진지하고 열광적일까요? 지불 의사가 없는 긍정적인 평가는 우리에게 유의미하지 않습니다. 여러분의 아이디어에 감탄하고 열광하는 사람은 아무것도 없는 상황에서도 그 아이템에 돈과 시간을 지불할 수 있는 사람이어야 합니다. 1만 원, 5천 원도 좋으니 일단 지갑을 여는지 확인해보세요. 설문조사에 긍정적인 반응을 하는 100명, 1,000명보다 실제로 돈과 시간을 지불하는 열광적인 잠재고객, 서포터 10명이 필요합니다. 그분들이 더 가치 있는 고객입니다.

선주문을 받기에 애매한 상품은 없습니다

이야기의 흐름상 유형의 상품 중심적이라고 느낄 수 있습니다. 물론 유형의 상품을 생각하면 이해가 빠르지만, 이 행동 계획은 모든 업종에 동일하게 적용할 수 있습니다.

식음료 매장 자영업을 고민하고 있다면 잠재고객에게 어떤 매장을 준비(메뉴, 가격, 위치, 콘셉트 등)하고 있는지 이야기했을 때 잠재고객이 지불 의향을 살펴볼 수 있습니다. 잠재고객의 반응이 미지근하거나 다른 경쟁사와 큰 차이점을 못 느낀다면, 나만의 단골(팬덤)을 모으기 어렵습니다.

SNS에 만화를 기재하는 경우, 콘텐츠 생산과 수익이 직결되지 않을 때가 많지만, 콘텐츠 소비(조회 및 반응)를 일종의 수익지표로 놓고, 얼마나 많은 사람이 콘텐츠를 소비할 것인지 잠재고객과의 대화를 토대로 유추해낼 수 있습니다. 단순히 '괜찮아 보인다'라는 답변으로는 부족합니다. 소정의 비용 혹은 시간을 지불해서라도 기다릴 수 있는 사람이 있는지 찾아내는 것이 중요합니다. 더 구체적인 시장 테스트에 대한 방식은 해당 분야에서 최근에 성공한 기업 혹은 사전에 살펴본 경쟁사와의 인터뷰 자료를 토대로 고객 테스트 방식을 적용하면 됩니다.

캐릭터 사업의 경우, 보통 수십 개의 캐릭터를 디자인해서 SNS에 노출하고 유의미한 반응을 보이는 캐릭터에 집중하는 방식을 보입니다.

무형의 서비스 및 교육(컨설팅)의 경우, 초반에는 낮은 비용(혹은 무료 콘텐츠)으로 초기 고객을 모집해서 충분한 가치를 제공하고 이후 리뷰가 쌓인 다음에 조금씩 비용을 올리는 방식으로 진행하거나 더 가치 있는 유료 서비스를 제안합니다.

앱, 웹 서비스의 경우에는 일일이 고객을 오프라인으로 만나는 방법보다 간략한 소개용 웹 페이지(랜딩페이지)를 제작해서 SNS 광고를 진행해 클릭률과 전환율을 측정합니다. 이 방법은 얼마나 많은 사람이 서비스를 필요로 하는지 파악하기에 용이합니다.

몇 가지 사례를 들어봤는데, 이처럼 어떤 방식이든 괜찮습니다. 핵심은 아무것도 없는 시점에서, 얼마나 열정적으로, 아이템에 반응하는지, 눈에 보이는 수치(선주문 비용, 테스트 참여 수, 조회 수 등)를 확보하는 것입니다.

서포터를 직접 찾아보세요

탐정이 되어야 합니다

여러분은 이제부터 탐정이 되었다고 생각하고 첫 고객이 될 수 있는 서포터를 특정해야 합니다. 즉, 서포터를 모집하기 전에 해야 할 일은 '과연 어떤 사람이 내 상상뿐인 아이디어에 열광적으로 반응할까?' 고민을 하는 것입니다. 즉, 서포터의 성향과 특징을 상상하고 찾는 일입니다. 아이템이 불명확하고, 신뢰도가 없는 상황에서 소정의 시간과 비용을 지불하는 과감한 행동을 할 수 있는 사람은 어떤 사람일지 구체적으로 상상하는 것이 중요합니다. 대체적으로 새로운 것에 대한 호기심이 매우 강하거나, 만들고자 하는 상품을 매우 필요로 하는 사람이 타깃입니다.

앞서 경쟁사 조사를 잘했다면 이 부분은 쉽게 진행할 수 있습니다. 내 아이템만이 가진 차별화된 포인트를 흥미롭게 경청하는 사람, 내 아이템을 필요로 하는 사람을 기억해서 공통점을 찾아야 합니다. 인구통계학적 특성도 중요하지만, 라이프스타일과 관련된 특징을 잡아내는 것도 중요합니다. 이 부분이 구체적이지 않을수록 서포터를 모집하는 과정이 상당히 오래 걸립니다. 처음 생각했던 특성이 들어맞지 않을 수 있습니다. 예비 서포터와 인터뷰를 하면서 계속 잘 들어맞는 사람을 찾아내야 합니다. 일단 주변에서부터 시작해봅시다.

📁 등잔 밑이 어둡습니다

여러분의 서포터는 주변에 있습니다. 첫 서포터를 찾아내는 일은 아이템에 따라 난이도가 천차만별입니다. 만약 여러분이 주변 지인을 타깃 삼아 아이템을 떠올렸다면 상당히 수월하게 첫 서포터를 만날 수 있습니다. 하지만 서포터 타깃이 주변 지인, 네트워킹과 동떨어져 있다면 시작이 어려울 수 있습니다. 그럼에도 두세 단계를 건너면 어떤 잠재고객이든 충분히 만날 수 있습니다. 예를 들어, 20대 대학생이 50~60대 실버세대의 잠재고객을 단 번에 만나는 일은 어렵지만 지인의 지인(예 부모님 및 친인척 지인)을 통해 만날 수 있습니다.

초반에 주변 지인들에게 창업 소식을 알린 이유도 지금과 같이 주변 지인의 네트워킹을 사용해야 할 일이 발생하기 때문입니다. 주변에 여러분에게 필요한 서포터의 특징을 구체적으로 말하며 찾아보세요. 필요한 사람에 대한 정보가 구체적일수록 지인들도 여러분에게 필요한 사람을 더 확실하게 연결해줄 수 있습니다.

앞의 예시처럼 서포터 특성과 일치하는 지인이 없다면 서포터와 연결될 수 있을법한 지인을 찾는 것도 방법입니다. 현재까지 창업의 과정을 보여주면서 마주한 문제를 설명하고 서포터를 찾는 일에 도움을 요청하는 것입니다. 사람은 의외로 진솔한 도움 요청에 수월히 반응합니다. 반복적으로 무언가를 얻어내려는 마음이 아니라면, 많은 사람이 꿈을 향해 나아가는 과정을 도와줄 것입니다.

직접 만든 자료로 설득하세요

맨 몸으로는 서포터 모집(혹은 선주문)을 받아낼 수 없습니다. 직접 만든 자료로 설득해야 합니다. 무엇을 보여주면서 설득할 수 있을까요?

말을 잘하는 재주가 있다면 탁월한 말솜씨만으로도 좋은 결과를 얻을 수 있으나 대부분은 어렵습니다. 보통은 시각적 자료를 사용해서 설득하는 게 정석입니다. 혹은 직접 구현할 수 있는 수준의 최소기능제품 Minimum Viable Product(MVP)을 만들어 설득하는 경우도 있습니다.

많은 창업가들이 실리콘밸리의 신화를 보면서 MVP로 앱/웹서비스를 실제로 만들기도 합니다. 창업에 정답은 없지만, 개발 능력이 없다면 앱/웹 형태의 MVP를 만들어 설득하는 방법을 추천하지 않습니다. 오히려 PPT를 만들 수 있다면 PPT 제안서를 만드는 것이 좋습니다. 만약 그래픽 영상을 만들 수 있다면, 영상을 만드는 것도 좋습니다. 직접 만들 수 있는 자료가 없다면, 글이나 말로 하는 것도 방법입니다. 핵심은 직접 할 수 있는 방법으로 제작하는 것입니다.

직접 만들어야 하는 이유는 '비용과 속도'에 있습니다. 직접 제작하지 않는다면 당연히 비용이 발생합니다. 또한 직접 제작하지 않는 경우 오히려 속도가 느릴 수 있습니다. 자료를 만드는 과정에서도 아이템의 구체적 사항이 수시로 변경되므로 변경되는 내용이 자료에 반영되기 어렵습니다. 직접 제작이 아닌 이상 비용, 속도, 효율성, 효과성이 떨어집니다.

오히려 직접 제작하는 능력이 부족해서 시간이 더 오래 걸린다고 판단할 수 있습니다. 그런 경우에는 아쉽지만 차라리 말로 설명하는 것을 권장합니다. 말주변만으로 서포터를 모집하는 일은 분명 어렵습니다. 그렇지만 자료를 준비하기 위해 더 많은 시간과 비용을 쓰는 것보다 말로 설명하는 것이 낫습니다. 시각적 자료는 설득에 도움을 주는 요소입니다. 말로 설득하지 못하는 아이디어라면 이미지, 영상, 실제와 유사한 프로토타입을 제작해서 얘기해도 깊게 설득되지 않을 확률이 높습니다. 설득의 실패는 설명자료의 한계가 아닌 아이디어의 한계임을 직시해야 합니다. 보통, 말로 제대로 설명하지 못하는 아이디어는 시각적 자료로 만드는 것도 어렵습니다. 그러니 차라리 설명하는 내용을 더 구체적으로 정리해서 말로 설명해보세요.

📁 발로 뛰는 만큼 서포터를 모집할 수 있습니다

서포터를 모집하는 것은 단순히 SNS에 글을 올리고 기다리는 것만으로 이루어지지 않습니다. 실제로 사람들이 여러분에게 관심을 갖고, 아이템에 반응하도록 만들기 위해서는 적극적인 행동이 필요합니다. 발로 뛰어 자신의 아이디어를 직접 알리고, 사람들과의 접점을 적극적으로 찾아야 합니다.

서포터를 모집하는 방법은 크게 **온라인**과 **오프라인**으로 나눌 수 있습니다. 온라인에서는 SNS, 블로그, 유튜브, 각종 커뮤니티 등을 활용해 관심 있는 사람들을 모을 수 있습니다. 특히, 인스타그램, X, 스레드Tread 같이 빠른 피드백을 얻을 수 있는 플랫폼에서 시작하는 것이 좋습니다. 하지만 앞서 살펴본 것처럼 그들의 긍정적인 반응이 진실한지의 여부는 끊임없이 의심해야 합니다.

오프라인에서는 **네트워킹 이벤트**나 **창업 관련 세미나**, **전시회** 등을 적극적으로 활용해야 합니다. 직접 사람들과 만나 이야기를 나누는 것만큼 강력한 연결고리는 없습니다. 사람들은 여러분의 얼굴을 보고, 여러분의 열정을 느끼면서 더 깊은 관심을 갖게 될 것입니다. 또한 이런 기회에서 새로운 사람들을 만나게 되면, 그들이 다른 사람들에게도 여러분을 소개해 줄 가능성도 생깁니다. 이처럼 다양한 경로를 통해서 서포터를 하나씩 모아가는 과정은 시간이 걸릴 수 있지만, 지속적인 노력이 결국 성과를 만듭니다.

서포터 수는 중요하지 않습니다. 초기에 많은 서포터보다 충성도 높은 서포터가 더 중요합니다. 여러분의 아이디어에 공감하고, 나중에 제품이나 서비스가 출시될 때 실제로 구매할 수 있는 사람들을 확보하는 게 목표입니다.

역할을 바꿔 직접 '서포터'가 되는 상상을 해보세요

어느 날 갑자기, 누군가 여러분을 찾아와서 자신의 아이템에 대해 열심히 소개하고 서포터로 피드백을 요청한다면 여러분은 흔쾌히 수락할 수 있나요? 여러분이 입장을 바꿔, 스스로 서포터가 되었다고 가정하고 무엇에 설득될지 고민해보세요.

서포터로 활동했을 때 느낄 수 있는 가치가 있어야 합니다. 그들의 불편함이 빠른 시일 내에 해결될 수 있다는 희망을 주든지 혹은 서포터로 참여하는 활동 그 자체가 즐겁든지 어떤 가치든지 확실히 있어야 합니다. 가장 단순한 방식은 서포터의 문제를 해결해주거나 그들의 욕구를 충족시키는 것에서 시작합니다. 사람들은 자신에게 필요하거나 자신과 연관된 문제가 해결될 때 깊은 관심을 보입니다. 여러분의 제품이 서포터의 삶을 어떻게 개선할 수 있을지 (혹은 어떤 가치를 줄 수 있는지) 명확하게 전달하는 것이 중요합니다. 서포터는 단순히 여러분의 아이디어에 관심 있는 것이 아니라 변화될 자신의 미래에 관심 있는 것입니다.

얼마나 진정성 있게 그들과 소통하는지도 중요합니다. 서포터를 일종의 테스트 집단으로 생각해서는 안 됩니다. 그들 또한 여러분과 비슷한 아이디어의 부모라고 생각하고 존중해야 합니다. 서포터들과 아이템에 대한 이야기 외에도 아이템의 탄생 배경과 창업 과정에서의 어려움, 그리고 그것을 극복하기 위한 여러분의 노력을 공유하면서 유대감을 쌓아가기를 권합니다. 서포터를 모집하는 과정은 일방적인 홍보가 아니라 상호작용입니다. 내가 서포터라면 어떤 것에 반응할지를 끊임없이 고민하면서 그들의 입장에서 콘텐츠를 만들고, 그들과 함께 성장하며 나아가세요.

'아이템 1분 소개'로 서포터를 설득하세요

1분은 짧은 시간이지만, 그 안에 담길 수 있는 메시지는 생각보다 훨씬 더 큽니다. 1분 동안 제품을 소개하는 데 그치는 것이 아니라, 상대방을 이해하고 마음을 움직일 수 있어야 합니다. 1분을 구조화해서, 아이디어 배경(Why), 핵심 콘셉트(What), 차별점 및 가치(Value), 비용(How Much) 그리고 서포터 모집 유도 및 지불 능력 검증(Acquisition)을 간결하고 효과적으로 전달해봅시다. 이 과정에서 우리 목표는 실제로 구매 의사까지 있는 열광적인 서포터를 찾는 것입니다.

📁 아이디어 배경(Why)

먼저, 이 아이템을 왜 구상하게 되었는지 설명합니다. 아이디어가 떠오른 시점의 이야기는 항상 재미있는 이야깃거리입니다. 잠재고객이 집중하고 몰입할 수 있도록 잠재고객의 관심사와 연결 지어 아이디어의 배경을 이야기해보세요. 좀 더 구체적으로 아이디어의 구상 배경과 창업의 동기가 연결될 수 있으면 좋습니다. 어렵지 않습니다. 앞서 아이디어를 구상하던 방식을 조금씩 정제해봅시다.

📁 핵심 콘셉트(What)

다음으로, 아이디어의 핵심 콘셉트를 간결하고 분명하게 전달합니다. 가끔 창업자들은 본인의 아이템을 소개할 때 10분이 걸려도 제대로 소개하지 못하는 경우가 많습니다. 그만큼 깊이 생각하지 않았기 때문입니다. 아이템의 핵심 콘셉트를 두세 문장으로 요약해보세요. 이렇게 요약되지 않는다면, 본인 스스로도 핵심을 모르고 있다는 증거입니다. 내용을 압축하면서도 동시에 바로 이해할 수 있도록 작성합시다.

차별점 및 가치(Value)

핵심 콘셉트를 설명한 뒤에는 왜 이 아이디어가 다른 경쟁사와 차별화되는지 강조해야 합니다. 이 단계에서는 가치 전달이 핵심입니다. 저렴한 가격이나 좋은 품질만으로는 잠재고객을 설득하기 힘듭니다. 그들은 여러분의 아이디어가 왜 특별하고 가치 있는지 느낄 수 있어야 합니다(때로는 동급 대비 저렴한 가격이 그 가치가 될 수도 있습니다만 대부분의 예비 창업자는 가격 경쟁을 할 수 없는 위치라는 점을 참고하기 바랍니다). 잠재고객들이 제품을 사용할 때 얻게 되는 혜택, 즉 정서적, 기능적 가치를 함께 강조하는 것이 중요합니다. 이때 감정적인 측면과 실질적인 가치를 결합하면 좀 더 효과적입니다.

비용(How Much)

마지막으로, 이 아이템에 대한 대략적인 비용도 언급하면서 잠재고객의 반응을 살피세요. 금액이 너무 높은지, 잠재고객이 흔쾌히 수락할 정도인지 등 고객의 반응을 살펴보면서 여러분이 세운 가설을 다시 한번 살펴보세요. 비용을 제시하면서 지금 당장 구매를 유도하라는 것은 아닙니다(물론, 가능하다면 베스트입니다). 여러분이 생각하는 여러분의 아이템에 대한 가치를 고객도 동일하게 느끼는지 파악하자는 의미입니다.

서포터 모집 유도 및 지불 능력 검증(Acquisition)

그렇다고 해서 단순히 반응만 보고 끝내서도 안 됩니다. 서포터의 진정한 관심과 구매 의사를 파악하려면, 그들이 적은 금액이라도 지불할 의향이 있는지를 확인해야 합니다. 아이디어에 대한 진정한 관심을 확인하기 위해, 소액 결제를 유도하거나, 간단한 선주문 형태로 서포터들의 구매 의사를 테스트하는 것이 좋습니다. 이를 통해 실제 구매 가능성을 파악할 수 있으며, 단순한 '좋아요'나 긍정적인 피드백을 넘어서는 실제 의사를 확인할 수 있습니다.

요구할 것과 제공할 것을 구분하세요

우리가 서포터에게 기대하는 것은 적극적인 참여와 피드백입니다. 칭찬이나 긍정적인 반응을 넘어, 그들이 진짜 필요로 하는 것을 듣고자 하는 것입니다.

창업자는 서포터의 피드백을 받기 위해 겸손하고 개방적인 태도를 유지해야 합니다. 어떤 서포터는 솔직한 의견을 주는 것에 주저하거나, 부정적인 피드백을 제공하는 것이 창업자에게 부담이 될까 걱정할 수 있습니다(대부분 그렇습니다). 그러나 창업자는 이러한 상황을 예상하고, 부정적인 피드백조차 감사히 받아들이는 마음가짐과 태도가 필요합니다. 서포터들은 창업자가 귀를 기울일수록, 더 솔직하고 구체적으로 이야기합니다. 그들의 목소리가 곧 시장의 목소리이기 때문에 우리는 더 적극적으로 들어야 합니다.

서포터로 참여하는 것은 그 자체로 시간과 에너지를 필요로 합니다. 그들이 자신의 시간을 할애해 피드백을 제공하는 것은 귀중한 자산입니다. 그러므로 서포터가 우리를 돕고 있다는 점을 인식하고, 그들에게 항상 감사함을 표현하는 것도 매우 중요합니다. 그들의 필요를 충족할 수 있는 실질적인 해결책(창업 아이템)을 빠르게 구체화하고 그 외에도 다방면으로 서포터의 헌신에 보답할 방법을 스스로 찾아보기 바랍니다.

Action Plan | 서포터 모집을 위한 아이템 1분 소개

🎯 '아이템 1분 소개' 작성하기

① [아이디어 배경] **창업 아이템을 생각하게 된 동기(Why)**

제가 3년 동안 디자인 프리랜서 일을 하면서 주변에 삽질하는 사람을 참 많이 봤습니다. 디자인 업계는 좁고 치열합니다. 업계에 자리 잡은 지인이 잘 이끌어주면 금방 자리잡지만, 스스로 독립하기에는 너무나 어려운 업계입니다. 그래서 이끌어주는 역할을 제가 해보고자 합니다.

② [핵심 콘셉트] 상품 소개(What)

예시

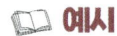

이것은 단순한 디자인 실무교육이 아닙니다. 최소 3년 동안 여러분의 직속 코치가 되어 실무에 필요한 노하우를 전수하고 때에 따라 일감도 소개해주는 방식으로 운영됩니다. 그에 따른 교육비와 일감 소개에 따른 수익 셰어 방식으로 운영됩니다.

실습

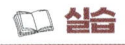

③ [차별점 및 가치] 경쟁사와의 차별점과 고객 입장에서 이 아이템이 필요한 이유(Value)

 예시

타 업체는 교육 혹은 컨설팅으로 끝나고 그 이후의 생존은 오로지 수강생의 몫으로 남겨둡니다. 이 서비스는 오히려 교육 이후의 결과에 더 집중합니다. 실제로 업계에 정착해 매출을 낼 수 있도록 실제 클라이언트를 매칭해 드리는 것이 가장 큰 차별점입니다.

 실습

④ **[비용]** 비용과 서포터 모집 유도 및 지불 능력 검증(Acquisition)

 예시

초기 교육은 약 20시간 진행되고 비용은 30만 원입니다. 그리고 향후 3년간 디자인으로 매출이 발생할 수 있도록 다양한 코칭을 진행하며 연계해 드리는 디자인 작업 매출의 약 20%를 공유하는 방식입니다. 제 서비스의 테스터이자 서포터로서 참여를 요청드립니다. 서비스 이용을 하면서 생각했던 가치와 일치하는지 많은 피드백을 요청드립니다. 아직 이 서비스는 미완성입니다. 그렇기에 ○○ 님과 함께 더 구체화해가고 싶습니다. 만약 참여에 관심이 있다면, 첫 참여자가 되는 만큼 큰 혜택을 드리고 싶습니다! 다만 어느 정도의 진지함이 필요하기에 소정의 비용을 받고 있습니다.

 실습

Section 4-2

상품화는 어떻게 하나요

꽤 많은 창업자들이 아이디어를 구현하는 단계에 대해 불안해하고 두려워합니다. 아이디어를 상품화하기까지 어떤 단계를 거쳐야 하고 어떤 사람들과 소통해야 하는지 모르기 때문입니다. 하지만 막상 알아보기 시작하면 그동안의 과정 중에서 가장 쉬운 단계로 느낄 겁니다. 창업은 고객이 원하는 것을 찾는 것이 어려운 일이지, 그것을 구현하는 것은 상대적으로 쉽습니다.

MVP로 시작합시다

게임에서의 최우수선수, MVP$^{\text{Most Valuable Player}}$가 아닙니다. 창업에서 MVP는 최소 기능 제품$_{\text{Minimum Viable Product}}$으로 보통 '시제품'이라고 부릅니다. MVP의 목표는 가장 적은 자원으로 빠르게 제품을 만들어 고객의 반응을 살펴보는 것입니다. 우리가 앞선 단계에서 끝내주는 아이디어를 발견하고 열정적인 서포터 수십 명을 모았어도, MVP 형태로 테스트를 진행해야 합니다. 아이디어를 실현하는 과정에서 수많은 디테일이 수없이 변경되기 때문입니다.

MVP는 당연히 완벽한 제품이 아닙니다. MVP는 어느 정도 작동할 수 있는 기능을 갖추지만, 다양한 부가 기능(구매에 핵심 요소가 되지 않는 기능)은 포함하지 않습니다. 그렇기에 꼭 실제 제품과 유사한 형태가 아니어도 됩니다. 자동으로 동작하는 것이 아닌 수동으로 동작하는 서비스이거나 실제 제품이 아닌 시각화한 영상 및 이미지라도 좋습니다. 중요한 것은 시장에서 생존할 수 있는 **최소의** 요건을 갖춘 제품(샘플 제품, 웹사이트, 시뮬레이션 영상 등)입니다.

MVP에서 가장 중요한 개념은 '최소' 입니다

MVP의 핵심 개념은 이름 그대로 '최소'입니다. 여기서 중요한 최소의 의미는 비용 절감의 차원을 넘어 빠른 속도를 유지하면서도 동시에 올바른 방향을 향하는 것에 있습니다. 초기 창업자들이 흔히 빠지는 함정 중 하나는 완벽한 제품에 대한 욕심입니다. 완벽한 제품을 만들어내 놓고 싶은 욕망은 누구에게나 있지만, 이는 시간과 비용을 소모할 뿐 아니라, 잘못된 방향으로 빠지게 만듭니다. 시간과 돈을 갉아먹는 부가적인 기능에 집착한다면 우리의 아이템은 구렁텅이를 향하게 됩니다.

'최소 기능'은 고객의 근본적인 문제를 해결할 수 있을 만큼만 필요한 기능(아이템을 선택하는 본질적인 기능)을 의미합니다. 예를 들어, 폐기 처리가 임박한 식료품(빵, 샐러드 등)을 매장의 마감 시간에 저렴한 값으로 구매할 수 있는 플랫폼을 만들고 싶다면, 처음부터 플랫폼 형태로 시작할 필요가 없습니다. 특정 지역의 소상공인 2~3곳의 폐기 임박 상품을 매입해서 동네 커뮤니티를 통해 판매해보거나 실제 가판대를 펼쳐 판매하는 것부터 시작하면 됩니다. 거추장스러운 웹, 앱을 만들 필요 없이 일주일이면 시작할 수 있습니다. 먼저 해보고 잘 되면 확장할 수 있는 아이디어를 고안하면 됩니다. 만약 잘 되지 않았다면 원인을 찾고 분석해서 개선하면 됩니다. MVP의 최소 개념은 바로 이런 식입니다.

예비 창업자 중에는 이런 이야기를 하는 분도 많았습니다.

> "제 아이템은 여러 부가 기능이 포함되어야지 비로소 고객들에게 선택받을 수 있는 아이템입니다. 일단 경쟁사가 가진 기능을 포함해야 경쟁이 가능해요."

물론, 이 의견은 아이템과 업종에 따라 올바른 판단일 수 있지만 대부분의 경우에는 그렇지 않습니다. 경쟁사와 같은 수준의 복잡한 요건이 필요하다는 말은 동시에 내 아이템만의 강력한 킥(차별점)이 없다는 말입니다. 사실상 포기해야 하는 아이템입니다. 기존의 고객들이 불만족하는 핵심 포인트를 찾아내지 못했기 때문에 복제하는 수준까지 개발해야 하는 것입니다.

우리는 비슷한 수준에서 조금 더 나은 무언가를 만드는 것이 아닙니다. 꼭 여러분의 아이템이어야만 하는 이유를 만들어야 합니다.

한 번에 성공할 생각을 버리세요

MVP 제작 단계에서 욕심이 커지는 이유는 바로 한 번에 성공하고 싶다는 마음 때문입니다. 애초에 이 아이템은 당연히 실패할 것이라는 전제로 시작한다면 실패할 아이템에 큰 비용과 시간을 투자할 수 없을 것입니다. 이 아이디어가 성공할 것이라는 확신부터 버려야 합니다.

특히 실패에 대한 두려움 때문에 완벽한 제품을 만들어야 한다는 강박에 빠지기 쉽습니다. 하지만 MVP의 핵심은 바로 '빠른 실패'에 있습니다. 이 책에서 계속 반복해서 이야기하지만, 실패는 더 이상 두려워할 대상이 아니라 학습의 기회입니다. MVP는 고객의 피드백을 바탕으로 실패를 배우고, 빠르게 제품을 개선해나가는 과정입니다. 이 과정에서 중요한 것은 첫 시도에서 완벽함을 기대하지 않고, 작은 실패를 여러 번 겪으면서 점진적으로 나아가는 것입니다. 하지만 대다수의 창업가는 고객이 보내는 신호를 애써 무시하고 회피하면서 다가올 (혹은 이미 들이닥친) 실패를 부정합니다. 실패는 부정하거나 회피한다고 없어지지 않습니다. 결국 더 큰 시간과 비용을 실패에 쏟아붓게 됩니다. 실패를 부정하지 말고 받아들이며 더 나아지는 길을 선택하세요.

개발 및 상품화 과정은 다양합니다

구체적인 개발 및 상품화 과정은 수십, 수백 가지의 갈래로 나뉩니다. 각각의 아이템마다 특성과 요구사항이 다르기 때문에 개발 및 제작 과정도 서로 다를 수밖에 없습니다. 예를 들어, 소프트웨어 제품은 초기 단계에서 코딩과 프로토타입 제작을 거쳐야 하지만, 유형 제품은 디자인, 시제품 제작, 제조업체와의 협업 등이 필요합니다. 각각의 아이템에 대한 구체적인 개발 방법을 일일이 언급할 수는 어렵지만, 각 업종별로 간단한 제작 과정을 앞선 장들에서 정리해두었으니 다시 한번 살펴보기 바랍니다.

궁극적으로 상품화 단계에서 중요한 것은 **효율성**과 **효과성**입니다. 자원의 한계를 고려하면서도 최대한의 성과를 낼 수 있도록 창의적인 방법을 동원해야 합니다. 남들이 했던 방식을 참고하면서 새로운 방법도 추구하길 바랍니다. 지금은 중국 공장을 통한 시제품 제작이 당연해졌지만, 이전에는 대부분 국내 제조공장을 통해 시제품을 제작해 왔습니다. 많은 창업가들이 중국 공장과의 소통을 시도함으로 이제는 비교적 쉽게 중국을 통한 시제품 제작이 가능해진 것입니다. 어떤 제품이든 개발 및 제작 과정은 고정된 방식이 없습니다. 각자의 상황과 능력에 맞추어 가장 적합한 방법을 찾아가는 과정이 필요합니다.

혼자 고민하지 마세요

창업 초기 단계에서 혼자서 모든 것을 해결하려고 하면 그 과정은 비효율적일 수밖에 없습니다. 경험이 부족한 창업자는 다양한 시행착오를 겪기 마련이고, 그 과정을 빠르게 극복하기 위해서는 앞선 사람의 도움과 조언이 필요합니다. 특히 비슷한 길을 걸어본 창업자나 전문가의 조언은 꼭 받아보길 바랍니다. 여러분이 겪는 문제는 이미 수많은 사람이 수도 없이 마주한 문제입니다. 그렇기에 쉽게 해결할 수 있는 방법이 분명히 존재합니다. 그러니 혼자 고민하지 마세요.

이렇게 도움을 구하는 과정에서 오히려 조언자의 네트워크를 통해 더 나은 기회를 잡을 수도 있습니다. MVP 개발 과정에서 기술적인 문제나 마케팅 전략을 어떻게 세울지 모를 때, 멘토로부터 전문가를 소개받는 등 유용한 지원을 받을 수 있습니다. 여러분의 네트워크를 적극적으로 활용해서 다양한 의견을 듣고 알맞은 조언을 선택하는 능력을 길러야 합니다.

관련 멘토링은 주변 창업기관을 통해 다양하게 알아보길 바랍니다. 열심히 알아보고 연락하는 만큼 더 좋은 인연을 만날 것입니다. 굳이 멘토링 지원사업이 아니어도 멘토링 받을 수 있는 길은 무궁무진합니다. 여러분과 비슷한 문제를 겪었을 것 같은 분들이 보인다면 어떤 방식으로든 연락을 해보세요. 경험상 열 명 중 한 명은 여러분에게 도움의 손길을 기꺼이 내밀어 줄 것입니다(정 못찾겠으면 저희에게 도움을 청해보세요).

개발, 제작 기간은 3개월을 넘지 마세요

MVP의 성공을 위한 중요한 기준 중 하나는 '시간'입니다. 아무리 좋은 아이디어라도 그것을 실행하는 속도가 느리다면 시장에서 경쟁력을 잃기 쉽습니다. 특히 MVP는 빠르게 출시하고 피드백 구하는 것이 핵심이므로, 개발 기간은 3개월을 넘지 않는 것이 이상적입니다. 3개월 이상이 걸리는 프로젝트라면 이미 MVP의 '최소' 개념을 벗어난 상태입니다.

만약, MVP 개발이 3개월 이상 소요된다면, 초과 기능이나 불필요한 부분에 지나치게 시간을 투자하고 있는 것은 아닌지 점검해야 합니다. MVP는 '이게 맞아?'를 검증하는 것이 목적이기 때문에 모든 것을 최소 범주로 조율해야 합니다. 한 번의 제작으로 끝나지 않고 여러 번 반복될 것이기에 한 번의 도전에 많은 시간과 비용을 쓰면 안 됩니다.

누가 더 빨리 실행하는가의 문제입니다

창업은 아이디어의 경쟁이 아니라 '실행'의 경쟁입니다. 같은 아이디어를 가진 사람은 여러 명일 수 있으므로 누가 더 빨리 실행에 옮기고 시장에서 피드백을 받느냐가 승패를 가릅니다. 아무도 생각 못했을 것 같은 아이디어도 이미 누군가는 구상했던 아이템입니다. 와디즈에서 만난 메이커 중 몇몇은 이런 이야기를 합니다.

"사실 지금 펀딩에 올라온 아이템은 제가 몇 년 전에 생각했던 아이템이에요."

"제 아이템이 론칭한 지 일주일 만에 벌써 비슷한 아이템이 등장했는데 어쩌죠?"

시장은 먼저 실행하고 먼저 장악한 사람이 승리하는 곳입니다. 먼저 출시하지 못한 실행력의 문제이고, 먼저 등장했음에도 쉽게 자리를 빼앗긴다면 지금이 아닌 언제라도 빼앗겼을 수준의 얕은 경쟁력인 것입니다. 우리는 빠르게 움직이면서 동시에 남들이 쉽게 쫓아오지 못할 가치를 만들어야 합니다. 빠르게 시장에 진입하고, 그 안에서 학습하면서 아이템을 발전시켜 경쟁력을 갖춰야 합니다. 그래서 고객에게 선택받고 기억되는 첫 선두자가 되길 바랍니다.

Action Plan — **MVP 제작 계획 체크 리스트**

MVP 제작에 앞서 스스로 MVP 제작을 진행하기에 알맞은 상태인지 먼저 점검해봅시다. 아래 질문에 답하면서 안내를 따라 이동하다 보면 지금 당장 어떤 액션을 취해야 할지 명확하게 확인할 수 있습니다.

🎯 아이디어 시제품, MVP 구체화하기

Q1. 아이디어를 구체화하는 방법과 내용에 대해서 구체적으로 알고 있나요?

> **예시** 가방 시제품을 만들기 위해 국내에 어떤 공장에 시제품 제작을 요청하면 되는지, 가방 시제품 제작을 위해 어떤 자료와 디자인 문서가 필요한지, 비용과 기간은 어떻게 되는지 등을 알고 있다.

A1. Yes → (2번 질문으로 이동) / No → (3번 질문으로 이동)

Q2. 구체화에 소요되는 기간은 1~3개월 내에 가능한가요? 비교적 빠른 시간 안에 구체화가 가능한 방법인가요?

> **예시** 가방 시제품 제작의 각 프로세스마다 소요되는 기간을 알고 있으며 각 단계별로 추가적으로 시간이 늘어날 가능성에 대해 명확하게 파악하고 있는지, 전체 진행 가능한 창업 기간 중에 제작기간이 상대적으로 빠른 기간이 맞는지 등을 알고 있다.

A2. Yes → (4번 질문으로 이동) / No → (Plan A로 이동)

Q3. 아이디어와 관련된 업종 및 경쟁사의 관계자를 알고 있나요? 그 사람과 티타임 혹은 인터뷰 진행할 수 있나요?

> **예시** 가방 브랜드를 운영하는 대표 및 관계자를 알고 있거나, 가장 시제품 제작 관련 담당자(공장 관계자)를 알고 있거나. 이런 사람을 알법한 사람 등을 알고 있다.

A3. Yes → (Plan B로 이동) / No → (5번 질문으로 이동)

Q4. 시제품, MVP 제작 비용이 충분히 감당 가능한 범위인가요? 전체 여유 자금에서 20~30%를 차지한다면 큰 비용을 차지하는 것입니다(시제품 제작을 고작 2~3번 밖에 못합니다).

> **예시** 전체 운용 가능한 자본이 1천만 원인데 가방 시제품 제작에 약 200만 원이 발생한다면 더 저렴하게 제작이 가능한 시제품 제작 업체를 찾거나 혹은 시제품의 품질을 낮춰서 제작하는 방식을 고려하며 전체적인 비중을 맞춘다.

A4. Yes → (Plan C로 이동) / No → (5번 질문으로 이동)

Q5. 멘토링 및 컨설팅 지원을 해주는 기관을 알고 있나요?

> **예시** 소재지 인근의 창업 기관 및 센터, 가방 창업에 집중된 센터, 잘 모르겠다면 경쟁사 인터뷰를 통해 멘토링 및 컨설팅 관련 추천을 받아보자.

A4. Yes → (Plan D로 이동) / No → (Plan E로 이동)

Plan 모음

Plan A : 처음부터 다시 하세요.

시제품으로 구현하려는 수준이 아직 복잡하고 추상적인 단계입니다. 조금 더 잘게 조각내어서 더 간소화된 버전에 대해서 고민해보세요. 필요에 따라 경쟁사 및 관련 업종 전문가와 컨설팅 받는 것을 권장합니다.

Plan B : 부족한 정보를 전문가를 통해 확보하세요.

아직은 시제품과 관련 업계 정보가 많이 부족한 단계입니다. 관련 업계 사람들을 더 많이 만나면서 어떤 프로세스로 아이디어가 구체화되는지 더 살펴보고 알아보세요. 잘 모르는 단계에서 무작정 진행하다 보면 된통 사기를 당할 수도 있습니다.

Plan C : 바로 실행하세요.

훌륭합니다! 여러분은 아이디어를 구체화하는 방식도 명확하게 이해하고 있고, 비용도 합리적인 수준으로 보입니다. 지금 당장 빠르게 구체화해서 고객들의 반응을 살펴보세요. 지체하지 마세요.

Plan D : 창업 기관을 통한 멘토링 및 컨설팅을 신청하세요.

아직 우리는 갈 길이 멉니다. 하지만 그렇다고 해서 불가능한 것은 아닙니다. 일단 창업 기관을 통해서 도움을 요청해보세요. 알고 있는 기관에 멘토링 프로그램을 확인해보고, 없다면 좌절하지 말고 직접 전화도 해서 어떤 상황인지 이야기해보고 도움 받을 수 있는지 요청해보세요.

Plan E : 멘토링 및 컨설팅이 가능한 기관을 찾아보세요.

주변에 멘토링과 컨설팅을 지원해주는 정부 기관이 많습니다. 인터넷을 통해 멘토링 프로그램을 검색해보고 주변에 창업 관련 기관이 있는지 찾아봅니다. 한 곳씩 연락을 취해 멘토링과 컨설팅을 받아보면서 필요한 정보를 찾아보세요.

Section 4-3
사람들이 아이템에 관심을 보이지 않아요

창업이 더 진행될수록 좌충우돌 많은 사건이 발생합니다. 그중에 단연 최악의 상황은 막상 시제품을 제작해서 공개했을 때 아무도 관심이 없는 상황입니다. 그러한 상황이 발생했을 때 어떻게 대처해야 할까요? 이 절에서는 이런 경우의 대처 방법을 알아봅니다.

창업 하루 차, 짜릿하죠

창업을 결심할 때, 가슴 뛰는 기대감이 밀려옵니다. 머릿속에서 그려온 아이디어가 현실이 될 것만 같고, 성공의 가능성이 눈앞에 펼쳐지는 듯한 설렘을 느끼게 됩니다. 아마도 여러분이 창업을 선택한 이유 중 하나가 이러한 흥분과 도전의 매력 때문일 것입니다.

새로운 아이디어를 세상에 내놓고, 기존에 없던 가치를 만들어간다는 점에서 창업은 창조적인 과정입니다. 자신의 독창성을 시험하고, 시장에서 어떤 반응이 올지 상상하는 순간들은 창업 초기에 강력한 동기부여가 됩니다. 이러한 열정과 기대가 창업의 첫걸음을 내딛게 만들며, 앞으로 나아가는 원동력이 될 것입니다.

하지만 이내 곧 낙담할 것입니다

현실은 생각처럼 쉽지 않습니다. 누구나 처음에는 신선한 아이디어와 에너지를 가지고 시작하지만, 시간이 지나면서 그 에너지는 점차 소진됩니다. 일은 예상했던 것보다 훨씬 더디게 진행될 것이고 여러 어려움도 발생합니다. 그중에는 여러분이 미처 예상하지 못했던 일들도 발생하는데 그 과정에서 좌절감도 느끼고, 그로 인해 창업에 흥미를 잃게 되는 경우도 많습니다.

가장 타격이 큰 상황은 아무래도 사람들이 내 아이디어에 관심을 보이지 않을 때입니다. 아무리 훌륭한 아이디어도 사람들의 관심을 끌지 못하면 무용지물입니다. 그리고 그때부터 창업은 지옥이 됩니다. 돈과 시간도 충분하지 않습니다. 누군가에게 쫓기는듯한 압박과 부담, 사회로부터 격리된 것 같은 두려움과 조급함이 여러분을 옭아맬 것입니다. 처음에는 가슴 뛰며 시작했던 일이 이제는 무거운 짐처럼 느껴집니다. 창업을 지속하는 것은 매우 힘듭니다.

실패를 받아들이고 다시 시작하세요

이럴 때는 다시 처음부터 시작하는 수밖에 없습니다. 사람들이 무엇 때문에 관심이 없는지를 파악하고, 다시 처음부터 아이템을 구상하고 고민해서 사람들에게 보여주는 과정을 빠르게 하는 것입니다. 또한 이번 아이템을 개발하는 과정에서 나의 어떤 판단과 결정이 실패에 이르게 했는지 파악해야 합니다. 사람들이 원하지 않는 아이템을 붙들면서 마케팅 문제, 브랜딩 문제, 고객 문제 등 다른 곳에서 문제를 찾지 마세요. 얼른 더 개선할 거리를 찾아야 합니다.

실패를 맞닥뜨렸을 때의 여러분은 이미 여러분이 무엇을 해야 하는지 알고 있을 것입니다. 다만 그렇게 행동하기가 선뜻 내키지 않을 뿐입니다. 여러분은 여러분의 실패를 실패로 인정하고 싶지 않기 때문에 다른 곳에서 이유를 찾고 핑계를 대고 있을 것입니다. 저도 그랬고 많은 창업가가 그렇습니다. 여러분은 그러지 않기를 바랄 뿐입니다.

여러분의 실패는 당연한 것입니다. 시간과 비용을 투자할수록 성공하기를 바라는 마음이 커져 실패를 받아들이지 못하게 된 것입니다. 만약 여러분이 실패를 받아들이는 것이 힘들고 어렵다면 창업을 포기해도 됩니다. 계속되는 실패를 마주하는 창업의 특성과 여러분의 성향이 맞지 않을 뿐입니다. 그런데 만약, 실패 속에서 다시 또 해보고 싶은 마음이 생긴다면, 이번에는 이전의 실수를 답습하지 않고 더 나은 방식으로 잘해보고 싶은 마음이 강하다면, 아래의 글을 힌트 삼아 조금 더 해보세요. 그리고 이렇게 하겠다고 선택한 여러분에게 축하를 보냅니다. 여러분은 창업가의 DNA를 가지고 있는 것입니다.

📁 여러분이 실패한 이유의 99%는 고객을 몰랐기 때문입니다

대부분의 창업 실패는 겉으로는 여러 이유가 있어 보이지만 결국 한 가지 이유로 좁힐 수 있다고 단언합니다. 바로 고객을 제대로 이해하지 못했다는 것입니다. 우리는 종종 자신이 만든 제품이 혁신적이고 뛰어나다고 생각하며, 그것만으로도 성공할 것이라 믿습니다. 그러나 여러분은 여전히 여러분의 고객을 모르고 있습니다.

여러분의 고객들이 무엇을 필요로 했는지, 왜 그것을 필요로 했는지 완벽히 이해하지 못하고 있습니다. 고객의 생각, 행동, 생활에 대해 뼛속 깊이 들여다보고 있나요? 만약 그렇다면 고객이 그동안 익숙했던 방식, 이미 만족하는 기존 방식을 대체할 만한 강력한 이유를 제시했나요? 그저 그런 혹은 조금 더 나은 수준의 무언가를 만든 것은 아닌가요?

고객을 이해하는 과정은 쉬운 일이 아닙니다. 매번 달라지는 그들의 마음과 욕구에 대해 이해하려면 끊임없이 소통하고 연결되어 있어야 합니다. 여러분의 이번 아이템이 실패한 이유는 고객이 원하는 것이 아닌, 여러분이 원하는 아이템 혹은 여러분이 생각했을 때 멋지거나 합리적이라고 생각하는 아이템을 추진했기 때문입니다.

시장은 언제나 변합니다. 고객의 기대와 욕구, 불편과 불만족도 끊임없이 변화합니다. 여러분의 제품이 현재 고객의 요구에 맞더라도, 시간이 지나면서 그 요구는 변할 수 있습니다. 오늘은 고객이 너무 필요하니 얼른 출시해 달라고 안달할지 모르지만, 3개월만 지나도 고객의 마음은 180도 변합니다. 그러므로 고객에 대한 관심을 지속적으로 유지하세요. 그들의 피드백을 무시하지 않고, 그들의 목소리에 귀 기울여야 합니다.

📁 실패의 원인은 어렵지 않습니다. 다만 여러분이 직면하지 않을 뿐입니다

펀딩 플랫폼에는 수많은 메이커가 수많은 아이템을 론칭하고 또 실패합니다. 메이커들은 실패할 때마다 백이면 백, 모두 자신의 아이템이 아닌 다른 것에서 이유를 찾습니다.

"상세 페이지가 문제다. 마케팅이 부족했다. 노출이 안되었다. 플랫폼이 이상하다. 사람들이 뭘 모른다."

대부분의 경우, 이런 문제가 원인이 되지 않습니다. 안타깝게도 실패를 더 일찍 감지하지 못한(혹은 받아들이지 못한) 우리의 능력과 고집이 문제입니다.

실패의 원인을 파악하는 과정에서 중요한 것은 자신의 약점을 인정하는 용기입니다. 아무리 뛰어난 창업자라도 모든 것을 완벽하게 해낼 수 없습니다. 중요한 것은 실수를 인지(인정)하고 그 실수를 바탕으로 개선해가는 과정입니다. 실패를 두려워하거나 부정하는 대신, 그 실패가 무엇을 의미하는지 분석하고, 그 원인을 직면해야만 앞으로 나아갈 수 있습니다.

실패의 원인은 어렵지 않습니다. 다만 그것을 직면하지 않는 것이 문제일 뿐입니다. 여러분이 직면하지 않는 한, 실패는 계속해서 반복될 것입니다. 실패의 원인을 솔직하게 마주하고, 그 문제를 해결하려는 노력이야말로 창업가의 DNA이자 성공의 필수 조건이고 다음 단계로 넘어갈 수 있는 최소한의 자격입니다. 직면할 용기만 있다면, 여러분은 언제든지 실패를 극복하고 더 나은 길로 나아갈 수 있습니다.

📁 실패가 마냥 즐겁지 않지만 받아들여야 합니다

실패는 결코 즐거운 일이 아닙니다. 창업자는 실패를 경험할 때마다 경제적, 정신적으로 충격을 받습니다. 창업가에게 아이템은 자기 자식과도 같은 존재인데, 실패를 했을 때 충격을 받지 않는 것도 이상한 일입니다. 하지만 창업을 계속 이어가려면 실패를 당연하게 받아들일 줄 알아야 합니다.

처음부터 실패가 기본값입니다. 작게 시도하고 작게 실패하자고 한 이유는 실패를 해야지만 몸소 깨닫기 때문입니다. 여러분은 아마 이 책의 내용도 실제로 실행하지 않을 가능성이 높습니다(제 편견을 깨주기 바랍니다. 그리고 저에게 증명해주세요). 직접 실행하고 경험해야 이 책의 내용이 이해되고 학습될 것입니다. 실패를 통해서 배우는 교훈은 언제나 명확하고 그 교훈이 쌓이고 쌓여 더 단단한 창업을 이어가는 것에 도움을 줄 것입니다. 실패를 피하려고 하면, 배울 기회를 놓치게 됩니다. 중요한 것은 실패의 횟수가 아니라, 그 실패를 어떻게 받아들이고 어떻게 흡수하는가입니다.

📁 더 대단한 방법은 없습니다. 숙련될 때까지 반복하는 것만이 유일한 길입니다

창업은 끝없이 반복되는 과정입니다. 새로운 아이디어, 실험, 실패, 개선 그리고 다시 시작하는 것입니다. 많은 사람은 이 반복되는 과정이 지루하고 힘들어서 더 빨리, 더 쉽게 성공할 수 있는 '대단한 방법'을 찾으려고 합니다. 하지만 현실에서 그런 방법은 없습니다. 대단한 방법을 찾느라 시간을 낭비하는 것보다는 지속적으로 시도하고 배우는 과정이 유일합니다.

성공한 기업가들의 공통점은 그들이 더 똑똑하거나 더 창의적이기 때문이 아닙니다. 그들은 단순히 더 많은 시도를 했고, 더 많이 실패했고, 그 실패에서 배우는 것을 두려워하지 않았기 때문입니다. 실패도 실패 나름입니다. 예측되고 관리할 수 있는 범주의 실패는 위험 요소가 아닙니다. 지금도 많은 창업자들은 새로운 시장에 도전할 때마다, 실패할 가능성을 고려하고, 그 실패에서 최대한 많은 것을 배우려고 계획합니다.

📁 우아한 창업을 기대했다면, 지금의 실패에서 과감히 멈추세요

창업을 준비하는 많은 예비 창업가들은 창업을 스마트하고 우아한, 멋진 무언가로 생각합니다. 성공한 창업가들의 이야기나 그들의 화려한 삶을 보면서 창업을 꿈꿨기 때문입니다. 창업을 마음먹기만 하면 그들과 같아진다고 착각합니다. 하지만 현실은 그렇지 않습니다. 창업은 혼란스럽고 예측할 수 없는 과정입니다. 오히려 더 높은 불안감 속에서 강한 압박감에 시달리고, 사소한 문제와 갈등에 직면합니다. 끊임없이 문제가 새로 생기고 해결하려고 노력하고 종종 고통스러운 실패를 맞이합니다. 성공보다 실패가 더 잦은 현실을 직면해야 합니다. 우아한 창업을 기대했다면, 지금의 실패를 통해 그것이 환상에 불과하다는 것을 깨달아야 합니다.

만약, 지금의 실패가 너무 크게 느껴진다면, 과감히 멈추고 다시 생각해볼 필요가 있습니다. 정말로 이 혼란스러운 창업의 과정을 기꺼이 겪을 준비가 되어 있나요? 실패를 두려워하지 않고, 그 실패에서 배우고 다시 도전할 용기가 있나요? 창업이 모든 사람에게 맞는 것은 아닙니다. 정말로 이 과정을 즐길 준비가 되어 있나요?

Action Plan 실패 진단 문답지

실패는 끝이 아닙니다. 오히려 창업 과정에서 실패는 일종의 출발점입니다. 실패를 통해 얻은 교훈이 없다면, 그 실패는 단지 쓰라린 기억으로 남겠지만, 실패를 제대로 진단하고 그로부터 배운다면, 다음 단계로 나아갈 수 있는 기회를 얻게 됩니다. 그렇다면, 실패 후에 어떤 점들을 점검하고, 어떻게 다음을 기약할 수 있을까요? 체크 리스트를 활용하는 것은 이 과정에서 매우 유용합니다. 이 실패 진단 문답지는 실패를 진단하는 데 필요한 기준을 제공하고, 다음 단계로 이어지는 로드맵을 제시해줄 수 있습니다.

해당 [Action Plan]에서는 이전 [Action Plan]에서 다루었던 아이템 예시를 기반해서 실습 예시로 작성되었습니다. 프리랜서 디자이너를 위한 교육 및 코칭 프로그램 아이템을 예시로 어떤 점이 잘못되었는지 분석하는 [Action Plan] 예시를 참고해보세요.

🎯 고객을 제대로 이해했을까요?

보기에 좋은 아이템, 스마트한 아이템, 획기적인 아이템은 세상에 많습니다. 하지만 기억해야 할 점이 있습니다. 고객이 선택하는 아이템은 단연코 희귀합니다. 대다수의 창업 아이템이 실패를 맞는 이유는 고객을 제대로 이해하지 못한 상태에서 만들어지기 때문입니다. 고객이 비용을 지불할 용의가 충분한 아이템이었는지, 고객의 불편함과 필요하다고 말한 이야기 속에 숨겨진 본질은 없었는지 확인하세요.

📖 **예시**

> 내가 생각하기에 고객(프리랜서 디자이너)이 교육이나 코칭을 원한다고 판단했는데, 혹시 진짜 그들에게 더 절실했던 건 수익 안정성, 정산 시스템, 클라이언트와의 분쟁 해결 같은 다른 요소는 아니었을까?
>
> 디자인 외주 일감 소개 및 연결을 서비스의 강점이라 생각했는데, 과연 이게 고객 입장에서도 '진짜 매력적인' 포인트였는지 확인해봤을까? 단지 '소개해준다고 하니까 좋은 것 같았다' 정도였던 건 아닐까?
>
> 고객이 디자인 일을 소개받는 데 드는 비용을 부담스러워하는 건 아닐까? 지금 고객들은 일거리를 찾기 위해 어떤 플랫폼에 등록하고, 어떤 네트워킹을 하고, 어떤 수수료를 지불하며 움직이고 있는지 조사해봤을까? 그 노력과 비용 대비, 내 서비스가 충분히 더 가치 있고 매력적인 선택지였는지 자문해보자.

📖 **실습**

🎯 적합한 고객이 맞았나요?

고객의 범주는 굉장히 넓습니다. 그렇기에 한두 번 인터뷰한 것으로 결과를 단정지을 수 없습니다. 고객을 더 세분화해서 살펴봤는지 다시 한번 자문해보길 바랍니다. 제일 알맞을 것 같은 고객 집단에서 반응이 좋지 않았으면 왜 안 좋았는지 반문해보고, 다시 새로운 집단을 대상으로 아이템과 잘 맞는 고객 집단을 찾아봅시다.

📖 예시

> 처음에는 현직 디자이너를 타깃으로 무작정 인터뷰를 진행했는데, 연차별(1~3년차, 5년차 이상), 스킬셋별(UI/UX, 브랜드 디자인, 편집 디자인), 근무 형태별(프리랜서, 정규직)로 세분화해볼 수는 없을까?
>
> '현직 디자이너'라는 가정 자체가 틀렸던 건 아닐까? 오히려 경력 단절 디자이너나 디자인학과 졸업 예정자, 취미로 디자인을 해오다 프리랜서를 꿈꾸는 일반인 쪽이 더 반응이 좋은 건 아니었을까? 타깃군을 다시 조정해보자.
>
> 교육과 외주 일감을 원하는 사람이 꼭 디자이너만일 필요는 없지 않을까? 일러스트레이터, 영상 편집자, 콘텐츠 크리에이터 등 비슷한 고민을 가진 집단으로 확장해볼 여지는 없을까?

📖 실습

🎯 경쟁사와 차별화가 되었나요?

고객도 제대로 이해한 것 같고, 타깃 고객도 잘 잡았는데도 아이템이 실패했다면 아이템의 매력도 문제일 가능성이 높습니다. 경쟁사 대비 혹은 고객의 기존 방식 대비 더 나은 점이 확실했는지 자문해봅시다. 간혹 경쟁사보다 '조금' 더 나은 부분에 매몰되어 객관성을 잃는 분들도 있습니다. 그것만으로는 부족합니다. 익숙한 무언가를 대체하는 것은 매우 어려운 일입니다. 매우 어려운 결정을 하기 위해서는 그에 준하는 강력한 포인트가 필요합니다. 자신의 아이템에 그러한 요소가 있었는지 한번 되돌아봅시다.

📖 예시

기존에도 유튜브 무료 강의나 인스타그램 디자이너 계정에서 정보를 얻을 수 있었는데, 우리 서비스가 단순히 커리큘럼을 정리해준 수준이라면 고객이 굳이 비용을 지불할 이유가 있었을까?

교육 이후 외주 일감을 연결해준다고 했는데, 그 일감의 수준이나 안정성, 정산 속도 같은 부분에서 기존 외주 플랫폼보다 확실하게 좋은 점이 있었는지 다시 점검해보자.

'교육 + 외주 매칭'이라는 조합이 기존의 디자이너 커뮤니티나 단톡방, 클라우드소싱 플랫폼보다 고객 입장에서 얼마나 더 매력적인지, 그냥 '조금 편한' 수준에 그친 건 아닌지 고민해보자.

외주 일감 소개가 소규모, 단발성, 저가형 위주라면 고객들이 장기적으로 서비스에 남아있을 이유가 부족하지 않았을까? 이를 보완할 매력적인 요소가 있었는지 되짚어보자.

📖 실습

🎯 전문가의 조언을 받았나요?

현재 내가 창업을 시도하는 업계에 대해 정말 전문가라고 할 수 있는지 살펴봅시다. 해당 업계에서 개인 창업자부터 중견기업, 대기업까지 각기 어떤 방식으로 시장에 진입하고, 어떻게 비즈니스 전략을 펼치며, 무엇으로 차별화하고 있는지 충분히 알고 있었는지 돌아봐야 합니다. 이런 인사이트 없이 단순히 '이 아이템이 괜찮을 것 같다.'는 감각만으로 접근했다면, 그만큼 실패 가능성도 높아질 수밖에 없습니다. 업계 내부에서는 이미 당연한 상식처럼 통용되는 사실이나 비즈니스 구조를 모르고 사업을 시작하는 경우, 뒤늦게 놓치는 부분이 반드시 생기기 때문입니다. 지금이라도 업계와 시장의 구조, 주요 경쟁사와 차별화 전략, 고객과의 접점 방식 등을 정리해보고, 그 안에서 내가 놓치고 있던 포인트가 무엇인지 점검해봅시다.

📖 예시

> 디자인 업계는 익숙했지만, 정작 교육과 코칭 비즈니스의 구조와 운영 방식에 대해서는 거의 몰랐던 건 아닐까? 교육 업계에서는 고객 모집, 커리큘럼 설계, 교육 후 사후 관리가 어떻게 이루어지는지, 그 안에서 어떤 차별화 전략을 쓰는지 조사해본 적이 있었나?
>
> 지금 내가 뛰어들려는 교육 코칭 업계에서는 창업 초기에 어떤 어려움과 리스크, 어떤 고질적인 문제가 자주 발생하는지, 또 그걸 어떻게 해결하는지 사례나 선배 창업자 인터뷰를 통해 들어본 적이 있는가?
>
> 만약 그런 인사이트 없이 '그냥 하면 되겠지'라는 마음으로 아이템을 구성했다면, 당장이라도 교육·코칭 서비스 사업자나 업계 전문가를 찾아가 현장의 현실과 고객의 실제 요구를 다시 확인해보자.

📖 실습

🎯 창업 과정에서 어떤 방식이 올바르지 않았는지 확인했나요?

창업을 진행하는 과정에서 내가 선택한 방식과 판단이 과연 올바른 방식이었는지 스스로 점검해봅시다. 창업이 잘 안 풀릴 때 많은 사람이 시장 상황이나 고객 반응 같은 외부 요인만 탓하곤 합니다. 하지만 문제의 본질은 의사결정 과정과 실행 방식에 있었던 건 아닐지 살펴보기 바랍니다. 내가 어떤 판단을 어떤 근거로 결정을 내렸고, 그 선택이 왜 결과적으로 잘못된 방향이었는지 명확하게 짚어보는 것이 중요합니다. 문제를 외부 탓으로 돌리지 않고, 의사결정 방식과 과정 속에서 개선할 부분을 찾는 연습을 해봅시다.

📖 예시

> 고객 인터뷰를 충분히 하지 않고, 내 경험과 직감만으로 서비스 방향을 정했던 것이 문제였던 건 아닐까? 그때 조금만 더 다양한 상황에 있는 디자이너들을 만나봤다면, 이 서비스가 정말 필요했고, 또 그만한 비용을 지불할 의향이 있었을지 확인할 수 있지 않았을까?
>
> 아이템을 정할 때, '내가 생각하기에 필요할 것 같은 서비스'를 기준으로 결정한 것이 잘못된 선택이 아니었을까? 고객이 진짜 불편해하는 지점이 무엇인지, 실제 고객의 언어로 들어보려는 노력이 부족했던 건 아닐까?
>
> 처음 아이템 방향성을 확정짓는 중요한 순간에, 충분한 근거 없이 섣불리 결론을 내린 것이 이후 실패로 이어진 건 아니었는지, 다시 한번 당시의 상황과 판단 근거를 되짚어보자.

📖 실습

🎯 다음에 시도한다면 개선할 여지가 있나요?

과거의 실수를 반복하지 않을 자신이 있는지 되새기는 시간을 가져봅시다. 단순히 '다음엔 잘해봐야지'가 아니라, 구체적으로 어떤 부분을 어떻게 개선해야 할지, 그리고 추가로 어떤 시도를 해볼 수 있을지 명확하게 정리해봅시다. 같은 문제를 반복하지 않기 위해선 실행 가능한 대안과 개선 방향이 있어야 합니다. 다음 시도를 위한 나만의 개선 리스트를 정리해봅시다.

📖 예시

앞으로는 경험과 직관만으로 아이디어를 판단하지 않고, 아이디어 발굴 직후 최소 다섯 개 이상의 다양한 고객 집단을 대상으로 꼭 인터뷰를 진행해 타당성을 검증하자.

고객 반응이 괜찮다고 해서 바로 진행하지 말고, 그들이 실제로 어느 정도의 문제를 느끼고 있고, 얼마나 간절하게 해결하고 싶어하는지를 좀 더 보수적으로 확인하는 절차를 추가해보자(가능하다면 선주문을 받아보자).

인터뷰 외에도 사전 설문, 소규모 베타 테스트, 경쟁 서비스 이용 경험 조사 같은 추가적인 검증 과정을 통해 실제 시장성을 확인하는 방법을 시도해보자.

다음 시도에서는 '괜찮다.'는 피드백에만 의존하지 않고, 고객이 실제로 결제하거나 행동으로 옮기는 순간을 확인하는 MVP 테스트까지 진행한 후에 확신을 갖고 시작하는 방식으로 개선하자.

📖 실습

Part 02

Upgrade Startup

창업을 꿈꾸는 여러분에게 1부는 막막함을 구체화하는 과정이었을 것입니다. 아이템을 떠올리고, 고객을 관찰하고, 시장을 조사하며 무언가 해보고 싶다는 용기가 생겼을 겁니다. 하지만 창업의 첫 문을 열고 나면, 곧바로 다음 질문들이 기다립니다. '어떻게 팔아야 하지?', '돈은 어디서 구하지?', '브랜드는 어떻게 만들지?'

2부는 이 질문들에 대한 답변을 시작합니다. 아이템이 실제로 시장에 나오기 위해서 필요한 자본부터, 고객이 지갑을 열 수 있도록 하는 매력적인 상세 페이지, 적극적인 판매를 위한 브랜딩과 마케팅을 어떻게 시작하면 좋을지에 대한 답변입니다. 아무리 좋은 아이디어라도 실제로 생산하고 판매하기 위한 자본이나 마케팅 등 제반을 갖추지 못하면 무용지물입니다. 이를 위한 실무자 관점에서의 실전 전략을 다루려고 합니다.

그렇다고 해서 이대로 따라 하라는 정답은 없습니다. 이 책은 단순히 '이렇게 하면 잘 팔립니다.'라는 만능 공식이 아니라, 각자의 조건과 상황 속에서도 실행할 수 있는 '현실적인 선택지'를 제공하려고 합니다. 예산이 넉넉하지 않아도, 인맥이나 경험이 부족해도, 충분히 다음 단계를 만들 수 있는 방법은 존재하기 때문입니다. 자본 조달이 막막하다면 정부 지원금부터 펀딩까지 다양한 방법을 고민해볼 수 있습니다. 브랜딩과 마케팅 역시 거창한 시작보다는, 다양한 종류를 인지하고 기초부터 구상하는 것으로 시작하면 됩니다. 중요한 건 '나에게 맞는 방식'을 찾고 조금이라도 실천해보는 것입니다. 수많은 창업가를 지켜보며 느낀 점은 완벽한 정답은 없지만, 끊임없이 본인의 방법을 구상하고 시도하는 사람들이 성공한다는 것이었습니다. 당연한 말이라고 들리겠지만, 시도와 실천은 수백 번 강조할만한 부분입니다.

1부에서 아이템을 떠올리고, 시작할 마음을 심었다면 2부는 더 멀리 내다보며 나아갈 힘을 드립니다. 2부를 다 읽고 나면, 놓치고 있는 것에 대해 걱정하는 것을 떠나서, 어떻게 시작할지에 대한 구체적인 로드맵을 고민하게 될 것입니다. 아이디어가 현실이 되고, 그 현실이 브랜딩과 마케팅을 통해 매출로 연결되게끔 도움을 주려고 합니다.

Chapter 05

창업 다섯 걸음 : 자본을 조달해야 해요

창업의 다섯 걸음을 내디디며

1부에서 아이템을 구상한 뒤, 경쟁사도 조사하고, 예상되는 고정비와 변동비까지 계산했는데, 막상 시작하려 하니 "돈이 없다."는 현실에 맞닥뜨리게 됩니다.

초기 창업자 대부분은 이 지점에서 고민에 빠집니다.

광고를 해보려고 해도, 생산을 늘리려고 해도, 유통 채널을 확대하려고 해도 어쩔 수 없이 자본이 필요한 순간이 옵니다. 자본이 있어야 사업을 키울 수 있고, 키운 만큼 자본이 다시 따라옵니다. 문제는, 당장 생각해보니 충분한 자본이 없다는 것입니다.

사실 생각보다 자본을 많이 투자하며 시작하는 창업은 많지 않습니다. 물론 자본이 있으면 있을수록 좋겠지만 필수 조건은 아닙니다. 만약 자본이 필요하다 할지라도 내 상황에 맞는 자본 전략을 세우면 됩니다. 다양한 방법을 통해 자본 조달을 할 수 있습니다.

이 장에서는 현실적인 자본 조달의 경로를 하나씩 살펴보려고 합니다. 가장 많이 들었을 법한 정부지원사업부터, 비교적 쉽게 접근할 수 있는 리워드형 펀딩까지 안내합니다. 자본 조달 방법을 공부하는 건 단순히 끄덕이며 넘어가는 부분이 되어서는 안 됩니다. 직접 실행에 옮길 수 있는 원동력을 얻는 과정이어야 합니다. 자본을 두려워하지 말고, 지금 가진 범위 안에서 한 걸음씩 시도해보세요.

Section 5-1
자본은 어떻게 조달받나요

자본 조달 방법은 다양합니다. 본인이 모아둔 자금도 자본의 한 종류가 될 수 있으며, 금융권 대출부터, 엔젤 투자, 정부지원사업, 크라우드 펀딩까지 시도해볼 수 있습니다. 그중에서도 초보자 입장에서 가장 쉽게 시작할 수 있는 방법들을 조금 더 구체적으로 알려드립니다. 어렵게 생각하지 말고 시도해보는 것만으로도 사업이 구체성을 가지는 데 도움이 될 수 있습니다.

자본을 외부에서 조달받으며 시작하는 창업은 많지 않습니다

창업을 시작한다고 했을 때, 크게 고민하는 것 중 하나는 좋은 아이디어가 떠올랐는데, '그래서 창업자금은 어떻게 마련하지?'라는 의문이 들 때입니다. 하지만 현업에서 수많은 업체를 만나며 대화를 해보면 자본을 크게 조달받으며 시작한 업체는 많지 않습니다.

처음부터 엄청난 창업을 꿈꾸고 싶겠지만, 실제로는 당장 실행해볼 수 있는 수준의 창업을 진행하는 것이 현실적이며, 자금 역시 본인이 가용할 수 있는 범위 안에서 진행하는 게 좋습니다. 앞서 계속 강조했던 얘기입니다. 가장 쉽고 간편한 일부터 하나씩 도전하는 것이 좋으며, 어느 정도 사업이 구체화되었을 때 엔젤 투자나 지원사업을 알아보는 것이 현실적으로 도움이 됩니다.

그럼에도 자본을 조달받을 수 있는 방법이 있습니다

그럼에도 창업 자금을 조달받을 수 있는 여러 방법이 있고 그 방법은 크게 네 가지로 나눌 수 있습니다.

유형	내용
자기 자금	본인이 벌고 있거나 가지고 있는 자금
정책 자금	정책사업을 통한 지원금, 신용보증기금과 같은 정부 부처 자금 융자를 통한 자금 조달
금융 자금	은행, 캐피털, 사금융권에서 받는 대출
투자 자금	엔젤 투자, 벤처캐피털, 펀딩 등 외부로부터의 투자 자금 유치

▲ 자금 조달 방법

'자기 자금' 창업은 실제로 제일 많이 진행되는 자본 조달 방법입니다. 본인이 모아둔 돈, 혹은 주변 가족 등의 자금 지원을 통해 창업하는 것입니다. 직장인들은 보통 월급을 받으며 안정적으로 창업자금을 확보하면서 투잡의 형태로도 창업을 많이 시작합니다. 보유 자금의 한계로 인해 사업 초기 투자액이 제한될 수 있다는 한계점도 존재합니다.

'정책 자금'과 '금융 자금' 모두 대출의 형태를 띄는 경우가 많습니다. 대출은 창업자가 본인의 담보나 신용을 기반으로 자금을 조달하는 방법입니다. 대표적으로는 시중 은행 대출과 정부가 운영하는 정책 자금 대출이 있으며, 후자는 소상공인시장진흥공단, 신용보증재단, 기술보증기금 등을 통해 지원받을 수 있습니다. 정책 자금 대출은 일반 금융권에 비해 낮은 금리로 제공됩니다. 다만, 대출을 받기 위해서는 사업계획서, 상환능력, 담보 조건, 이자율 등을 사전에 충분히 검토해야 합니다.

성장가능성이 높은 아이템은 엔젤 투자나 벤처캐피털 투자 같이 외부에서 투자를 유치하기도 합니다. 민간 투자는 단순 자금부터 실제로 이 팀이 성장할 수 있도록 각종 지원이 병행됩니다. 한편 투자의 조건으로 창업자가 일정 지분을 포기해야 하는 리스크도 함께 존재합니다.

창업자들이 가장 관심 있어하는 부분은 당연 정책 자금과 지원금입니다. 아이템과 사업계획서만 있다면 몇 천만 원을 지원받을 수 있다는 사실은 엄청난 기회입니다. 그래서 일부 창업자들은 정책 자금과 정부 지원금이 공짜 돈이라고 인식하기도 합니다. 하지만 이렇게 생각하면 창업 본질이 희석될 수 있으므로 주의해야 합니다. 정부 지원금, 융자, 투자금 등 실제로는 특정 조건(지역 및 업종 요건 충족, 성과 지표 보고, 비용 내역 증빙 등)을 충족해야 하며, 지원 방식에 따라 상환 의무가 있을 수 있음을 유념해야 합니다.

정부지원사업에 도전해보세요

자금을 조달하는 여러 방법 중에서 정부지원사업에 관심이 거대한 만큼 이 부분에 대해서 더 자세하게 살펴보겠습니다. 매년, 매 시기마다 다양한 정부지원사업이 운영됩니다. 주로 연초(2~4월)에 많이 몰려 있습니다. 2024년도 약 3조 7천억 원이었던 창업생태계 활성화 예산은 2025년에 3조 9천억 원으로 소폭 증액되었습니다. 수도권역의 정부지원사업은 보통 경쟁률이 10:1을 넘기며, 높은 경우 50:1을 넘는 경우도 많습니다(지방자치단체에서 지원하는 사업일 경우에는 경쟁률이 조금 낮아집니다). 그러므로 경쟁률이 낮은 정부지원사업을 잘 공략한다면 다양한 지원 혜택을 노려볼 수 있습니다.

지금 여러분이 중요하게 여겨야 할 사업은 크게 두 가지로, '예비창업패키지'와 '초기창업패키지'입니다. 그 외에 다양한 지원사업은 K-스타트업(https://www.k-startup.go.kr), 기업마당(https://www.bizinfo.go.kr), 소상공인24(https://www.sbiz24.kr) 같은 웹사이트를 통해 확인할 수 있습니다.

예비창업패키지와 초기창업패키지의 가장 큰 차이는 지원 대상입니다. 예비창업패키지는 신청 시점에 사업자등록이 되어 있지 않은 순수 예비 창업자만을 대상으로 합니다. 그렇기에 경쟁 정도가 초기창업패키지에 비해 낮은 편입니다. 초기창업패키지는 실제 창업을 하고 있는 3년 이내의 기업을 대상으로 하기에 성과를 잘 내고 있는 초기 기업들과 경쟁을 해야합니다.

두 지원사업을 간단하게 정리하면 다음과 같습니다.

예비창업패키지

예비창업패키지는 창업 경험이 없거나 지원 당시 사업자등록이 되어 있지 않은 예비 창업자가 혁신적 아이디어를 기반으로 창업을 할 수 있도록 지원하는 프로그램입니다. 지원 요건은 매년 조금씩 다를 수 있기에 꼼꼼히 확인하는 것이 필요합니다.

- **요건 및 서류 평가** : 기본적인 자격(창업 이력 및 신청제외대상 검토)과 사업계획서 기반 사업성을 검토합니다.
- **발표 평가** : 1차 서류 평가를 통과한 예비 창업자를 대상으로 발표평가(약 20분)를 진행하며, 창업 의지, 아이템의 실행 가능성, 창업자의 자질과 의지 등을 종합적으로 평가합니다.
- **최종 선발 및 지원** : 최종 선정된 예비 창업자에게 초기 자금을 지원하며, 이를 통해 시제품 개발 및 사업화를 위한 준비가 가능해집니다.
- **지원 내용** : 평균 5천만 원에서 최대 1억 원의 정책 자금 및 멘토링, 교육, 네트워킹 등의 창업 프로그램을 지원합니다.

초기창업패키지

초기창업패키지는 사업공고일 기준 사업자등록 3년 이내의 초기 기업(예비 창업자도 가능)을 대상으로 합니다.

- **요건 및 서류 평가** : 기본적인 자격(창업 이력 및 신청제외대상 검토)과 사업계획서 기반 사업성을 검토합니다.
- **발표 평가** : 1차 서류 평가를 통과한 창업자를 대상으로 발표평가(약 20분)를 진행하며, 창업 의지, 아이템의 실행 가능성, 창업자의 자질과 의지 등을 종합적으로 평가합니다.

- **최종 선발 및 지원** : 최종 선정된 초기(또는 예비) 창업자에게 초기 자금을 지원하며, 이를 통해 시제품 개발 및 사업화를 위한 준비가 가능해집니다.
- **지원 내용** : 평균 7천만 원에서 최대 1억 원의 정책 자금 및 멘토링, 교육, 네트워킹 등의 창업 프로그램을 지원합니다.

정부지원사업은 세금 미납자나 회생 절차를 진행 중인 채무자 등에게는 지원되지 않습니다. 그리고 구체적인 자격요건 사항은 각 사업마다 조금씩 차이가 있으니 직접 확인해야 합니다. 그렇지만 중대한 결격 사유가 없다면 대부분 지원사업에 문제없이 지원할 수 있습니다.

정부지원사업에 선정되면 목돈을 지원받는 것은 맞지만 이 지원금은 마음대로 사용할 수 있는 것이 아닙니다. 재료비, 외주용역비, 인건비, 지급수수료 등 사용 가능한 비용 항목이 있으며 사용할 때마다 견적서를 제출하고 사용 비용을 증빙해야 합니다. 이런 이유 때문에 실제로 지원받는 돈에 비해 들어가는 인력 비용이 더 크다고 판단해서 지원사업을 더 이상 알아보지 않는 기업도 있습니다.

정부지원사업은 빠르면 1월에 공고가 나고 2월에 접수가 마감됩니다. 사업계획서 작성까지 고려해보면 1월 중에 구체적인 사업계획서 작성을 마무리한 상황에서 각 정부지원의 특색에 맞게 조금씩 변경해가며 지원하는 것을 권합니다. 2월에 접수하는 정부지원사업을 놓쳤다고 아쉬워할 필요는 없습니다. 그 이후로도 창업도약패키지, 청년창업사관학교 등 여러 형태의 정부지원사업이 꾸준히 공고되기 때문입니다.

정부지원사업의 선정 유무는 어떤 아이템인지가 중요합니다

여기까지 읽다 보면 어떻게 해야 정부지원사업에 선정될 수 있을지 상당히 궁금할 것입니다. 정부지원사업 입장에서 평가할 때는 결국 '잘 될 것 같은 아이템'을 우선적으로 선택할 수밖에 없습니다. 정부지원사업을 시행하는 기관의 목표는 지원한 기업의 매출, 고용 증대

등입니다. 그러므로 이를 핵심지표로 삼아 평가하기 때문에 실제로 성장할 수 있는 기업을 찾는 것이 그들의 핵심요소입니다. 그러므로 얼마나 재치 있고, 기술력이 뛰어난 아이템인지 설명하는 것보다 얼마나 많은 고객이 이것을 필요로 하는지 보여주는 것이 더 확실하게 지원받는 길입니다.

사업계획서를 작성할 때는 주로 아이템 소개와 아이템 개발, 기능 설명에 비중을 두고 작성합니다. 물론 이 부분에 대해서 정리하는 것도 필요합니다. 그렇지만 더 중요한 것은 아이템을 필요로 하는 고객이 얼마나 있고, 왜 이 아이템이 필요한지 검증한 내용을 구체적으로 보여주는 것입니다. 정부지원사업은 아이디어 단계의 예비 창업자를 지원해주는 낭만적인 제도가 아닙니다. 정부지원사업은 아이디어를 실제로 실행해가고 있고, 굉장히 구체적인 고객을 타깃으로 하는 열정적인 초기 기업을 도와주는 제도입니다. 그럴싸한 아이템, 괜찮아 보이는 아이템보다 확실한 고객의 요구사항이 있는 아이템이 있다면 정부지원사업에 선정될 확률이 더 높습니다.

실제로 예비창업패키지 중에는 사전 수요 조사를 토대로 일정 고객을 확보한 아이템 혹은 이미 시제품 제작을 통해서 고객 반응을 보고 후속 상품을 준비 중인 팀이 상당합니다. 그리고 그들이 더 높은 점수를 받고 지원도 받습니다. 정부지원을 받기 위해 우리가 할 일은 고객이 좋아하는 아이템을 찾고, 고객이 얼마나 필요로 하는지 정량적으로 제시하고, 이를 문서의 형태로 작성하는 것입니다.

사업계획서의 요소를 하나씩 언급해가며 어떻게 작성하면 좋을지 안내하고 싶지만 그렇게 하기에는 분량의 제한도 있고, 온라인 상에 잘 정리된 콘텐츠를 참고하면 될 것 같아 생략합니다.

정부지원사업에서 지원대상 기업을 선정하는 일은 심사위원들이 합니다. 심사위원들은 보통 경영 컨설턴트 업무를 하는 분들로 선정하는 경우가 많습니다. 특정 분야의 전문가인 경우도 있지만 보통은 제너럴리스트인 경우가 많습니다. 이들이 서류 심사와 발표 심사에서 공통적으로 보는 요소는 앞서 말했듯이 크게 두 가지입니다.

'이 아이템이 정말로 실현될 가능성이 있을까?'

'이걸 이 팀이 실행할 수 있을까?'

이 두 가지에 대해 증명할 수 있는 방법은 고객의 반응을 구체적으로 보여주는 것입니다. 예를 들어, 선주문한 고객 수를 보여주거나 협약을 맺은 파트너 업체를 보여주는 방식입니다. 그리고 실행 부분에서 관련 전문성을 강조하거나 전문성 부분이 미약하다면 미약한 전문성을 해결하기 위해 어떤 노력을 하고 외부에서 어떻게 전문성을 확보할 것인지에 대한 계획을 보여주는 것이 필요합니다.

크라우드 펀딩! 시장조사와 자금조달을 한 번에 할 수 있습니다

개인에게 투자를 받는 방법 중에서도 펀딩은 아이디어와 샘플만 있다면 자금을 조달받을 수 있는 가장 빠르고 쉬운 방법입니다.

해외의 펀딩 플랫폼으로는 미국의 '킥스타터', 일본의 '마쿠아케'가 있으며, 국내 펀딩 플랫폼 중 가장 큰 플랫폼은 '와디즈'이고, 여성향/창작자 시장이 발달한 '텀블벅', 그리고 '크라우디', '오마이컴퍼니' 등이 등이 대표적인 펀딩 플랫폼입니다.

구분	플랫폼	URL
해외	킥스타터(미국)	https://www.kickstarter.com
	마쿠아케(일본)	https://www.makuake.co.jp
국내	와디즈	https://www.wadiz.kr
	텀블벅	https://tumblbug.com
	크라우디	http://www.ycrowdy.com
	오마이컴퍼니	http://www.ohmycompany.com

▲ 펀딩 플랫폼 URL

펀딩은 선주문 후제작으로, 먼저 주문을 받고 제작을 하는 형태입니다. 아이디어를 상세 페이지로 만들어서 구체화한 후 사람들에게 홍보하고, 펀딩액이 달성되면 배송하는 형식입니다. 선정이 되어야 자금을 받을 수 있는 정부 지원금 방식과는 다르게, 누구나 마음을 먹으면 도전할 수 있기에 진입 장벽이 낮은 자금 조달 방법 중 하나입니다.

사전에 자금을 조달받을 수 있다는 점에서 의미가 가장 크지만, 새로운 상품에 자금을 쓰는 사람들이 모여있다는 점에서도 창업가들이 가장 반가운 플랫폼이기도 합니다. 누구보다 열려 있는 얼리어답터가 모여있는 플랫폼이기에 본격적으로 다른 유통 플랫폼에 진출하기 전에 시장성을 테스트해볼 수 있는 장점이 있습니다.

또한 펀딩 금액이 공개적으로 노출되기에 부담이 되기도 하지만, 반면 펀딩에 성공할 시에는 브랜딩에 큰 도움이 되며, 다른 플랫폼의 MD들도 소싱의 기준으로 삼는 플랫폼이기에, 다른 플랫폼으로 진출하는 좋은 기회가 됩니다. 다만 사람들이 펀딩 제품을 받고 당장 사용할 수 있게끔, 어느 정도 제품의 품질이 완성된 상태에서 시작하기를 추천합니다. 가볍게 펀딩을 시작하다가 CS 이슈 등 안 좋은 여론에 휩싸이는 브랜드도 많기 때문입니다.

펀딩 꿀팁 3단계를 와디즈 PD가 알려줍니다

펀딩은 가장 쉽게 누구나 자금을 조달할 수 있는 방법입니다. 그리고 와디즈 펀딩은 창업하는 사람들에게 꼭 거쳐가는 관문이라 해도 손색이 없습니다. 그러므로 여기서는 특별히 페이지를 할애해서 와디즈 PD로서 100억 원 이상의 프로젝트를 달성해오며 얻은 인사이트 중에 꼭 필요한 내용만을 담아 소개합니다.

펀딩은 크게 ① 제품 준비, ② 상세 페이지 기획, ③ 마케팅 순으로 이루어집니다.

1단계. 제품 준비

펀딩을 시작하기 위해서는 제품을 준비해야 합니다. 즉, 어떤 제품을 판매할지 기획하고 정해야 합니다. 유형 제품의 경우 펀딩은 시제품이 있어야 진행이 가능합니다.

와디즈나 텀블벅 같은 펀딩 플랫폼에서는 펀딩 제품의 안전성이나 법적 적합성을 확인하기 위해, 제품 유형에 따라 사전에 심사 서류를 요청합니다. 대표적으로 전기·전자 제품의 KC 인증서, 식품의 경우 식품위생법에 따른 신고 서류 등이 이에 해당하며, 해당 서류 없이는 펀딩 승인 자체가 불가능합니다.

또한, 무형 서비스나 콘텐츠 역시 단순 기획서만으로 펀딩을 진행하기는 어려우며, 앱이라면 SW 기능 명세서와 트라이얼 파일을, 도서라면 일정 분량 이상의 초고 같은 실제 결과물을 함께 제출해야 심사를 통과할 수 있습니다.

각 펀딩 플랫폼의 홈페이지에는 펀딩 승인 및 심사에 필요한 서류 목록이 상세히 안내되어 있으니, 본인의 제품 카테고리에 어떤 서류가 필요한지 반드시 확인하고 준비하는 것이 중요합니다.

제품 샘플과 서류가 준비되면, 본격적으로 상품, 즉 리워드를 구성합니다. 와디즈 펀딩의 경우에는 하나의 상품군만을 팔지 않고, 세트 구성이라든지, 여러 혜택을 묶어 다양한 패키지 단위로 할인율을 다르게 적용합니다. 제품 하나를 팔더라도 다양한 방식으로 패키징 해서 판매가 가능한 것입니다. 예를 들어 우산을 판다고 가정하겠습니다. 우산을 하나만 팔 수도 있지만 커플세트, 패밀리세트처럼 다양한 세트로 구성할 수 있으며, 비싸게 구성할수록 할인율을 높게 책정하여 높은 매출을 유도할 수 있습니다. 건강기능식품의 경우라면 기간별로 1개월, 3개월, 6개월 단위로 패키징해서 팔 수도 있습니다. 보통 단가가 낮은 제품, 혹은 소모품 같은 경우에는 이렇게 여러 개를 묶음으로 구성하여 매출을 유도합니다.

▲ 세트 구성의 예 ①

▲ 세트 구성의 예 ②

한편, 펀딩에 일찍 참여하는 분들에게 '슈퍼 얼리버드'나 '얼리버드' 할인으로 더 낮은 가격을 제시해 참여를 유도하는 방법도 있습니다. 구매를 확정 짓게끔 하기 위해서 빠르게 펀딩 하는 사람들에 대해 혜택을 주는 것입니다. 보통 가격 혜택으로 진행되기도 하고, 제품을 하나 더 주거나 보완재 및 이벤트 상품을 더 주는 것으로도 진행됩니다. 예전 NFT(Non Fungible Token) 전자책 펀딩을 했을 때는 빨리 펀딩을 하는 사람들, 즉 얼리버드 펀딩을 하는 사람들을 대상으로 NFT를 증정했던 적이 있습니다. 빠르게 혜택을 놓치지 않게 하여 펀딩 참여율을 높이는 유인책을 주는 것입니다. 가격을 할인해줄 수도 있지만 이처럼 가격뿐 아니라 추가적인 혜택을 줄 수도 있습니다.

전자책 클래스를 포함한 무형 콘텐츠와 서비스의 경우라면 책뿐만이 아니라 강의, 챌린지권, 코칭권, 자료집 제공 등 구성을 풍부하게 해서 리워드를 제공할 수 있습니다. 요즘은 해당 카테고리가 상향 평준화되며 단순히 책이나 강의 하나만으로 패키지를 만드는 경우는 거의 없습니다. 다양한 리워드 구성을 통해서 소비자들이 필요에 따라 원하는 구성으로 펀딩을 할 수 있게 해야 합니다.

아이템	종류	세부 종류
책	전자책, 종이책	메인 책, 특별 부록 등
VOD	클래스	VOD, 오프라인 클래스, 줌 라이브 클래스 등
자료집	자료집	PDF 자료집, 템플릿, 에셋, 엑셀 자료집 등
챌린지	1:다(多) 챌린지	일방형 챌린지, 양방 소통형 챌린지
컨설팅/코칭	1:1 컨설팅, 코칭	오프라인 코칭권, 온라인 코칭권(이메일, 카톡 등)
커뮤니티	커뮤니티 참여권	카톡방, 유료 카페 회원권, 커뮤니티 멤버십 등

▲ 무형 콘텐츠의 다양한 상품화 종류 ①

아이템	내용
챌린지권	1:다(多)를 대상으로 목표를 달성하기 위한 과제 수행
컨설팅권	1:1 혹은 1:다(多)를 대상으로 개인별 맞춤형 코칭(개인/그룹)
커뮤니티	정보 공유 및 네트워킹을 위한 오픈카톡방 혹은 카페 입장권
자료집	노하우 실행을 돕는 희귀 자료

▲ 무형 콘텐츠의 다양한 상품화 종류 ②

2단계. 상세 페이지 기획

상세 페이지는 펀딩의 꽃이라고 할 수 있습니다. 실제로 많은 MD, 창업가들에게 "상세 페이지를 잘 쓰고 싶으면 와디즈 상세 페이지를 보라."는 말도 있습니다. 실제로 다른 유통 플랫폼보다 와디즈 플랫폼의 상세 페이지에 고객들이 머무르는 시간이 다섯 배 이상이 됩니다. 기존 유통 플랫폼은 소비자가 제품을 바로 받아보고 후기를 쓰거나, 반품도 가능합니다. 그러나 펀딩 플랫폼은 후기를 참고하기 어려워 상세 페이지만 보고 결정해야 하므로 더욱 중요합니다. 따라서 상세 페이지를 작성하는 데 많은 연구를 하고, 심혈을 기울여야 합니다. 상세 페이지를 잘 쓰기 위해 꼭 기억해야 할 내용은 다음과 같습니다.

① 제품 핵심 장점을 도입부 세 번의 스크롤 안에 다 나타내야 합니다

상세 페이지는 도입부가 사실 제일 중요합니다. 도입부에서 매력을 느끼지 못하면 고객들은 스크롤을 더 이상 내리지 않습니다. 대다수의 고객들이 도입부를 읽다가 페이지를 이탈합니다. 고객들이 어떤 부분에서 반응할지, 제품의 가장 큰 USP(Unique Selling Point)를 도입부 세 번의 스크롤 안에 다 나타내야 합니다. 그 중에서도 가장 강해보이는 USP는 콘셉트로 명확하게 가져갈 수 있어야 합니다. 그 하나의 콘셉트와 콘셉트를 나타내는 확실한 언어가 판매에 결정적인 요소가 됩니다. 의미 없는 말들로 연결된 딱딱한 상세 페이지 보다는 소비자의 공감대를 건드리면서 장점에 대해 두괄식으로 간단하고 명료하게, 직관적으로 제시한 상세 페이지가 더 좋습니다.

▲ USP 예시[1]

② 제품 설명은 간단하지만 쉽게 나타내야 합니다

상세 페이지를 읽는 사람들을 5살 아이의 수준이라고 생각하고 쉽게 풀어써야 합니다. 이 제품을 수만 번 생각한 제작자와 일반 사람들의 입장은 다르므로 고객들을 아이들이라 생각하고, 가장 낮은 시선에서 봐야 합니다. 가장 친절한 언어로, 설득을 해야 합니다. 예를 들어, 아무리 첨단 기능을 갖춘 음식물 처리기라고 해도, 설명 초입부부터 인증받은 특허증들을 어려운 언어로 덕지덕지 붙이기보다는 그 시스템의 특장점을 쉽게 뽑아내서 사람들의 눈에 매력적으로 비춰지게 해야 합니다. 인증 내용과 시스템의 전문성들은 중간 부

---

[1] 출처 : 와디즈 홈페이지

분이나 하단에 자리하게끔 하는 것이 더 좋습니다. 그리고 그 시스템의 전문성을 설명할때도 하나하나, 아이에게 설명하듯 아주 친절하고 쉽게 설명해야 합니다. 어떻게 사용하는지, 언제 사용할 수 있는지, 어떤 점에서 내 삶에 도움이 되는지 아주 꼼꼼하면서도 쉽게 알려줘야 사람들은 설득되어 구매로 연결됩니다.

좋은 예시	좋지 않은 예시
국내 최초 역회전 기능 칼날을 탑재한, 6L 대용량 음식물 처리기	매일 처리하던 음식물 처리기, 피곤하셨죠? 한달에 딱 두 번만 처리하면 되는 괴물 용량 6L 음식물 처리기가 있습니다.
깔끔한 노스탑 대용량 음식 처리기 와디즈 신제품 론칭!	한 번의 걸림도 없이 대용량을 모두 순식간에 갈아버리는 음식물 처리기가 있습니다.

▲ 제품 설명의 도입부 예시

좀 더 팁을 주자면 쉬운 언어, 짧은 문장, 명확한 구성과 단어로 상세 페이지를 담백하게 제작하는 것을 추천합니다. 많은 상세 페이지 제작자들이 같은 말을 반복하거나, 본인이 하고 싶은 말을 과도하게 늘려서 하는 경향이 있습니다. 짧게 문장을 끊어서 설명해보고, 중복되는 말은 없는지 한 번씩 꼼꼼히 살펴보는 것을 추천합니다. 또 추상적인 단어보다는 피부로 느낄 수 있고 일상의 변화를 예측할 수 있는 단어를 선택해서 눈에 잘 보이게 나타내는 것이 중요합니다.

③ 예쁜 디자인보다 에지를 주는 디자인이 중요합니다

많은 제작자가 예쁘고 세련된 상세 페이지를 만드는 데 집중하지만, 와디즈에서 높은 순위를 차지하고 있는 상세 페이지들을 보면 예쁘기보다는 눈에 확 들어오는, 에지가 있는 상세 페이지가 더 많습니다. 생각보다 상세 페이지를 처음부터 끝까지 꼼꼼히 읽는 사람은 많지 않습니다. 스크롤을 크게 크게 내리면서 포인트가 있는 부분을 이미지 단위로 읽는 경우가 더 많습니다. 따라서 같은 제품이더라도 제품의 장점이 명확히 드러나는 이미지와 GIF 영상들을 배치하는 게 더 중요합니다. 이미지뿐만이 아니라 언어로 표현되는 문구들도 확실하게 디자인 포인트를 줘서 사람들의 이목을 잡아야 합니다. 정말 많은 제작사에서 이미지를 예쁘게 보이게 하기 위해 영어 문구라든지, 불필요한 워딩들에 포인트를 주는데, 제품의 장점인 USP 부분에 강조를 주는 것이 맞습니다.

그리고 도입부 주요 부분, 강점에 대해서만큼은 화면을 꽉 채우는 글씨로 큼지막하게 후킹하는 것이 좋습니다. 상세 페이지를 작성할 때 보통 컴퓨터 모니터를 이용하는데, 사람들은 핸드폰을 켜서 모바일로 구매를 합니다. PC에서는 어느 정도 적당하다고 생각했던 글자 크기도 모바일로 보면 너무 작아 보이는 경우가 많습니다. 초반 이미지는 특히 크게 작업하고, 하단 설명 부분들도 생각보다 큰 글씨로 작업한 뒤, 꼭 모바일로 미리보기를 해서 확인해야 합니다.

비슷한 맥락에서 모바일 화면은 세로이기에, 가로 이미지보다는 세로 이미지를 사용하면 화면 전체에 꽉 차게 이미지가 눈에 잘 들어오게 됩니다. GIF 이미지로 사람들의 이목을 사로잡는 것도 중요합니다. 자극적인 콘텐츠에 익숙해진 소비자들에게 정적인 이미지보다는 글씨든 제품 이미지든 GIF로 강조해주면 확실히 상세 페이지에 눈이 더 머무르게 됩니다.

제품의 특장점 역시 포인트 1, 2, 3 정도로 크게 구획을 잡고 상세 페이지에 에지를 줘가며 진행해야 합니다. 중요한 부분은 크고 굵게, 설명 부분은 강약을 주면서 글씨 크기나 이미지를 사용해 사람들을 설득해야 합니다.

▲ 일반 가로 이미지(왼쪽)와 모바일에서 꽉 차 보이는 세로 이미지(오른쪽)

④ 허위, 과장 광고를 하면 안 됩니다

상세 페이지에 기재한 모든 내용은 반드시 제품의 품질로 이어져야 합니다. 서술한 것과 제품에 차이가 있으면 안 됩니다. 과장, 과대 광고만큼 사람들의 신뢰를 잃는 건 없습니다. 예를 들어 여러 강의 콘텐츠 펀딩들이, 본인이 상세 페이지에 약속했던 내용들을 지키지 못하고 빗발치는 소비자 항의와 함께, 결국 대량 환불 사태로 이어지는 경우를 봤습니다. 지속 가능한 브랜드를 만들기 위해서라도 과장, 과대 광고만큼은 피해야 합니다. 즉, 본인이 입증 가능한 자료들로 상세 페이지를 구성한다고 생각하면 쉽습니다.

⑤ 최고의 선생님은 성공한 경쟁사입니다

사실 PD로서 상세 페이지를 디렉팅 할 때 가장 많이 말하는 것은 경쟁사의 상세 페이지를 많이 보고 오라는 것입니다. 가장 똑똑하다고 생각했던 제작사는 모니터 왼쪽에 이미 억대 펀딩을 진행한 상세 페이지를 띄워두고 그 구조대로 오른쪽에 본인 상세 페이지를 두고 흐름을 짰던 업체였습니다. 소비자의 리뷰면 리뷰, 펀딩의 특장점이면 특장점. 다른 성공한 수많은 상세 페이지에서 어떤 것들을 강조해오고, 소구했는지 면밀히 파악하고 흐름을 짜면 못해도 기본은 합니다.

카피와 벤치마킹은 다르다는 것도 유의해야 합니다. 그대로 잘된 경쟁사의 상세 페이지를 카피하게 되면 이

후에 있을 분쟁은 물론이거니와 소비자의 신뢰도 잃기 쉽습니다. 대신 경쟁사가 어떤 식으로 상세 페이지를 풀어갔는지 그 구조와 느낌을 참고하면 좋습니다. 경쟁사의 상세 페이지를 넘어 본인의 장점과 특색을 살린 좋은 상세 페이지를 만들 때 좋은 매출이 발생할 초석이 깔리게 됩니다.

3단계. 마케팅

모든 유통이 마찬가지지만 결국에는 팔지 못하면 아무 소용이 없습니다. 아무리 좋은 제품이고, 아무리 좋은 상세 페이지라도 팔지 못하면 무슨 소용이 있을까요? 펀딩을 하는 다수의 사업가가 가장 많이 착각하는 것 중 하나는 제품을 올려두면 사람들이 알아서 좋은 상품을 찾아 잘 판매될 거라는 생각입니다.

창업자 중에는 자의식이 강한 사람이 꽤나 많다고 느낀 부분이기도 합니다. 본인이 소비자일 때를 생각해보세요. 누가 후기도 없는 아이템을 성심성의껏 찾아 펀딩하려고 할까요? 펀딩 역시 하루에 수십 개, 수백 개의 제품이 올라오는 플랫폼 안에서 많은 금액을 달성하고 있는 것들, 상위에 노출된 것들, 커뮤니티가 활성화되어 있는 것들에 이목이 쏠리기 마련입니다. 물론 당연히 좋은 제품, 내가 사고 싶던 제품이 눈에 띄기도 하지만, 대부분 사람들은 남들도 많이 사는 것, 어느 정도 펀딩액이 모인 것에 집중합니다.

따라서 펀딩을 진행하려는 이들에게 가장 전달하고 싶은 내용 중 하나는 마케팅에 신경을 써야 한다는 점입니다. 돈을 내서 하는 유료 마케팅도 있고, 개인 계정을 통해 사람들을 유입하는 마케팅도 있습니다. 와디즈를 기준으로 설명하자면, (와디즈 트래픽을 통한 자연 유입을 제외하고) 유입은 크게 세 가지 경로를 통해 들어옵니다.

① 내부 광고

와디즈에는 내부 고객들을 대상으로 프로젝트를 홍보할 수 있는 내부 구좌들이 있습니다. 트래픽이 모여 있는 곳이기 때문에 광고 구좌를 판매해서 수익을 내는 구조인데, 메이커들은 이 구좌를 구매해서 노출 우위를 가져갈 수 있습니다. 실제 많은 사람이 이 경로를 통해 들어오기 때문에 광고 효과가 크다고 할 수 있습니다. 사이트의 배너라든지, 앱에 뜨는 팝업 구좌, 채널 사용자들에게 보내는 카카오톡 푸시 같은 것들이 대표적인 예입니다.

② SNS 타깃 광고

SNS 광고는 인스타그램과 페이스북을 통해 노출되는 광고입니다. 와디즈에는 비즈센터라는 광고 시스템이 있는데, 인스타그램과 페이스북을 통해 와디즈 펀딩을 해본 사람들을 대상으로 광고를 노출시키는 리타깃 광고를 포함합니다. 펀딩을 해본 사람에 대한 정보값이 있기 때문에 외부에서 전체 모수를 향해 보내지는 광고보다 광고 효율이 더 좋습니다. 가장 많이 유입이 되는 경로이기도 하고, 즉각 즉각 클릭률, 전환율이 보이므로 많은 모수들을 통해 내 제품의 반응을 측정해볼 수 있는 좋은 기회가 됩니다.

③ 자체 팬덤

마케팅 비용이 없는 사람들은 자체 팬덤을 통해 유입을 만들어 낼 수 있습니다. 본인이 운영하는 SNS 팔로워를 통해서, 혹은 기꺼이 내 책을 구매해줄 절친한 지인들도 나의 팬덤에 속한다고도 볼 수 있습니다. 내부 광고와 SNS 타깃 광고 같은 경우에는 비용이 지불되지만 자체 팬덤이 있는 경우에는 비용이 필요하지 않습니다. 따라서 메이커들에게는 늘 SNS의 필요성과 자체 팬덤을 키우기를 권하고 있습니다.

이런 다양한 경로를 통해 와디즈로 고객들이 유입됩니다. 메이커들에게는 하나의 경로만이 아닌 다양한 경로를 통해 고객들을 유치하는 것을 추천합니다. 하나의 경로만으로는 고객 유치가 어렵고 펀딩 자체가 새로운 판매 방식이므로, 다양한 시도를 해보는 것이 판매자에게 좋은 경험이 됩니다. 앞서 언급한 경로 외에도 내 제품을 구매하고자 하는 사람들이 있는 커뮤니티 등을 통해 홍보하거나, 인플루언서들을 통해 미디어 마케팅을 하는 등 자체적으로 꾸준히 다양한 마케팅 유입 경로들이 생겨나고 있습니다. 시작하는 사람들은 최대한 많은 품을 내어서 적극적으로 고객들을 찾아 나서야 합니다. 다양한 경로를 통해 사람들을 찾고 그들에게 내 제품을 홍보해야 합니다.

Section 5-2

소자본, 무자본 사업으로 가볍게 시작하세요

애초부터 자본이 적게 들어가는 사업을 설계하는 것도 방법입니다. 사실 직장인이 창업을 하려고 하면, 자본이 들어가는 것에 대한 부담이 굉장히 큽니다. 그러므로 소자본이나 무자본으로 창업을 시작할 수 있는 일로 창업을 시작해보는 방법이 있습니다. '본인의 재능을 서비스화하는 사업', '트래픽을 모으는 사업', '비교적 소자본으로 할 수 있는 사업'을 찾는 것입니다.

본인의 재능을 서비스화하는 사업

첫 번째는 본인의 재능을 서비스화하는 사업입니다. 물론 본인의 서비스를 알리는 데 있어서 홍보비가 들 수도 있지만, 거의 인건비로 시작하는 사업인 만큼 내가 준비해야 하는 기초 자본은 확실히 적게 듭니다.

디자인 프리랜서처럼 시작해서 사업이 확장되어서 주변에 사람들을 뽑고 에이전시를 키우는 경우가 있습니다. 와디즈에서 일하며 다양한 디자인 프리랜서들과 기획자들이 일거리가 많아지면서 본인의 에이전시를 차리는 걸 봤습니다. 또 영상이나 광고 글쓰는 외주를 받다가, 혹은 프리랜서 마케팅을 진행하다가 일거리가 많아지면서 아예 사업체를 꾸리기도 하는 사례들도 있습니다.

해당 분야 같은 경우 본인의 자사몰을 오픈할 수도 있지만 일감이 들어오게 하려면 유명 플랫폼들에 수수료를 내고 입점하거나, SNS을 키우는 방법을 쓰는 것이 처음에는 안정적입니다. 처음 시작하는 경우 손님 하나하나의 입소문을 타서 커가는 경우가 많기 때문에 최선을 다한 서비스와 좋은 후기들을 쌓아나가는 게 중요합니다.

트래픽을 모으는 사업

아예 자본이 필요하지 않은 분야의 사업도 있습니다. 트래픽을 모으고 그 트래픽에 맞는 광고라든지, 홍보 협찬 등으로 수익을 얻는 경우입니다. 보통 SNS로 시작합니다. 대표적인 사례로는 네이버 블로그에 글을 쓰거나, 티스토리를 한다거나, 인스타그램을 키워서 공동구매를 하는 것들이 있습니다. 평범한 사람들이 유튜버로 성장해서 큰돈을 버는 것도 심심치 않게 볼 수 있습니다. 누구나 스마트폰과 노트북만 있다면 쉽게 시작할 수 있다는 장점도 있습니다.

네이버 블로그만을 예시로 들자면, 수익화 방법만 해도 다양한데, 체험단을 통해 서비스를 무료로 협찬받는 경우, 블로그 원고를 써서 원고료를 받는 경우, 광고가 붙여지는 애드포스트를 통해 광고비를 받는 경우 등이 있습니다. 더 나아가서는 본인의 제품을 만들고 트래픽을 통해 팔 수 있어서 블로그 마켓이나 공동구매 형태로도 진화합니다. 트래픽만 잘 모으더라도 할 수 있는 수익화의 종류가 많은 것입니다. 유튜브 같은 경우에도 유튜브를 통해 조회수에 따라 광고 수익을 받는 방법도 있지만, 협찬을 받거나, 아니면 자체 상품을 만들어서 파는 등 다양한 수익화 모델이 있습니다.

트래픽을 모으려면 꾸준한 SNS 채널 관리가 핵심입니다. 매일 글을 쓰고, 공유나 저장을 불러일으키는 콘텐츠를 만드는 등 사람들이 찾아오게끔 하는 노력이 필요합니다. 최근에는 관련 강의가 많아, 사람들이 채널을 찾게 하는 방법을 배우는 건 크게 어렵지 않지만 꾸준히 하려는 노력은 생각보다 어렵습니다. 분명한 건 트래픽을 모으는 사업 종류를 택하지 않더라도, 사업을 하기 위해서는 SNS가 필수인 시대가 왔고, 개인 SNS를 하나쯤은 보유하고 있는 게 좋습니다.

비교적 소자본으로 할 수 있는 사업

아예 처음부터 자본이 크게 들지 않는 분야의 사업이 있습니다. 앞에서도 언급했지만 도매몰에 있는 제품을 가져다가 소량의 마진을 남기고 판매하는 위탁 판매의 형태가 대표적입니다. 이 경우에는, 정말 소자본으로 시작이 가능하며 재고에 따른 위험 부담이 없습니다. 주문이 들어오면 공급사에 직접 주문을 넣고, 발송까지 해주는 형태이기 때문입니다. 다만 붙여지는 마진이 적으므로 최저가로 승부를 봐야 한다는 단점이 있습니다.

이외에도 여성 창업자들이 많이 진행하는 꽃집이나 떡케이크 집 같은 경우에는 사실 소자본으로 가능한 사업입니다. 청소 대행 서비스업, 반려 동물 돌봄 대행, 돌상 대여 등 다양한 서비스를 상품화할 수도 있습니다. 간단한 제품이나 서비스를 제공하는 사업들은 작은 공간을 임대하거나 심지어 집에서도 충분히 시작해볼 수 있습니다. 소자본 창업은 큰 자본이 없는 사람도 충분히 창업이 가능하다는 것을 보여주며, 본인의 취향이나 강점을 살려 브랜딩할 수 있다는 점에서도 매력적입니다. 리스크를 줄인 채 작게 시작해보고, 반응에 따라 점차 사업을 확장해나갈 수 있습니다.

Chapter 06

창업 여섯 걸음 : 브랜딩과 마케팅 기초도 필수예요

창업의 여섯 걸음을 내디디며

제품과 콘텐츠, 서비스를 만들고 나면, 이제 이 잘 만든 제품과 서비스를 알려야 하는 단계가 옵니다. 많은 제조사에서 하는 고민 중 하나는 '물건은 좋은데 어떻게 잘 팔지 모르는 경우'입니다. 그래서 다양한 플랫폼을 쓰고, 돈을 들여가며 홍보를 합니다. 하지만 사실상 제대로 된 공부를 해서 사람들을 모아두지 않으면 좋은 제품은 어쩌다 반짝 잘 팔릴 수는 있어도 결국엔 브랜드 자체로 성공하지 못하게 됩니다. 너무 많은 물건이 쏟아져 나오고, 사실상 아예 새로운 아이디어는 없다시피 한 요즘에는 결국, 마케팅과 브랜딩에 의해서 지속 가능한 사업의 성패가 결정 난다고 해도 과언이 아닙니다. 이제 이처럼 중요한 마케팅과 브랜딩의 가장 기초적인 부분에 대해 함께 살펴보겠습니다.

그 전에 초보자들을 위한 브랜딩은 거창한 로고나 광고 캠페인을 세우는 것이 아니라는 것을 알아야 합니다. 마케팅과 브랜딩은 아이템의 차별점과 창업자의 아이덴티티를 떠올리는 것에서부터 시작합니다. 이런 차별점과 아이덴티티를 언어로 만들어내고, 이미지화시키며 SNS로 확장시키는 것이 브랜딩의 시작이라고 봅니다. 마케팅 역시 마찬가지입니다. 돈을 쓰는 마케팅과 돈을 쓰지 않고도 가능한 마케팅으로 나눠서 실무자 입장에서 현실적으로 가능한 마케팅을 종류별로 알려드립니다. 바로 진행이 가능한 실제 방법들을 알려주는 것에서부터, 기본적으로 마케팅단에서 쓰이는 지표들을 알려주며 기초를 다잡습니다.

창업 초기에 마케팅과 브랜딩은 너무 어렵게 느껴질 수 있습니다. 무언가 거창한 걸 해야 할 것 같고, 경험 없이는 시작조차 못 할 것처럼 보이기도 합니다. 하지만 사실 고객에게 내 아이템을 알리고 다가가는 첫 걸음, 한 걸음부터 시작합니다. 작은 예산, 작은 채널이어도 충분합니다. 모든 성공한 브랜드들도 같은 시작을 겪었습니다.

이 장을 통해 어떻게 브랜딩과 마케팅의 첫 단추를 꿸 수 있을지 같이 살펴보겠습니다.

Section 6-1

브랜딩은 무엇이고 어떻게 하나요

좋은 아이템을 만들었다면, 이제는 그 가치를 어떻게 인식시키느냐가 중요합니다. 브랜딩은 수많은 아이템 중 내 아이템이어야 하는 이유를 만들어주는 전략이며, 경쟁자와 나를 구분 짓는 기준입니다. 고객들에게 어떻게 내 아이템을 인식시킬 것인지, 더 나아가 어떻게 고객들을 내 팬덤으로 만들 것인지 고민해보는 시간이 될 것입니다.

아이템은 있는데 마케팅과 브랜딩은 어떻게 하면 되나요

마케팅과 브랜딩이란 대체 뭘까요? 일단 목적을 구분하면 좋습니다. **마케팅은 팔리게끔 하는 모든 활동, 브랜딩은 인지시키게끔 하는 모든 활동**이라고 생각할 수 있습니다. 브랜딩과 마케팅은 어느 하나가 별개로 진행되지 않고, 두 가지가 긴밀하게 상호작용을 합니다. 마케팅을 진행할 때 브랜딩된 이미지를 알리면 마케팅 효과가 상승하고, 이미지를 각인시키는 브랜딩 역시 마케팅 활동을 통해 강화됩니다.

두 가지를 구분하지 않는 사람도 많습니다. 방법적으로는 두 활동이 비슷하기 때문입니다. 요즘은 보통 TV 매체도 매체지만 인스타그램, 유튜브와 같은 소셜미디어를 통해 브랜딩과 마케팅을 하는 경우가 많습니다. 본인 아이템의 히스토리, 만들어지는 과정 등을 릴스로 제작해서 SNS에 올리는 경우도 있고, 아이템 이미지 컷이나 인플루언서 협찬 등을 통해 브랜딩과 마케팅을 하는 경우도 많습니다. 이 외에도 블로그, 티스토리, 구글애즈 등 내 아이템을 알리는 다양한 방법이 있고, 이를 통해 브랜딩, 마케팅이 진행됩니다.

물론 모든 창업의 핵심은 아이템이기에, 브랜딩과 마케팅에 집중한 나머지 근본을 놓치면 안 됩니다. 좋은 아이템, 그다음이 브랜딩과 마케팅입니다. 판매 방식을 익혀두었다는 것을 전제로 했을 때 어떤 식으로 브랜딩과 마케팅까지 큰 그림을 완성할지 생각하면 됩니다.

브랜딩부터 시작해보세요

내 아이템을 알리고 싶은 사람들이 "마케팅과 브랜딩 중 무엇부터 진행하면 좋을까?"라는 질문을 한다면, '브랜딩'이라 대답합니다. 물론 "브랜딩 하자!"라고 해서 하루아침에 브랜딩이 되는 것은 아닙니다. 다만 브랜딩이란 브랜드의 이미지를 잡는 과정이 있기에 장기적 관점으로 보았을 때 아이템을 파는 것보다 선제되어야 합니다. 브랜딩이라는 뿌리를 가지고 마케팅을 진행했을 때, 시너지가 날 수 있기 때문입니다.

브랜딩은 쉽게 말해 이미지를 각인시키는 활동입니다. 어떤 브랜드를 떠올릴 때 일정한 이미지를 떠올리게끔 만드는 것입니다. 예를 들어 '애플' 하면 혁신이 떠오르고, '나이키' 하면 도전이 떠오릅니다. 다른 브랜드 없는 제품들과 비교해 애플과 나이키 제품들을 구매할 때 굉장히 잘 만들어진 프리미엄 제품을 구매하는 느낌 그리고 이 제품과 나의 이미지가 동일시되는 느낌을 받은 적이 있을 것입니다. 잘 만들어진 브랜드는 제품을 구매하기 이전에 특정 이미지와 느낌이 떠오르고, 그 브랜드를 구매함으로써 나도 브랜드의 가치와 동일시되는 경험을 얻게 됩니다. 따라서 브랜드는 비즈니스에서 굉장히 핵심적인 요소이며, 브랜드가 가진 이미지와 가치는 소비자들의 구매 결정에 큰 영향을 미칩니다.

사람들은 같은 사양의 검은색 반팔티 제품이어도 중국 알리바바 사이트에서 판매하는 티셔츠가 아닌, 분위기 있는 메이커 브랜드에서 만든 티셔츠를 사게 됩니다. 실제로 둘은 같은 공장에서 만든 것일 수도 있는 데 말입니다. 이렇듯 같은 제품일지라도 브랜드를 씌우게 되면 그 제품의 값어치가 달라질 수 있습니다. 즉, 브랜드에 대한 이미지를 가질 수만 있다면 소비자들이 제 발로 찾아오게끔 하는 효과를 얻을 수도 있습니다. 예를 들어, 스킨케어나

화장품 제품을 생각해보세요. 동일한 성분과 효과를 가진 제품이라 하더라도, 유명한 브랜드인 맥, 입생로랑, 샤넬 등에서 나온 립스틱은 소비자에게 더 높은 신뢰를 얻고 먼저 찾아오게끔 할 수 있습니다. 반면, 동일한 성분을 사용한 일반적인 제품은 저렴한 가격에 판매될 수 있지만, 브랜드의 인지도나 이미지가 부족하여 소비자들이 선택하지 않는 경우가 많습니다. 브랜드가 제공하는 이미지는 소비자의 구매를 유도하는 중요한 요소가 됩니다.

유명한 브랜드의 예시가 초보 창업자의 입장에서 와닿지 않는다면, 최근 유행하는 '추구미'[1]라는 단어를 떠올려보는 것도 방법입니다. 내가 어떤 모습으로 비춰지길 원하냐에 따라 우리는 그 추구미에 맞춰 옷을 입고 꾸미게 됩니다. 브랜드도 마찬가지입니다. 어떤 식으로 보여지길 원하는지에 따라 나의 모습을 드러낼 수 있습니다. 이름부터, 소개 문구, 패키징과 홍보에 쓰이는 다양한 이미지들이 이런 브랜딩의 요소가 됩니다.

따라서 내 아이템을 팔기 이전에, 나는 이 아이템을 통해 대상 고객에게 어떤 이미지를, 어떻게 각인시킬지를 생각하면 좋습니다. 만약, 브랜딩 없이 마케팅만 진행하게 된다면 어떤 식으로 소구를 해야 할지 갈피를 못 찾고 계속 방향을 잃은 채 단기성 판매에 그치게 될 수도 있습니다.

브랜딩은 SNS로 누구나 할 수 있습니다

브랜딩은 언어와 이미지, 영상으로 구현되어 그것들을 통해 만들어진 이미지와 느낌으로 인식됩니다. 예를 들어, 우리가 수많은 아웃도어 브랜드 중 겨울 패딩을 산다고 생각해보겠습니다.

아웃도어에는 K2, 노스페이스, 코오롱, 디스커버리 등 다양한 브랜드가 있고 각 브랜드에서 판매하는 패딩마다 들어가는 충전재나 패딩의 기능, 디자인 역시 모두 차이가 있습니다. 이 외에도 유니클로부터 버버리, 몽클레어 등 가격대별로도 따뜻한 패딩은 천차만별로 있

---

[1] "추구하다"와 아름다움을 뜻하는 한자어 '미(美)'를 결합한 신조어로, 자신이 이상적으로 여기는 스타일, 이미지, 등을 뜻합니다.

습니다. 그런 상황에서 우리는 어떤 기준으로 패딩을 구매할까요? 아마도 각자가 가지고 있는 브랜드에 대한 이미지를 통해 선택하게 될 확률이 높습니다.

젊고 스포티한 느낌을 선호한다면 노스페이스, 명품이 주는 고급스러운 이미지를 원한다면 버버리 패딩을 선택할 수 있습니다. 브랜드들은 이런 결정의 순간에 사람들의 뇌에 본인 브랜드의 긍정적인 느낌을 심어주기 위해 노력합니다. 브랜드 아이덴티티를 로고에 심고, 다양한 카피를 활용해 TV 광고를 하기도 하며, 유명 모델들을 섭외하거나, 인플루언서들에게 협찬을 하는 등 다양한 방식으로 브랜딩 활동을 하게 됩니다.

그렇다고 어렵게 생각하지 않아도 됩니다. 우리가 일상에서 보는 크고 작은 많은 브랜드들이 브랜딩을 하고 있습니다. 특히 인스타그램과 같은 SNS는 가장 쉽게 발견할 수 있는 브랜딩 경로입니다. 캠핑, 주방용품 브랜드 800도씨(https://800c.co.kr)의 경우에는 SNS 소개글에 '좋은 제품을 만드는 최적의 온도, 800도씨'라는 브랜드 캠페인명과 함께, '캠핑 & 무쇠주방/건강한 주방용품 제작 전문'이라는 문구를 게시했습니다. 그리고 꾸준히 제품 영상을 포함해 릴스, 스레드 등 다양한 콘텐츠를 게시하고 있습니다. 실제로 이 제품들은 튼튼하고 잘 만들어진 캠핑, 주방용품들로, 좋은 원료로 만들어 걱정 없이 사용할 수 있는 품질을 자랑합니다. 실제로 800도씨 용품들을 경험해본 많은 사람은 제품명, 브랜드명과 걸맞은 품질에 감탄하며 굳건히 팬이 되어서 다양한 제품들을 고정적으로 소비하고 있습니다.

그렇다면 초보 창업자들이 가장 간단하게 할 수 있는 브랜딩은 무엇일까요? 유명 브랜드들처럼 인플루언서나 연예인을 쓰기는 당연히 힘듭니다. 대신 본인이 브랜드에 대한 철학을 세우고, 그것을 언어나 이미지로 정의한 뒤, SNS를 활용해 그에 맞는 브랜딩 노력을 꾸준히 하면 됩니다.

제품이 만들어지는 과정을 릴스로 만들어 SNS에 올리거나, 그 과정에서 얻은 팁을 사람들과 공유하는 등 다양한 방식을 통해 사람들에게 브랜드를 알리면 됩니다. 혹은 블로그를 만들어서 본인의 이야기를 쓰거나, 사람들에게 알리고 싶은 제품의 히스토리를 남길 수도 있습니다. 실제로 찰리 푸스Charlie Puth[2]는 무명 시절부터 본인이 곡을 만드는 과정을 SNS에 올려 지금의 자리까지 오게 되었습니다. 어렵지 않습니다. 우리는 매일 SNS를 쓰고 있고, 이 내용을 본인의 브랜드 이야기로 돌리면 됩니다. 누구나 시작할 수 있고 누구에게나 브랜딩의 기회가 열려있습니다.

제품을 판매하기 전부터 브랜딩을 하면 좋은 이유

제품을 판매하기 전부터 브랜딩을 해뒀을 때 좋은 이유는 무엇보다 제품을 구매할 사람들을 어느 정도 모으고 시작할 수 있다는 것입니다. 광고비를 쓰거나 직접 판촉을 하는 마케팅과는 다르게, 나의 제품에 관심이 있거나, 나에게 관심이 있던 사람들은 내가 제품을 냈을 때 이미 예비 구매자의 형태로 제품을 구매할 준비가 되어 있습니다. 적어도 마케팅이 시작되며 광고를 접했을 때, 내가 믿고 지지하던 브랜드의 제품이라면 한 번이라도 더 클릭하게 됩니다.

브랜딩 철학을 한 마디로 정의해보세요

브랜딩은 내가 이 일을 왜 시작했는지, 어떤 가치를 전달하고 싶은지를 스스로 이해하는 데서 출발합니다. 이를 '브랜딩 철학'이라 부르지만, 처음부터 완성된 철학을 갖고 시작하는 브랜드는 거의 없습니다. 무신사도 처음에는 스트리트 패션 커뮤니티였고, 마켓컬리도 샛별배송이라는 기능 중심의 서비스에서 출발했습니다. 이들은 정교하게 완성된 브랜딩 철학을 가지고 출발했다기보다, 제품이나 서비스에 대한 소비자의 긍정적인 경험을 통해서 점차 자신만의 브랜딩을 굳건히 해왔습니다.

초보자에게 브랜딩은 어렵고 막연하게 느껴질 수 있지만 핵심은 간단합니다. 내 제품이 왜 필요한지, 어떤 점이 돋보이는지, 무엇이 경쟁 제품과 다른지를 분명하게 아는 것. 이 질문에

---

2 찰리 푸스와 관련해서는 그의 유튜브(https://www.youtube.com/@charlieputh)를 참고하기 바랍니다.

대한 답을 언어로 정리할 수 있다면 이미 브랜딩을 시작한 것이나 마찬가지입니다.

브랜딩을 위해 꼭 거창한 로고나 슬로건부터 만들 필요는 없습니다. 제품의 이름, 상세 페이지 문구, 광고 문장 하나하나가 브랜드를 만들기 시작하는 첫 언어입니다. 중요한 것은 '기능'을 말하는 것이 아니라, 그 기능이 주는 '효용'에서 출발합니다. 기능은 단순한 스펙이고 후에 경쟁 브랜드가 나왔을 때 대체가 가능하지만, 효용은 사람들에게 이 브랜드여야만 하는 특정 인식을 심어줍니다.

예를 들어 해충 퇴치제를 만든다고 할 때, 단순히 '강력한 살충 효과'라고 말하는 대신, '잠든 아이를 깨우지 않는 여름밤 지킴이'라고 표현하면 소비자를 생각하는 브랜드의 마음이 드러납니다. 단순한 기능이 아니라, 우리 가족을 배려하는 브랜드라는 브랜드 철학이 함께 생성되는 것입니다. 이런 효용 중심의 문구들에 소비자는 공감하며 제품을 기억하게 됩니다.

창업 초보자에게 브랜딩은 표현하고 실천하는 과정에서 발견될 수 있습니다. 처음부터 완벽해지려고 하기보다 내가 만든 제품이 누구에게, 어떤 방식으로 도움이 되는지를 진심으로 고민하고 말로 정리해보세요. 그것이 브랜딩의 출발점입니다.

무형 콘텐츠나 서비스, 심지어 사람도 브랜딩이 필요합니다

무형 콘텐츠 혹은 서비스, 그리고 이걸 판매하는 사람까지도 마찬가지로 브랜딩이 필요합니다. 이제 '퍼스널 브랜딩'이라는 말을 모르는 사람은 거의 없을 것입니다. 이제 아이템만이 브랜드를 가지는 세대는 지났고 개인마다 본인을 브랜딩하기 시작했습니다. 그리고 아이템과 마찬가지로 개인의 철학에 동의하는 사람들이 그들의 아이템과 콘텐츠, 서비스를 구매합니다.

와인을 리뷰하는 유튜브 채널 〈WineLibraryTV〉에서 시작해 수천 억 원 규모의 마케팅 회사를 운영하게 된 게리 바이너척Gary Vaynerchuk이 대표적인 사례입니다. 그는 약 4천만 명의 SNS 팔로워를 보유하고 있는 세계 최고 수준의 마케팅 전문가입니다. 최근 몇 년간 한국에서도 그의 책이 출판되고 '믿고 사는 게리 바이너척'이라는 이야기를 들으며, 그의 출간작은 베스트셀러 반열에 올랐습니다.

그는 '진정성'이라는 명확한 가치를 바탕으로, SNS 콘텐츠를 통해 자신을 브랜드화했습니다. 사람들은 그의 책을 읽고 강의를 듣고 제품을 구매하기에 앞서, 그의 철학에 공감합니다. 그는 이제 유명인이 아니어도 퍼스널 브랜딩을 통해 원하는 비즈니스를 할 수 있는 시대라고 말했고, 실제로 자신의 행보를 통해 퍼스널 브랜딩의 좋은 예시를 몸소 보여주고 있습니다.

무형 콘텐츠와 서비스 역시, 제공하는 사람에 대한 이미지가 판매와 연결됩니다. 제품이나 서비스 유형과 관계없이 브랜딩은 필수적입니다.

브랜딩은 팬덤이 됩니다

절대로, 모든 브랜드는 좋은 아이템만으로 완성되지 않습니다. 아이템 자체가 필수 요소이기는 하지만, 이 아이템이 큰 수익을 얻으려면 많은 사람에게 알려지는 것이 중요합니다. 브랜딩이 되지 않고, 팬덤이 없는 업체가 자사의 아이템을 알리려면 마케팅에 돈을 써야 합니다.

와디즈에서 PD로 일하며 매출을 낼 때, 성공하는 브랜드들의 공통점을 정리해본 적이 있습니다. 잘 되는 브랜드들은 고객을 유입시킬 때 유료 광고, 이를 테면 SNS나 내부 구좌를 통해 성공하기도 했지만, 외부에서 본인의 기존 팬덤을 가지고 왔을 때 많은 이윤을 남겼습니다.

예를 들어, 50만 유튜버가 와서 본인의 제품을 파는 것과 아무런 SNS도 보유하지 않은 사람이 제품을 파는 것은 시작점이 다릅니다. 나와 내 브랜드를 믿어주는 50만의 팬은 초기 구입자가 되며, 나의 제품을 바이럴 마케팅해주는 지원군이 됩니다. 초기에 긍정적인 후기가 쌓이는 것을 통해 새로운 소비자들도 몰리게 됩니다.

미국의 미래학자 케빈 캘리는 "당신이 창작자로서 생계를 유지하려면, 단 1천 명의 '진짜 팬'만 있으면 된다."라고 말했습니다. 그래서 제품을 잘 파는 사람들은, 제품을 준비하면서 구매할 '사람'을 동시에 준비하는 것입니다.

팬덤은 결국 브랜딩의 산물이기도 합니다. 평소 꾸준한 소통과 이미지를 관리해온 결과물입니다. 팬들과 소통하고, 본인의 이미지를 알리는 꾸준한 활동을 해야 합니다. 이 과정은 하루아침에 일어나는 것이 아니고, SNS처럼 본인의 브랜드와 적합한 매체를 선정해서 꾸준한 활동을 통해 알려야 합니다.

브랜딩은 SNS로 완성하세요

본인의 브랜딩 철학, 아이덴티티가 설정되고, 예쁜 로고와 상세 페이지를 만들었다고 해도, 알려지지 않으면 무용지물입니다. 당연히 많이 알려야 브랜딩이 됩니다. 브랜딩을 할 수 있는 방법은 다양하지만, 그래도 브랜딩에 가장 쉽고 많이 쓰이는 건 SNS입니다.

그렇다면 수많은 SNS 중 가장 효과가 좋은 것은 무엇일까요? 어떤 내용을 올려야 할까요? 답은 없습니다. 그리고 지금 이 시점에도 SNS 트렌드는 끊임없이 변하고 있습니다. 다만 근래에 전반적으로 어떤 SNS 방법이 효과적이었는지, 그리고 잘 변하지 않는 SNS의 핵심 로직은 무엇인지 살펴보겠습니다.

📁 다른 성공한 SNS들을 먼저 공부하세요

브랜딩을 위해서는 어떤 내용으로 SNS를 올려야 할지부터가 막막할 겁니다. 콘텐츠의 종류는 다양합니다. 브랜드의 로고나 예쁘게 찍은 제품 이미지를 올릴 수도 있고, 제품을 만드는 과정을 올리며 소통하는 경우도 많고, 그 과정에서 얻은 인사이트를 올리는 사람들도 있습니다. 브랜딩을 위한 SNS 활동은 사람들과 소통하는 것이 핵심이기에 사람들이 어떤 콘텐츠에 반응할지를 생각하며 콘텐츠를 만드는 걸 추천합니다.

하지만 지금 여기서 가장 추천하는 방법은 따로 있습니다. 이미 성공한 레퍼런스를 많이 보라는 겁니다. 유명 숏폼 제작 업체와 미팅을 하며 들었던 내용 중 가장 인상 깊었던 건, 성공하는 콘텐츠를 만드는 가장 빠른 지름길은 기존 잘 된 레퍼런스의 구조를 가져와서 본인 콘텐츠로 만드는 거라는 이야기였습니다. 이는 명백하게 카피와 다른 부분인데, 구조를 차용하는 것입니다.

예를 들어, 한때 어떤 여성이 남자 사람 친구에게 고백하는 영상이 외국에서 유행이었습니다. 그리고 얼마 지나지 않아 한국에서도 해당 영상의 구조와 동일하지만 내용은 조금씩 다른 한국 영상들이 퍼졌습니다. 물론 영상들은 엄청 빠른 속도로 호응을 얻었습니다. 국가와 성별, 연령대를 넘어 사람들이 보편적으로 열광하는 영상들에는 공통점이 있습니다. 사람들의 호기심을 자극하고, 공감을 이끌어냅니다. 물론 이를 위해 창의적이고 새로운 아이디어를 내는 것만큼 좋은 건 없지만 초보자들이 어떤 걸 해야할지 모를 때, 가장 빠른 결과물을 만드는 건 '참고'의 과정입니다. 어떤 콘텐츠들이 많은 호응을 얻는지, 호기심을 유발시키는지 경쟁사의 콘텐츠, 혹은 경쟁사가 아닐지라도 이미 인기가 많은 콘텐츠들을 참고해서 업그레이드된 본인의 콘텐츠를 만들기를 바랍니다.

📁 숏폼이 대세입니다

콘텐츠의 길이는 점점 더 짧아지고, 임팩트 있는 내용만이 담깁니다. 호흡이 긴 영상, 글을 다루는 책, 영화와 드라마 플랫폼의 성장세는 하락하는 반면, 다양한 온라인 플랫폼에서 너도나도 숏폼 서비스를 넣기 시작했습니다. 30초에서 1분가량 되는 숏폼이 성행하고 있습니다. 같은 시간을 들여서 콘텐츠를 만들어도 짧은 시간 내에 임팩트 있는 내용이 집약되어

들어가는 숏폼이 성장하는 것입니다.

실제로 많은 글을 쓰고 해시태그를 인스타그램에 걸어도 노출이나 '좋아요' 수가 한정되는 반면, 숏폼은 짧은 시간 내에 훨씬 더 많은 사람에게 노출됩니다. 영상 소재가 자체가 사람들에게 노출되는 노출량 자체가 더 크기 때문입니다. 대표적인 숏폼 콘텐츠 중심 플랫폼에는 인스타그램, 유튜브, 틱톡이 있습니다.

숏폼은 워낙 파급력이 좋아서 최근 가장 인기가 있는 브랜딩, 마케팅 방식으로 사용되고 있습니다. 누구나 만들수록 좋고, 추천을 하지 않는 대상이 없을 정도로 가장 효과적인 방식입니다. 영상을 만드는 데 품이 들긴 하지만 올바른 방향으로 꾸준하게 노력할 경우, 창업하는 사람들의 입장에서는 현존하는 어떤 SNS보다 빛을 발할 수 있습니다. 제품을 만드는 과정, 혹은 제품의 특장점을 설명하는 영상, 제품 후기 인터뷰, 만든이의 인터뷰 등 다양한 내용의 숏폼들로 브랜딩이 가능합니다. 숏폼 플랫폼은 다양하지만 예컨대 인스타그램이나 유튜브, 틱톡 중 하나만 선택하라는 법은 없고, 하나의 영상을 만들어서 다양한 플랫폼을 통해 공개할 수 있으므로, OSMU$^{\text{One Source Multi Use}}$ 전략을 잘 사용해서 다양한 플랫폼에 올려보는 것을 추천합니다.

📂 검색엔진과 연결된 SNS를 활용하세요

변화무쌍한 SNS와는 또 다르게, 사람들이 정보를 찾는 검색엔진은 예전과 비슷한 형태로 남아있습니다. 제품을 살 때, 맛집을 찾을 때 우리는 구글, 네이버, 다음 등 검색엔진을 이용하고, 한번 후기를 찾아본 후 선택합니다. 우리가 제품을 사거나 정보를 찾을 땐 여전히 검색엔진의 정보를 이용합니다.

검색엔진과 연결된 SNS로는 네이버 블로그, 다음 티스토리 등이 있습니다. 유튜브, 인스타그램 같은 SNS보다 검색에 의해 노출된다는 게 특징입니다. 정보성 글이나 본인의 이야기를 적어서 브랜딩 할 수도 있고, 제품의 특장점을 홍보하는 데 쓰이기도 합니다.

예전에 개인적으로 강습을 받았던 꽃집은 블로그를 잘 이용해서 연예인 꽃집 키워드를 섭렵하고 규모를 키웠습니다. 매일 수많은 연예인이 들고 있는 꽃다발과 후기들이 블로그와 인스타그램에 올라오면서, 점점 더 팬들 사이에서는 연예인 꽃다발로 유명한 꽃집으로 자리 잡았고, 일반인들에게도 연예인들이 받아보는 꽃이라는 인식이 더해져 인기를 얻고 있습니다. 블로그에 썼던 글들이 시초가 되어서 검색엔진을 장악하고, 좋은 효과를 불러일으킨 사례입니다. 이렇듯 검색엔진에 노출되는 블로그와 티스토리도 아이템 판매에 긍정적인 역할을 할 수 있습니다.

이 외에도 검색을 통해 유입이 많이 되는 브랜드들은 이런 검색엔진 SNS를 키우는 게 특히 더 도움이 됩니다. 병원이나 법률 쪽 서비스 같은 경우에도 이런 검색엔진 마케팅을 많이 이용하고 있고, 전반적인 대중 대상으로 퍼뜨리기 어려운 니치한 아이템들, 고관여 아이템들도 검색엔진을 통한 SNS 홍보가 더 유리할 수 있습니다.

모든 SNS의 로직은 비슷합니다

SNS 계정을 만들고, 영상을 만들기 시작하며 또 다른 의문이 들 겁니다. '이런 영상은 참 많을 텐데 어떻게 더 많이 노출시키지?' '어떻게 남들처럼 팔로워 수를 많이 가지고 많은 사람에게 도달하지?' 고민은 많겠지만 SNS 노출은 생각보다 간단합니다. 모든 SNS의 로직은 비슷하기 때문입니다. 핵심은 '반응'을 얻는 것입니다. 가장 대표적이면서 성격이 다른 인스타그램과 블로그의 핵심 로직에 대해 간단히 살펴보겠습니다.

📂 인스타그램과 블로그의 기본 로직을 파악하세요

먼저 인스타그램에서 노출이 잘 되게 하려면 인스타그램이 좋아하는 반응을 많이 받아야 합니다. 인스타그램은 '좋아요', '댓글', '저장', '공유'와 같은 게시물에 대한 반응을 좋아합니다. 릴스의 경우 사람들이 끝까지 보고, 다시 보게끔 하면 더욱 많이 추천되고, 소통이 많으면 많을수록 계정에 좋은 영향을 받습니다. 인기가 많은 인스타그램 게시물들을 보면 의도적으로 댓글과 공유를 하게끔 하는 장치를 심어둔다거나, 릴스 끝부분을 앞부분과 이어두어서 다시 한번 영상을 시청하게끔 하는 것들을 볼 수 있습니다. 잘 되는 게시물들은 이런 로직을 이미 알고 영상을 제작하는 것입니다.

블로그를 운영할 때의 목표는 조금 다른데 검색엔진에서 상위에 노출되게 하는 것입니다. 검색을 했을 때 검색엔진 결과의 상단에 뜨고, 사람들이 이에 대해 반응을 많이 할수록 노출이 더 증가합니다. 이때 필요한 사람들의 반응은 블로그에 체류하는 시간이 길거나, 링크를 통해 블로그 내에 다른 글로 옮겨가거나, 댓글과 공감 같은 액션을 취하는 것입니다. 역시나 성공적으로 운영 중인 블로그들을 살펴보면 검색어를 상단에 올려두기 위해 충분히 본문과 제목에 언급을 해둔다거나, 사람들의 반응을 이끌어내도록 본문 페이지에 링크를 삽입해두는 장치들을 볼 수 있습니다.

SNS의 기본 로직은 결국 비슷하지만, 이런 알고리즘을 뚫는 가장 강력한 방식은 콘텐츠 자체의 완성도입니다. 사람들의 눈길을 끄는 유익하거나 흥미로운 콘텐츠는 체류 시간을 길게 만들고, 자연스럽게 댓글이나 공감 등의 반응을 유도합니다. 검색이든 SNS든, 플랫폼은 이런 '진짜 반응'에 더 민감하게 반응합니다. 전략은 방법일 뿐, 본질은 여전히 사람을 사로잡는 콘텐츠 내용 그 자체에 있습니다.

콘셉트를 꾸준하게 유지해야 합니다

블로그와 인스타그램 계정 운영에서 꼭 기억해야하는 부분은 콘셉트를 유지하고 꾸준히 발행해야 한다는 점입니다. 단순히 마구잡이로 콘텐츠를 발행하면 안 됩니다. 처음 콘텐츠를 발행하는 사람들이 하는 가장 큰 착오 중 하나는 사람들의 반응이 없으니 이것저것 여러 콘텐츠를 발행해본다는 점인데, 이는 두 가지 문제점이 있습니다.

첫 번째, 알고리즘의 선택을 받기가 힘듭니다. 대부분의 SNS 알고리즘은 해당 분야의 전문가를 지지해 줍니다. 처음에는 반응이 오지 않을지언정, 재미있고 사람들에게 유용한 콘텐츠를 꾸준히 발행하다 보면 분명 언젠가는 알고리즘의 선택을 받습니다. 그리고 이때 특정 콘셉트로, 일정 타깃에게 잘 노출된 이후로 알고리즘을 타기 시작하면 그 타깃층에게 꾸준히 노출이 되면서 팔로워가 늘어납니다. 따라서 중요한 건 내 아이템과 잘 맞는 콘셉트를 잘 잡고 내 아이템을 앞으로 사려고 하는 타깃들을 겨냥해서 꾸준하게 재미있고 유용한 콘텐츠를 발행하는 것입니다. 그래야 이후에 알고리즘의 선택을 받더라도 의미가 있습니다. 만약 내가 출시하려는 아이템과 상관없는 콘텐츠가 성공한다고 하면, 잠깐 한 번의 성공일 뿐 아무 의미가 없어지기 때문입니다.

콘셉트를 유지해야 하는 두 번째 이유는 나중에 알고리즘의 선택을 받게 되었을 때, 관련된 콘텐츠들이 없으면 팔로워가 쌓이지 않기 때문입니다. 사람들은 내가 원하는 콘텐츠가 쌓여있는 곳을 팔로우하게 되어 있습니다. 최근 한 꽃집의 경우, 릴스 챌린지로 유명해지면서 폭발적으로 팔로워가 늘었습니다. 하나의 릴스 영상이 재미있다고 했을 때, 다른 릴스 영상이 쌓여있지 않았다면 팔로워가 그렇게 빠르게 늘지는 못했을 것입니다. 따라서 팬덤의 형성을 위해서라도 특정 콘셉트의 유지는 필수입니다.

어떤 식으로 본인의 콘텐츠와 이어지는 브랜드의 콘셉트를 만들지 정해서, 꾸준히, 재미있게 콘텐츠를 발행하면 됩니다. 무엇보다 가장 중요한 건 꾸준함입니다. 꾸준히 발행을 하지 못한다면 결국에는 잊히는 SNS가 되고, 브랜딩 기반, 팬덤 유치 모두 실패하게 됩니다.

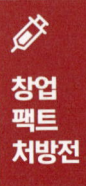

창업
팩트
처방전

AI를 이용하면 업무 효율이 두 배!

SNS에서 콘텐츠를 만드는데 다양한 AI 도구와 챗지피티ChatGPT를 활용하면 일의 속도를 몇 배로 올릴 수 있습니다. 챗지피티는 블로그 원고 혹은 숏폼 원고 등 글을 쓰는 데 탁월합니다.

브루Vrew, 캡컷CapCup 같은 AI와 결합된 애플리케이션을 이용하면 영상을 만드는 데 많은 시간을 줄여줍니다. 음성만 있어도 자막을 만들어주고, 심지어 그 자막에 맞는 영상까지 찾아줍니다.

이런 AI 도구를 사용하면 하나하나 자막을 만들어 입히고, 영상을 자르며 시간을 많이 소모하던 예전과는 달리 콘텐츠를 만드는 것 자체에 걸리는 시간이 과거에 비해 놀랍도록 단축할 수 있습니다. 물론 시간을 들여 모든 원고를 쓰고, 하나하나 수작업으로 만드는 콘텐츠들의 품질을 따라가기는 힘들지만, 바쁜 창업자들에게는 빠르게 콘텐츠를 만드는 방법이 될 수 있습니다.

Action Plan 브랜딩 아이덴티티 구축을 위해 필요한 질문지

아래는 여러분의 브랜드 철학, 아이덴티티 확립을 도와줄 질문지입니다. 한번 간단하게 써 보며 본인의 브랜드를 어떤 식으로 키우고 싶은지 생각해보기 바랍니다.

🎯 **아이템 : 재테크 정보가 필요한 사람들을 위한 재테크 강의 큐레이션 서비스**

 예시

Q. 이 아이템을 선택한 이유는 무엇인가요?

A. 재테크에 무지한 사람들에게 주제별로 꼭 필요한 정보들로 큐레이션 된 강의와 책을 제공하고 싶다.

Q. 이 아이템은 어떤 사람을 위한 것인가요?

A. 재테크를 처음 접하거나 재테크를 잘 모르는 20~30대 사람들이다.

Q. 이 아이템은 사람들에게 어떤 가치가 있나요?

A. 정보의 홍수 속에 좋은 정보만을 골라서 사람들에게 제공하고 싶었다.

Q. 시중에 유사한 아이템과 비교해봤을 때 어떤 장단점이 있나요?

A. '숨고', '문토'와 같은 플랫폼에는 재테크 강사들이 많지만, 초보자 입장에서 좋은 강의를 선별하고 전문성을 비교하기가 어렵다. 종종 강의 후에 본인의 상품을 파는 금융 관계자들도 있다.

Q. 내 아이템만의 차별점이 있나요?

A. 재테크를 잘 아는 전문가 중 본인의 상품을 영업하지 않는 강사들로 구성해 초보자를 위한 상세한 강의와 책을 제공하는 서비스로, 매월 주제를 선정해 구독형 서비스로 진행할 예정이다.

Q. 고객이 관심을 가지거나 공감할 만한 요소는 무엇이 있을까요?

A. 영업하지 않는 재테크 강의, 주제별로 큐레이션 된 강의라는 점에서 사람들의 신뢰도를 쌓을 수 있다.

Q. 이런 장점들을 매력적인 키워드로 나타내 볼 수 있을까요?

A. 선별된 정보, 신뢰도 높음, 배달되는 재테크

Q. 이 질문들을 통해 내 브랜드와 내 아이템을 한 마디 혹은 키워드로 정의해주세요!

A. 믿을 수 있는 재테크 강의 배달 서비스. 꼭 필요하고 선별된 정보만을 전해드립니다.

이렇게 나온 아이템의 정의와 키워드는 앞으로 여러분이 기업 로고, 상세 페이지, 광고 소재 등을 작성할 때 여러분의 아이템 뼈대를 잡아주는 튼튼한 조력자 역할을 하게 될 것입니다.

가장 기초적인 부분으로, 내가 만약 상세 페이지나 SNS 등을 통해 나 자신을 알린다고 했을 때, 이 아이템을 홍보할 수 있는 키 메시지는 무엇일지, 브랜딩에 필요한 로고와 아이템 소개 문구를 한번 적어보세요.

 실습

Q. 이 아이템을 선택한 이유는 무엇인가요?

A. _____

Q. 이 아이템은 어떤 사람을 위한 것인가요?

A. _____

Q. 이 아이템은 사람들에게 어떤 가치가 있나요?

A. _____

Q. 시중에 유사한 아이템과 비교해봤을 때 어떤 장단점이 있나요?

A. _____

Q. 내 아이템만의 차별점이 있나요?

A. _____

Q. 고객이 관심을 가지거나 공감할 만한 요소는 무엇이 있을까요?

A. _____

Q. 이런 장점들을 매력적인 키워드로 나타내 볼 수 있을까요?

A. _____

Q. 이 질문들을 통해 내 브랜드와 내 아이템을 한 마디 혹은 키워드로 정의해주세요!

A. _____

🎯 내 아이템으로 SNS 프로필을 만든다고 했을 때 프로필 사진과 예시 소개글

📖 예시

Q. 내 아이템으로 SNS 프로필을 만든다고 생각하고 프로필 사진과 소개글을 올려주세요.

A. 이름 : Monthly 재테크

소개글 : 신뢰할 수 있는 재테크 강의 구독 서비스.

금융 영업 없이 필요한 강의만을 매달 큐레이션해드려요.

📖 실습

A.

이런 간단한 소개글부터 본인의 브랜드 콘셉트를 잘 녹일 수 있다면 발행하게 될 콘텐츠 역시 이 소개글의 기조를 통해 결을 맞춰 발행될 확률이 높습니다. 본인이 가장 잘 나타낼 수 있는 사진이나 영상, 혹은 글로 본인의 브랜드를 키워나가는 콘텐츠를 꾸준히 발행해보길 바랍니다.

Section 6-2
마케팅은 무엇이고 어떻게 하나요

누구나 마케팅의 중요성에 대해서는 알고 있습니다. 하지만 많은 창업가가 좋은 제품을 만들지만 마케팅 문턱을 못 넘어 포기하고는 합니다. 마케팅의 범주는 굉장히 넓지만 이 절에서는 초보자들이 쓸 수 있는, 실천 가능한 마케팅을 전합니다. 수많은 제품과 서비스들이 쏟아져 나오는 시대에 마케팅을 이해하고 준비하는 것은 아이템을 준비하는 것만큼 필수적이고 중요합니다.

마케팅은 알리는 행위입니다

브랜딩이 브랜드 이미지를 다지는 행위였다면, 마케팅은 나의 아이템을 팔기 위해 알리는 행위입니다. 앞서 말했듯 두 가지가 헷갈릴 땐 목적이 무엇인지 생각해보면 됩니다. 브랜딩은 브랜드를 각인시키는 것, 마케팅은 아이템을 파는 것입니다. 아이템을 팔기 위해 사람들에게 알리는 모든 활동을 마케팅이라고 합니다.

마케팅은 인플루언서 마케팅, 디지털 마케팅, SEO 마케팅, 오프라인 마케팅 등 종류가 다양합니다. 그리고 모든 아이템을 파는 개인부터 기업체들은 모두 마케팅을 진행합니다. 앞서 브랜딩이 본인의 아이템과 브랜드의 정체성을 이미지로 인지시키는 행위였다면, 이제 어떻게 이 이미지를 알릴지에 대한 마케팅을 공부할 단계입니다. 단기간 안에, 아이템을 빠르고, 많이 팔아본 실무자의 입장에서 이제 막 시작하는 창업가들이 알아두면 좋은 마케팅에는 무엇이 있을지 쉽게 설명하겠습니다.

비용 지출 유무로 마케팅을 구분하겠습니다

마케팅을 할 때, 즉 '사람들 = 트래픽'을 모으는 방법에는 크게 돈을 쓰는 방법과 돈을 쓰지 않는 방법, 두 가지로 나눕니다. 콘텐츠 마케팅, 퍼포먼스 마케팅, CRM 마케팅 등 다양하고 어려운 이름의 마케팅이 많지만 여기서는 초보 창업자들이 가장 쉽게 할 수 있는 마케팅으로 풀어보겠습니다.

'돈을 쓰지 않는 오가닉 마케팅'과 '돈을 쓰는 페이드 마케팅'으로 크게 나누는 것부터 시작합니다. 이렇게 나누는 것이 직접 마케팅을 진행할 때 구분하기 편하기 때문입니다. 실제로 많은 펀딩을 담당하면서 마케팅 단계에서 이 두 가지로 크게 종류를 나눈 뒤, 메이커들에게 실행하라고 조언합니다. 일단 돈을 쓰지 않는 마케팅으로 내 편인 사람들을 모으고, 동시에 돈을 써서 새로운 사람들을 모으라고 말입니다.

오가닉 마케팅은 돈을 쓰지 않습니다

마케팅에도 돈을 쓰지 않는 세계가 있습니다. 펀딩 담당자로서 수많은 펀딩과 컨설팅을 하면서 확인했는데, 펀딩액이 억 대가 넘어가는 펀딩들의 공통점은 이런 오가닉 마케팅을 잘 썼던 케이스였습니다. 광고를 통해서 돈을 버는 것에는 어느 순간 모수가 넓어지면 효율이 떨어지는 한계가 있기 때문입니다. 그럼 돈을 직접 쓰지 않고도 어떻게 하면 아이템을 알릴 수 있을까요? 몇 가지 방법을 소개하겠습니다.

📂 주변 지인들로부터 첫 번째 홍보가 시작됩니다

지인 홍보라니, 이게 무슨 마케팅인가 싶지만 가장 빠르고 제일 큰 효과가 보장되는 마케팅 수단입니다. 초기에 무조건 구매를 해줄 수 있는 가족이나 친척들, 그리고 주변 친구와 같은 지인들이 마케팅 대상입니다. 누구보다 내 편에서 적극적으로 바이럴viral(입소문)을 잘 시켜줄 사람들이고, 좋은 후기를 남겨줄 첫 타자이기 때문입니다.

지인들에게 아이템을 써보라고 보내주거나, 구매를 유도하거나, 주변에 홍보해달라고 부탁하세요. 지인뿐만 아니라 그 지인들의 커뮤니티에게만 입소문을 내도 꽤 많은 고객들을 첫 번째 고객으로 모을 수 있습니다. SNS 팔로워가 200명인 친구 다섯 명에게 홍보물을 올려달라고 하면 무려 1천 명의 잠재고객에게 노출시킬 수 있습니다. 실제로 아이템을 출시했을 때 주변 지인들이 구매하고, 활용한 후기들이 몇 개만 쌓여 있어도 소비자의 구입에 대한 망설임이 훨씬 적어지기 때문입니다. 내 편인 지인들을 첫 고객으로 만들고, 지인들에게 좋은 후기를 받으세요. 그게 마케팅의 기본이자 첫걸음입니다.

📂 인스타그램, 유튜브 등 SNS로 마케팅하세요

인스타그램, 유튜브 등 SNS로 여러분의 아이템을 마케팅하세요. 비즈니스 계정을 운영해도 되고, 창업자의 개인 계정을 운영해도 됩니다. 앞서 브랜딩 편에서도 다루었듯, 콘텐츠를 만들어서 SNS에 올리고, '좋아요', '댓글', '공유하기' 등 여러 반응이 쌓이게 되면 노출의 빈도가 저절로 많아집니다. 돈을 들이지 않고 할 수 있는 마케팅 중에서 성공하면 제일 효과가 좋은 마케팅입니다.

예를 들어, 와디즈에서 펀딩에 크게 성공한 식기 제품이 있습니다. 이 펀딩 같은 경우에는 메이커가 이 식기를 만드는 과정을 감각적으로 편집해서 인스타그램 릴스로 올렸고, 많은 조회수와 공유하기를 통해 실제 펀딩 매출이 폭발적으로 늘어났던 케이스입니다.

SNS에 아이템을 마케팅할 때의 주의점은 사람들이 보고 싶어 하는 콘텐츠를 만들어야 한다는 것입니다. 여러 번 강조하지만 SNS 바이럴은 아주 간단한 로직인데, **사람들의 행동을 끌어내면 됩니다.** 댓글, 좋아요, 공유 등 행동을 끌어내는 콘텐츠는 바이럴이 빠릅니다. 이렇게 하려면 단순히 아이템의 장점을 나열하는 식의 재미없는 콘텐츠가 아닌, 사용 방법을 재미있게 풀거나, 만들어지는 과정을 나타내는 콘텐츠로 만드는 게 좋습니다.

혹은 흥미 있는 글로 시선을 집중시킨 뒤, '댓글'이나 '좋아요'를 남겨주는 분들에게 이벤트를 제공하면서 반응을 유도할 수도 있습니다. 어떤 방법이든 사람들에게 더 많이 닿고, 퍼지는 방법을 연구해서 아이템을 마케팅해야 합니다. 이 SNS 콘텐츠를 이용한 마케팅 방법은 브랜딩 콘텐츠와 연결되는 방법으로, 사실상 아이템을 만들고, 브랜드를 만들 사람에게는 꼭 필요한 필수 방법입니다. 본인의 SNS 채널은 꼭 개설해야 하며, 숏츠, 스레드 어떤 방법이든 SNS 채널로 본인의 아이템을 알려야 합니다. 돈을 들이지 않고 제일 크게 확산할 수 있는 방법입니다. 귀찮다고, 못한다고 하지 않는다면 이 좋은 마케팅 기회를 놓치게 됩니다.

SEO를 통해 검색엔진의 상단에 노출해야 합니다

SEO란, Search Engine Optimization의 머리글자로, 말 그대로 해석하면 '검색엔진 최적화'를 의미합니다. 즉, 네이버, 구글 등 검색엔진 플랫폼의 상단에 여러분의 아이템을 노출시키는 방법입니다.

많은 분이 필요한 아이템을 사려고 할 때 검색엔진에서 검색을 해보는데, 네이버나 구글과 같은 플랫폼에 검색할 때 상단에 뜨는 것들을 먼저 눌러보게 되어 있습니다. 이렇게 플랫폼에서 아이템을 검색했을 때 내 상품이 최상단에 위치하도록 상위 노출을 시키는 것을 SEO 마케팅이라 합니다. 대표 검색엔진인 '네이버'나 '구글' 같은 경우에는, 콘텐츠를 잘 이용한다면 충분히 무료로 검색엔진 상단에 노출할 수 있습니다.

구체적으로는, 블로그나 티스토리를 이용해 콘텐츠를 만든 후 SEO 최적화를 통해 본인 콘텐츠를 검색엔진 상단에 노출시킵니다. 쉽게 말하면 블로그에 본인 아이템과 관련된 글을 쓰고, 관련 검색어로 상단에 노출시키는 방법입니다. 이는 브랜딩 편에서 말했던 방법과도 연결됩니다. 브랜딩의 목적이 브랜드를 인지시키는 것이었다면, 마케팅의 목적은 직접적인 구매로 이어지게끔 하는 것에서 둘의 차이가 있습니다.

내 제품을 어떻게 검색엔진 상단에 노출시킬 수 있나요

어떻게 본인의 제품을 검색 시 상위로 노출시킬지는 노련한 스킬이 필요하고 시간도 걸립니다. 그렇지만 간단한 팁을 주자면 키워드를 잘 찾으라고 권합니다. 따라서 어떤 키워드를 검색했을 때 내 제품을 유리하게 띄울 수 있는지를 공부해야 합니다.

키워드를 잘 찾기 위해서는 일단 남들이, 특히 경쟁 업체가 어떤 키워드를 써두었는지 분석하는 게 도움이 됩니다. 무엇이든 처음 설정하는 입장에서는 경쟁사의 레퍼런스가 무조건 도움이 됩니다. 이미 상단에 노출된 경쟁사들의 키워드를 분석해서 사람들이 어떤 키워드와 내용에 반응하는지를 찾아냅니다. 이렇게 추출해둔 경쟁사의 키워드를 보고, 이제 여러분의 제품에 맞는 키워드들을 뽑아보고, 각색해야 합니다.

예를 들어, 우산을 파는 사람들이 있다고 해봅시다. 스마트스토어에 '우산'을 검색해봅니다. 초경량 우산, 3단 우산, 장우산 등 하나의 문장 안에도 다양한 키워드를 녹여둔 걸 볼 수 있습니다. 블로그로 가보면 답례품 우산, 미니 우산, 장우산 등의 키워드도 볼 수 있습니다. 그리고 상단에 노출된 키워드들의 조합을 정리해보고, 나의 우산과 맞는 키워드를 정리하는 것입니다. 어떤 검색어를 노출시켰을 때 내 우산이 가장 효과적으로 노출될 수 있는지 분석해야 합니다.

요즘엔 키워드를 분석해주는 네이버 키워드 광고, 블랙 키위, 판다 랭크, 구글 키워드 플래너 등 검색어 사이트가 많기 때문에 사이트를 통해 검색량 대비 노출이 적은 키워드부터 차근차근 공략하는 것이 좋습니다.

구분	월간 검색량	문서 수(혹은 상품 수)	경쟁 비율(강도)
초경량 우산	5,000	2,000	40
장 우산	5,000	1,000	20
3단 우산	5,000	500	10

▲ 키워드 비교 사이트 예시 : 검색량 대비 문서 수가 낮은 키워드가 경쟁 강도가 낮음

이렇게 키워드를 뽑아냈다면, 각 플랫폼에서 통하는 SEO 최적화 로직에 따라 콘텐츠를 작성하고 상위 노출을 시킬 수 있습니다. 예를 들어 최근까지 블로그 상위 노출의 기본 로직은 블로그 내 1천 자 이상 글을 쓰고, 키워드를 본문과 제목의 수차례 녹이고, 이미지와 영상 소스를 콘텐츠 안에 포함시키는 것 등이었습니다. 이런 블로그 운영의 로직은 수시로 바뀌는 부분이기 때문에 흐름을 잘 파악할 필요가 있겠습니다.

한편 앞서 말했듯 최근 AI와 결합돼서 이런 블로그 내용을 비교적 쉽게 쓸 수 있게 되었습니다. 간단히 키워드만 잡아도 챗GPT가 블로그 로직에 맞춰 장문의 글을 써주기도 합니다. 다만 AI 도구를 잘 활용하되, AI 콘텐츠로만 쓰게 된다면 패널티를 받아 SEO 최적화에 오히려 독이 될 수 있고, 독자들의 신뢰성을 잃기 때문에 본인의 경험과 잘 결합해서 콘텐츠를 발행해야 합니다.

마케팅용 콘텐츠의 내용은 꼭 아이템에 관련된 직접적인 홍보가 아니어도 됩니다. 예를 들어, 여러분이 선글라스를 판다고 했을 때, 판매할 선글라스의 장점에 대한 글을 쓰지 않아도 됩니다. 사람들이 검색을 많이 해봤을 법한 여름철 자외선 차단법에 대해 글을 쓴 뒤, 이 페이지에서 여러분이 판매할 선글라스로 이어지는 행동 경로를 만들면 됩니다. 오히려 이 방법이 더 많은 트래픽을 발생시킬 수도 있습니다.

커뮤니티 활동을 하면서 거기에서도 입소문을 내세요

아이템마다 그 아이템을 사용하는 사람들이 모여 있는 다양한 커뮤니티가 있습니다. 자동차 커뮤니티, 가전제품 커뮤니티, 패션 커뮤니티, 뷰티 커뮤니티 등 여러분이 출시할 아이템에 대한 관심사가 있는 사람들이 집중되어 소통하는 커뮤니티가 있습니다. 네이버 카페, 네이버 밴드, 오픈 채팅방, 오프라인 동호회 등 형태도 다양합니다. 이런 커뮤니티에 글을 올리거나 이벤트를 진행하는 형식 등으로 홍보하는 것도 하나의 무료 마케팅 수단이 됩니다.

커뮤니티에 관련 상품을 홍보하기도 하고, 협찬이나 공동구매 등 좋은 혜택을 통해 상품을 제공하는 방법도 있습니다. 단순히 홍보글에 반응을 기대하기란 어려우므로 이벤트를 열어서 참여를 독려하는 것도 좋은 방법이 됩니다.

요가복 브랜드 '룰루레몬(https://www.lululemon.co.kr/)'은 지역 기반으로 매장 주변 활동 반경 안에서 유명한 요가 강사나 필라테스, 피트니스 강사들에게 룰루레몬의 옷들을 무료로 협찬하고, 자연스럽게 입소문 효과를 노렸던 좋은 사례입니다. 관련 아이템을 다짜고짜 홍보하는 것이 아니라, 내가 선망하는 지역 유명 인사들이 입은 옷을 따라 사고, 따라 입고 싶게 해서 커뮤니티 기반의 마케팅 효과를 노린 것입니다.

현재도 룰루레몬은 지역 커뮤니티를 위해 다양한 지원을 아끼지 않고 있고, 매장 내에서도 요가 등 다양한 프로그램을 진행하고 있습니다. 커뮤니티를 반경으로 브랜드를 알리고 이벤트를 통해 인지시키는 효과가 큰 마케팅 수단이 된 것입니다. 유아동 제품, 혹은 40~50대 여성들을 겨냥한 제품들 같은 경우 '맘카페 침투 마케팅'으로 유명합니다. 맘카페에서 무료 체험단을 제공해서 후기를 작성하게끔 한다거나, 엄마들이 제품을 추천해달라고 올린 글에 댓글을 달면서 제품을 홍보하는 방법들을 흔히 볼 수 있습니다.

사실 과하게 어뷰징으로 이용하면 안 되는 방법이지만, 실사용자들의 구매와 홍보 후기들이 올라가고 이를 통해 사람들이 공감하며 구입하는 경우를 보면 소속 집단에 대한 신뢰와 바이럴이 얼마나 제품 구매에 효과적인지를 알 수 있습니다.

트래픽도 품앗이가 됩니다

와디즈에서 '배작가'라는 메이커와 약 3억 원 정도의 영어회화 콘텐츠를 펀딩한 적이 있습니다. 이 메이커와 펀딩을 진행하면서 가장 인상 깊었던 이벤트는 다른 메이커와 품앗이를 해서 서로의 아이템과 콘텐츠를 이벤트 경품으로 제공해주던 것이었습니다. 이 메이커의 경우 영어회화 노하우를 PDF에 담아 전자책을 만들어서 펀딩했고, 같은 시기에 펀딩을 진행하던 전자기기 메이커와 함께 콜라보를 했습니다.

당시 이 전자기기 업체의 경우 전자책을 편하게 읽을 수 있는 기기를 함께 펀딩하고 있었습니다. 이 업체의 경우에도 당시 1위를 달리던 콘텐츠 펀딩과 협업을 한다면 시너지를 낼 수 있는 상황이었습니다. 그래서 이 전자책 메이커는 전자기기 메이커에게 연락을 해서 본인의 PDF 전자책과 제품을 경품으로 교환하자는 제안을 했고, 합의가 되어 두 업체는 각자의 게시판에 서포터들을 대상으로 이벤트를 열었던 것입니다.

그 당시 이 품앗이가 저에게는 굉장한 충격으로 다가왔는데, 무료로 트래픽을 확장하고, 공짜 경품을 얻으면서 서포터들에게 혜택까지 주는 좋은 사례였기 때문입니다. 이 트래픽을 유료로 구매한다고 생각했을 땐 수많은 돈이 들 테지만, 용기 있는 한 번의 제안으로 서로의 트래픽을 두 배 이상 올리게 되었습니다.

이 외에도 각자 1천 명 정도의 SNS 팔로워가 있다면, 서로의 SNS에 한 번씩 홍보를 해주기로 약속을 한다거나, 서로가 속해 있는 단체 카톡방에 홍보를 나눠서 해주기로 하는 등 다양한 품앗이 방법을 찾을 수 있습니다.

저는 이런 방법을 많은 창업가에게 알려주었지만 실제로 실행하는 사람은 드물었습니다. 사실 이 품앗이 방법은 용기가 있다면 수없이 시도해볼 수 있는 방법이고, 지혜와 용기로 인해 얻을 수 있는 트래픽이라고 생각합니다. 돈을 쓰지 않고도 할 수 있는 마케팅은 많고, 용기를 내면 충분히 많은 트래픽을 얻을 수 있습니다.

무료 체험단을 모집해서 마케팅 퍼널을 만드세요

수많은 아이템이 쏟아져 나오고, 그에 따라 수많은 마케팅이 범람하는 시대에 사실 한눈에 이목을 끌고 구매로까지 이어지게 하는 일은 쉽지 않습니다. 따라서 초반에는 그저 무조건 아이템 홍보를 하는 것이 아니라 '미끼 작전'을 쓰는 것을 추천합니다. 미끼 상품이나 콘텐츠로 이목을 끌고 모아둔 트래픽을 유료로 전환시키는 것입니다.

유명한 마케팅 권위자들도 이를 '마케팅 퍼널'이라는 이름을 붙이고 설계하곤 합니다. 조금 더 효과적인 방법을 직접적으로 간단히 말하면, 무료로 이벤트, 혹은 미끼를 제공한 뒤 트래픽을 일단 모으고 유료 구매로 전환하라는 것입니다. 이렇게 모인 트래픽은 꼭 유료 구매로 가지 않더라도, 여러분 아이템에 관심이 있는 잠재고객으로 남아서 꾸준한 마케팅의 대상이 되어 줍니다.

지식 산업 쪽에서 메이커들이 가장 많이 쓰는 방법은 무료로 강의를 제공하는 것이었습니다. 다짜고짜 내 강의가 이런 것이니 구매하라는 것이 아니라, 어떤 식으로 강의를 활용할 수 있는지 무료로 효과적인 체험을 하게 하고 고객의 호기심과 만족도를 높여서 해당 강의를 유료로 구입하게 한 것입니다. 무료 판매가 당장은 손해를 보는 것 같아도 결국 유료 구매가 가장 많이 이루어지는 퍼널이 되기도 합니다.

또 많은 뷰티 업체들은 일부러 체험단을 몇 백 명씩 모집합니다. 아이템을 주고 체험을 하게 한 뒤, 그 경험에 대한 후기를 쓰게 하는 것입니다. 당연히 후기는 호의적일 수밖에 없고 처음 아이템을 구매하는 사람들은 이 후기에 긍정적인 영향을 받게 됩니다. 구입 장벽을 낮춰주는 것입니다. 체험단의 효과는 후기를 얻는 것도 있지만 재구매율을 높이는 좋은 효과까지도 얻을 수 있습니다. 한번 사용해본 아이템에 만족한 소비자는 계속 해당 아이템을 구매하게 되고, 단골 고객이 될 수 있습니다. 특히 소모품의 경우에 더 유리한 방법인데, 뷰티나 푸드와 같이 단가가 낮고 재구매가 꾸준히 필요한 소모품 카테고리는 체험단을 통해 좋은 후기와 재구매율을 높이는 전략을 취하면 좋습니다.

한편 무료 체험단을 이용하게끔 하는 조건으로 광고 수신 동의를 받는 사례도 보았습니다. 이 데이터베이스를 이용하여 판매하는 과정에서 꾸준히 문자나 이메일로 광고 마케팅 푸시를 보냈습니다. 이는 고객 데이터베이스를 가지고 있는 것이 단순히 해당 아이템의 구매뿐만이 아니라 향후 다양한 사업을 하거나 아이템을 기획할 때 관심사를 가지고 있는 잠재고객의 데이터베이스를 가지게 되는 것을 보여 주는 사례입니다.

이런 무료 퍼널 설계는 후기를 얻음으로써 구입 장벽을 낮춰주고, 재구매율을 높여주며, 고객의 데이터베이스까지도 얻어갈 수 있는 좋은 아이디어입니다.

돈을 쓰는 페이드 마케팅도 있어요

📁 SNS 퍼포먼스 마케팅이 대표적인 유료 마케팅입니다

SNS 퍼포먼스 마케팅은 우리가 실생활에서 가장 흔하게 많이 접하는 마케팅 방법입니다. 페이스북, 인스타그램, 틱톡, 유튜브, 네이버 등에서 유료 광고를 진행하는 마케팅으로, 예를 들어 인스타그램과 페이스북을 위아래로 스크롤할 때 광고 콘텐츠들을 쉽게 볼 수 있습니다. 또 유튜브를 시청하다 보면 영상 중간에 광고가 삽입되거나, 뉴스 기사나 티스토리 블로그를 읽을 때 배너 광고가 노출되는 것도 예로 들 수 있습니다.

SNS 퍼포먼스 마케팅은 광고비를 지불한 만큼 명확하게 노출이 이루어지는 구조입니다.[3] 광고가 노출된 횟수, 클릭률, 전환율 등 구체적인 수치를 기반으로 즉각적인 데이터 분석이 가능하기 때문에, 타깃의 반응을 빠르게 확인하고 수요를 가늠하는 데 효과적입니다. 여러 채널을 활용해본 결과, 타기팅 정밀도와 성과 측정 측면에서 가장 직관적이고 실행 효율이 높은 마케팅 수단 중 하나라고 판단할 수 있습니다.

팬덤이 없고, 브랜딩된 SNS 계정이 없는 사람들일지라도 이렇게 돈을 내고 노출을 시키는 광고를 이용하면 사람들을 모을 수 있다는 장점이 있습니다. 1만 원, 2만 원 단위의 소액으로 진행할 수 있고, 타깃 설정이 가능하며, 클릭률이나 전환율 같은 광고 지표가 뚜렷하게 수치로 나옵니다. 즉 누구나 적은 돈으로 효율을 분석해가면서 진행할 수 있는 유료 마케팅 방법입니다.

진행 방법도 어렵지 않습니다. 가장 흔하게 볼 수 있는 페이스북, 인스타그램 SNS 광고 마케팅은 계정 아이디만 있다면 돈을 지불하고 바로 시작이 가능합니다. 다만 SNS 광고는 이미지나 영상 소재를 통해 유입되는 방식이기에, 일단 준비물로 광고 소재가 있어야 합니다. 광고 이미지나 영상 안에 눈길을 끌만한 광고 내용을 넣고, 슬라이드 형식 혹은 단일 이미지로 광고를 설정합니다. 광고를 설정할 때는 원하는 타깃의 연령이나 성별, 지역도 설정할 수 있고, 얼마의 금액을 어느 기간 동안 채울지도 설정할 수 있습니다. 이렇게 설정한 값에 따라 소비자들이 이 이미지를, 즉 광고를 클릭하면 랜딩 페이지로 연동됩니다. 랜딩 페이지가 플랫폼이면 플랫폼으로, 자사몰이면 자사몰로 연동시켜서 광고를 클릭한 사람들이 해당 페이지에서 물건을 구입하게 하는 것입니다.

---

3 퍼포먼스 광고는 예산에 맞게 광고 노출이 되는 게 일반적이지만, 일부 플랫폼에서는 성과 최적화를 위해 일일 예산보다 더 많은 금액이 소진될 수 있습니다.

>  **SNS 퍼포먼스 마케팅, 예산 설정을 효과적으로 하는 방법이 있나요?**
>
> SNS 퍼포먼스 마케팅을 처음 시작할 때 가장 헷갈리는 부분 중 하나가 예산 설정입니다. 광고는 단순히 노출만 시키는 것이 아니라, 내 제품을 살 가능성이 높은 사람을 점점 더 잘 찾아가는 '타기팅 과정'을 거칩니다. 즉, 메타(인스타그램·페이스북) 광고 시스템은 머신러닝을 통해 반응이 좋은 사람들의 패턴을 학습하며, 타깃을 스스로 최적화해 갑니다.
>
> 이 과정을 제대로 진행하려면, 광고가 7일 안에 최소 50번 이상 전환되어야 시스템이 타깃을 정교하게 최적화할 수 있습니다. 그래서 실무에서는 일 예산 10만 원 이상을 7일 이상 유지하는 방식을 추천합니다. 너무 적은 예산이나 짧은 기간으로 집행하면, 이 '학습'이 제대로 되지 않아 광고 효율이 낮아질 수 있습니다.
>
> 처음이라면 1~2만 원으로 가볍게 테스트해볼 수는 있지만, 정확한 성과를 보려면 일정 수준의 예산은 꼭 필요하다는 점을 기억해주세요.

효과적으로 광고를 운영하는 것이 광고 마케팅의 핵심입니다

광고를 집행하고 나면, 단순히 설정했다고 해서 끝이 아닙니다. 광고를 통해 얼마 정도의 사람이 유입되고, 구매를 어느 정도 했는지에 대한 값을 분석해야 그다음부터 광고를 더 효율적으로 진행할 수 있습니다. 예를 들어, 광고 효율이 좋다는 건 같은 돈을 써도 더 많은 사람이 구매했다는 뜻입니다. 제품 하나를 팔 때 들어가는 광고비가 낮을수록, 적은 돈으로 더 많은 사람을 사게 만들 수 있기 때문에 광고비를 얼마나 줄일 수 있느냐가 좋은 광고 효율의 핵심입니다. 그러므로 적은 돈으로도 많은 사람에게 닿을 수 있는 좋은 광고 소재를 만들고 운영하는 것이 필요합니다.

광고 소재와 운영 방법도 중요하지만 결과적으로 광고 효율은 굉장히 복합적인 요소들의 최종값이긴 합니다. 단순히 좋은 소재를 만든다고 광고 효율이 좋아지지는 않습니다. 광고 소재가 좋더라도 상세 페이지가 매력적이어야 구매까지 이어지고, 아무리 상세 페이지가 멋있다고 한들 아이템이 좋지 않으면 구매를 하지 않기 때문입니다. 결국 '아이템', '상세 페이지', '광고 소재' 이 3박자가 잘 맞아떨어져야 광고도 효과가 있습니다. 이를 전제로 효율적으로 광고를 분석할 수 있는 지표들에 대해 간단히 설명하겠습니다. 구글애즈, 검색광고, 메타 광고 등에서 대부분 공통적으로 쓰이는 지표들입니다.

클릭률

클릭률Click-Through Rate(CTR)은 광고 노출 중 클릭된 비율을 나타냅니다. 예를 들어, 광고가 백 번 노출되었는데, 한 번만 클릭되었다면 클릭률은 1%{(1 ÷ 100) × 100}가 됩니다. 같은 돈을 들였을 때 클릭을 많이 할수록 유입이 많아지기에 클릭률은 높을수록 좋습니다. 클릭률은 광고를 볼 때 가장 이해하기 쉬운 지표이기도 합니다. 광고 전환 효율(CPA, ROAS 등)이 안 좋을때는 가장 먼저 클릭률을 살펴보고 유입에 문제가 없는지 확인하길 권합니다.

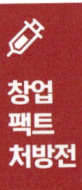
창업 팩트 처방전

클릭률을 높이는 광고 소재와 AB 테스트

광고 소재

광고를 시작할 때 가장 중요한 첫 단추는 광고 소재입니다. 물론 복합적인 요소들이 작용해서 광고 효율이 결정되긴 하지만, 일단 아무도 광고를 클릭하지 않으면 모든 게 소용없기 때문입니다. 광고를 누르게 하려면 광고 소재가 매력적이어야 합니다.

광고 소재는 이미지와 카피, 두 가지를 섞어서 만듭니다. 요새는 영상으로도 많이 만들기 때문에 영상과 카피로 구성되는 경우도 많습니다. 일단 사람들의 눈을 사로잡아야만 광고를 클릭하게 되기 때문에 눈길을 끌 수 있게 만드는 것이 중요합니다.

제가 펀딩 광고를 수없이 진행하면서 메이커들에게 강조한 광고 소재의 전제 조건은, 인스타그램과 페이스북의 다른 광고들과 경쟁하는 것이 아닌, 수많은 콘텐츠들과 경쟁하는 것임을 깨달으라는 것입니다. 광고 소재의 종류는 다양하겠지만 수많은 자극적인 콘텐츠 틈에 묻히지 않으려면 눈에 띄는 카피와 이미지가 필요합니다.

정말 많은 업체에서 광고 소재를 만들 때 너무 대충 만든다는 생각이 들 때가 있습니다. 어떻게 하면 사람들이 클릭할지에 대한 고민이 없이 만드는 경우가 많습니다. 광고 단계에서 가장 많이 하는 말이 '이 광고라는 단계를 간과해서 아쉽다'는 점이었습니다. 누가 봐도 상업적인 광고 느낌이 들거나 밋밋하고 평범한 이미지와 카피의 광고 소재를 봤을 때 사람들은 정말 필요한 것이 아니라면 그냥 지나치기 마련입니다. 반면 잘 만든 광고 소재는 그 제품의 가장 큰 장점들이 눈에 확 들어오고, 카피 두어 줄로 지나가는 사람의 눈길을 사로잡습니다.

광고 소재를 만들 때, 비슷한 종류의 광고 소재만을 만드는 경우가 있습니다. 이렇게 되면 비용을 지출했을 때, 효율이 좋다면 다행이지만 그렇지 않다면 문제점과 개선 방안을 찾기가 어렵습니다. 따라서 광고를 한 번 진행할 때, 특색이 다른 종류의 광고 소재를 만들고 AB 테스트를 진행하는 것이 좋습니다.

AB 테스트

AB 테스트는 두 가지 이상의 버전을 비교하여 가장 효과적인 옵션을 찾아내는 방법입니다. 예를 들어 캠핑 화로대 펀딩을 진행했을 때, 캠핑 화로대가 바닷가에서 예쁘게 활활 타는 모습을 하나 담는다면, 또 다른 광고 소재로는 캠핑 화로대를 실제로 사용하는 모습을 담을 수 있습니다.

창업
팩트
처방전

▲ 화로대 이미지 컷(왼쪽), 화로대 제품 컷(가운데), 화로대 실사용 컷(오른쪽)

책을 한 권 판매하더라도, 책 이미지가 담긴 소재가 하나 있을 수 있을 수 있고, 작가 이미지가 들어간 소재가 하나 있을 수 있습니다. 카피도 각각 책 이미지와 작가 이미지에 맞춰 다르게 설정할 수 있습니다.

이렇듯 다른 종류의 광고 소재를 설정하게 되면, 설령 하나의 소재가 사람들의 눈길을 잡지 못해도 다른 소재가 효과가 있을 수 있고, 효과가 좋은 소재를 발전시켜서 향후 광고 방향을 설정할 수 있습니다.

전환율

전환율 Conversion Rate (CVR)은 광고를 클릭한 후 상세 페이지로 랜딩 될 때, 이 상세 페이지에서 사용자가 원하는 행동을 완료한 비율을 나타냅니다. 이 행동은 구매, 장바구니 담기 등 클릭을 통해 일으킬 수 있는 다양한 행동에 대한 값들입니다.

예를 들어, 100명이 광고를 클릭했는데 그중 5명이 장바구니에 해당 물건을 담았다면 이에 대한 전환율은 5%{(5 ÷ 100) × 100}가 됩니다. 전환율이 높을수록 고객들이 상세 페이지를 보고 행동을 한 것이기에 제품과 상세 페이지가 고객들에게 매력적이었다고 해석할 수 있습니다. 반대로, 클릭률은 높은데 전환율이 낮다면, 광고는 매력적이었지만 상세 페이지 내용이 기대와 다르거나, 제품 자체의 소구력이 약했을 가능성이 있습니다.

> 💡 **핵심 노트** 전환율이 낮다면 광고 소재와 상세 페이지의 연관성을 검토하세요
>
> 예를 들어보겠습니다. 밝고 활기찬 이미지의 모델이 등장해 다이어트 건강기능식품을 소개하는 광고가 있을 때, 이 광고를 보고 많은 사람이 클릭해 클릭률이 높아질 수 있습니다. 하지만 막상 상세 페이지를 열었을 때 분위기가 전혀 다른 무거운 이미지의 인물이 등장해 제품을 소개한다면, 광고를 보고 기대감을 갖고 들어온 사람들은 실망해 이탈할 가능성이 높습니다.
>
> 이처럼 광고 소재와 랜딩 페이지의 분위기와 메시지가 일관되어야 소비자들이 신뢰를 느끼고 실제 구매로 이어질 확률이 높아집니다. 따라서 광고 소재를 만들 때는 제품과 상세 페이지의 내용을 잘 반영하고, 소비자가 느낄 수 있는 기대감을 고려해 통일감을 주는 것이 중요합니다.

클릭당 비용

클릭당 비용Cost Per Click(CPC)은 광고를 한 번 클릭할 때마다 소요되는 비용을 나타냅니다. 예를 들어, 광고 캠페인에 총 10,000원을 지출하고 100번 클릭되었다면 클릭당 비용은 100원(10,000 ÷ 100)이 됩니다. 클릭당 비용이 낮으면 광고 비용을 조금 들이고도 많은 클릭을 부르는 것이기에 낮을수록 좋은 값입니다.

천 회 노출당 비용

천 회 노출당 비용Cost Per Mille(CPM)은 광고가 천 번 노출되는 데 소요된 비용을 의미합니다. 예를 들어, 광고 캠페인에 총 100,000원을 지출했고 광고가 5,000번 노출되었다면, CPM은 20,000원{(100,000 ÷ 5,000) × 1,000}입니다. 비슷한 제품군의 광고 경쟁이 치열할수록 CPM은 상승할 수 있으며, 광고 콘텐츠의 품질에 따라서도 차이가 납니다. CPM이 낮을수록 같은 비용으로 더 많이 노출시킬 수 있으므로, 낮을수록 효율적입니다.

전환당 비용

전환당 비용Cost Per Acquisition(CPA)은 하나의 전환, 즉 구매나 알림 신청 등 특정 행동값을 얻는 데 소요되는 평균 비용입니다. 예를 들어 광고에 10,000원을 지출하고 2건의 전환이 발생했다면, 전환당 비용은 5,000원(10,000 ÷ 2)입니다.

전환당 비용이 낮으면 낮을수록 적은 예산으로도 전환을 많이 일으킨 것이기 때문에 이 비용

은 낮을수록 좋은 효율을 의미합니다. 구매 전 단계에서 알림 신청, 장바구니 담기와 같은 행동을 전환으로 정의할 수 있으며, 이때의 CPA가 낮다면 같은 예산으로 더 많은 잠재고객을 확보할 수 있고, 이후 구매 전환 가능성도 상대적으로 높아질 수 있습니다.

장바구니에 담는 데 드는 비용이 5,000원인 것이 10,000원인 것보다 훨씬 효율적인 광고 지표입니다. 전환당 비용은 결국, 제품 판매와 연관된 직접적인 효율을 볼 수 있는 값입니다. 클릭률, 전환율, 노출 단가 등 다양한 광고 요소들의 영향을 받기 때문에, 좋은 결과를 얻으려면 이 요소들이 고르게 잘 갖춰져야 합니다.

_광고 지출 대비 수익_

가장 중요한 두 가지 지표 중 광고 지출 대비 수익Return on Ad Spend(ROAS)은 광고에 투자한 비용 대비 발생한 수익의 비율입니다. 광고 지출 대비 수익은 총 수익을 총 광고 비용으로 나누어 계산합니다. 예를 들어, 광고에 10,000원을 지출하고 20,000원의 매출을 얻었다면 ROAS는 200%{(20,000 ÷ 10,000) × 100}입니다.

쉽게 말해 메이커들에게 광고 지출 대비 수익(현장에서는 편의상 'ROAS'라고 부릅니다)에 대해 설명할 때 "100만 원 넣고 200만 원 매출이 나오면 ROAS 200%입니다."라고 설명합니다. 즉, ROAS 200%라고 하면 '투자한 광고비 대비 두 배의 매출이 발생했다'는 의미입니다. ROAS는 당연히 높을수록 광고 효율이 좋은 지표입니다. ROAS는 광고비 대비 매출 효율을 직접적으로 보여주는 지표이기 때문에, 일반적으로는 값이 높을수록 효율적인 광고라고 볼 수 있습니다. 다만, ROAS만으로 '순수익'을 판단할 수는 없기 때문에, 제품 마진, 수수료, 제작비 등을 고려해 손익분기점을 계산한 뒤, 이를 초과하는 ROAS 기준을 세우고 광고를 집행하는 것이 중요합니다.

> **핵심 노트** 광고 효율을 판단하는 기준
>
> 광고 효율을 종합적으로 평가하기 위해 실무에서는 전환당 비용(CPA)과 광고 지출 수익(ROAS)을 핵심 지표로 활용합니다.

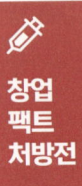

창업 팩트 처방전

광고의 다양한 활용법

광고는 사람들의 수요를 알 수 있는 소중한 지표가 됩니다. 광고를 큰 금액으로 집행할 때 다양한 AB 테스트를 통해 소구점을 다르게 잡고 광고 소재들을 진행하다 보면, 클릭률이나 전환 비용이 좋은 소재들이 발견됩니다. 예를 들어 음식물 처리기를 판매한다고 할 때, A에는 이 제품의 용량을, B에는 이 제품의 독특한 처리 방법을 소구했을 때 사람들이 용량에 대해 유독 반응이 많다면 이는 사람들이 이 제품의 어떤 부분에 사람들이 관심이 있는지를 보여주는 척도가 될 수 있습니다. 이런 상황에서 업체는 상세 페이지에 이 용량에 대한 부분을 더 강조할 수도 있고, 혹은 제품을 개발할 때 용량 부분에 좀 더 초점을 맞출 수도 있습니다.

수많은 프로젝트를 진행해 오면서 느꼈던 것은 페이드 마케팅 진행 이력이 없는 신생 업체들의 경우 광고를 해봤을 때 시장의 반응을 알 수 있었습니다. 광고는 꼭 제품 판매 목적이 아니더라도, 수요 예측이나 시장 반응 테스트에도 활용할 수 있습니다. 예를 들어, 판매 페이지 대신 사전 예약 페이지로 연결해 구매 의사만 확인해보면, 제품 생산 여부를 판단하는 데 도움이 됩니다. 완제품이 없는 초기 단계에서도 광고를 통해 사전 수요를 파악하고, 시간과 자원을 절약할 수 있습니다.

또 제품을 제작하고 판매하기 전에 광고로 다양한 AB 테스트를 하고 소구 포인트를 잡게 된다면 어떤 부분을 좀 더 강조해서 제품을 살릴지, 상세 페이지에 어떤 부분을 강조할지를 정할 수 있게 됩니다. 광고를 무료로 전환할 수 있는 건 아니지만, 제작비나 프로젝트 진행 비용과 시간 등 더 큰 비용과 시간을 쓰기 전에 비용을 절약할 수 있게 됩니다. 사람들이 가장 많이 쓰는 SNS 광고를 다양하게 활용할 수 있는 업체는 다양한 기회를 찾을 수 있습니다.

새로운 마케팅도 시도해보세요

인플루언서 마케팅을 해보세요

인플루언서 마케팅은 최근 많이 진행하는 마케팅입니다. 온갖 SNS에서도 사실상 규모별로 인기 있는 인플루언서들이 있고 그들의 팬덤이 실제 구매로 이어지는 경우가 많습니다. 유튜버나 인스타그램, 블로그 인플루언서들에게 협찬을 하고, 하나의 포스팅마다 원고료를 지불하면서 아이템을 알릴 수 있습니다.

제가 진행했던 다이어트 책 펀딩의 경우, 유명 유튜버를 통해 홍보를 했을 때 엄청난 유입이 일어났습니다. 이는 사실 광고로 유입되는 양과는 비교할 수 없을 정도입니다. 광고로 유입되더라도 직접 구입하는 데까지는 굉장히 고민을 하게 되고 이탈도 많은데, 인플루언서를 통한 홍보는 팬덤들을 통해 유입되는 것이다 보니, 인플루언서가 홍보만 잘해준다면 굉장히 높은 확률로 구매전환이 일어납니다.

인플루언서들은 규모에 따라 협찬 비용이 달라지는데, 팔로워가 높을수록 보통 비용을 다르게 책정합니다. 하지만 꼭 팔로워가 높다고 해서 효과가 비례하며 높아지는 것은 아닙니다. 팔로워가 낮더라도 인플루언서가 팔로워들과 소통하는 빈도, 그리고 소통양에 따라서 진성 팬덤이 될 수도 있고, 이런 진성 팬덤의 구매가 높아집니다. 진성 팬덤이 많은지의 여부는 그 인플루언서가 쓴 게시글의 댓글, 커뮤니티에 있는 글의 댓글을 보면 도움이 됩니다. 팔로워들과 활발히 교류하는 인플루언서일수록 아이템 구매로 연결될 확률이 높아집니다.

CRM 마케팅도 필요해요

CRM 마케팅이란 'Customer Relation Management'의 머리글자를 딴 마케팅으로 고객 관계를 이용한 마케팅입니다. 어렵게 들리지만 기존 고객들을 이용한 마케팅이라고 생각하면 됩니다. 이미 여러분이 가지고 있는 고객, 혹은 여러분이 입점할 플랫폼이 있는 고객을 상대로 마케팅을 한다고 보면 쉽습니다.

판매자 입장에서 자사몰을 가지고 있을 때 본인의 기존 아이템을 구매한 고객 데이터를 활용하는 것도 CRM 마케팅 방법으로 볼 수 있고, 외부 플랫폼에 입점해서 해당 플랫폼의 CRM 마케팅 구좌들을 구매하는 것도 CRM 마케팅의 방법으로 볼 수 있습니다.

예를 들어, 한 플랫폼에서 생활용품을 꾸준히 판매해온 판매자가 신규 샴푸 제품을 출시했다고 가정해봅시다. 이 경우, 기존 고객 데이터를 분석해 욕실용품을 자주 구매했던 고객층을 선별하고, 이들을 대상으로 이메일이나 문자 메시지를 보내 맞춤형 마케팅을 진행할 수 있습니다. 최근에는 AI 기술을 활용해 고객의 행동과 관심사 기반으로 자동으로 광고를 추천하는 시스템도 등장했는데, 이 역시 고객 데이터를 기반으로 한 CRM 마케팅의 일종으로 볼 수 있습니다.

반면 자사몰이 아닌 다른 대형 판매 플랫폼에 입점할 때, 그 플랫폼이 가지고 있는 고객 데이터를 활용해서 마케팅하는 방법도 CRM 마케팅이라고 볼 수 있습니다. 와디즈는 고객들을 대상으로 카카오톡 푸시를 내보내는 등 다양한 광고 구좌들이 있었습니다. 와디즈 플랫폼에 입점하는 메이커들은 이미 모여 있는 와디즈 고객 트래픽을 구매해서 쓰는 것입니다.

CRM 마케팅의 경우, 고객들의 구매 패턴이나 성향을 분석해서 광고를 하는 만큼, 맞춤형 메시지와 혜택을 제공할 수 있어 고객의 필요와 선호에 맞는 구매를 불러일으킬 수 있습니다. 고객의 취향을 잘 분석해서 진행되기에 조금 더 고객의 만족도를 높이고, 잘 맞아떨어질 경우 충성도를 높이는 방법이 될 수 있습니다.

다른 예로는 제가 담당했던 부동산 강의를 하던 메이커의 경우, 본인 강의에 관심을 표했거나 구매했던 고객 데이터를 이용해서 뉴스레터를 보내 꾸준히 부동산 소식과 함께 본인의 강의와 컨설팅을 홍보했는데, 실제로 이런 CRM 마케팅에서도 구매전환이 되는 경우가 굉장히 많습니다. 잘 이용한다면 팬덤을 키울 수도 있고, 충성 고객을 만들 수 있기에 내 아이템을 구매했던 고객이 있다면 꼭 이용해보는 것을 추천합니다. 또 입점하는 플랫폼에도 충성고객이 많고, 그 고객들로부터 구매가 많이 이루어지는 경우 해당 플랫폼의 CRM 광고 구좌를 구매해서 한번 시도해보길 추천합니다.

구분	세부 유형	설명	특징
오가닉 마케팅 (돈을 들이지 않는 마케팅)	지인 홍보	가족, 친구, 지인 등을 통해 초기 구매와 입소문 유도	초기 제품 반응 확인 및 후기 확보에 효과적
	SNS 콘텐츠	인스타그램, 유튜브 등 콘텐츠 업로드를 통한 자연 노출	바이럴 성공 시 대규모 유입 가능
	SEO 마케팅	검색엔진 상단 노출을 위한 블로그 및 콘텐츠 제작	검색엔진에서 검색 시 상단 노출
	커뮤니티 홍보	네이버 카페, 밴드 등에서 후기, 체험단 등으로 홍보	특정 타깃층 집중 공략 가능
	품앗이 마케팅	다른 사업체와 트래픽·홍보 교환	상호 간 트래픽 공유
	무료 체험단	무료 제품 제공 후, 후기와 유입 확보	후기 기반 신뢰 형성 및 재구매 유도
페이드 마케팅 (돈을 들이는 마케팅)	SNS 퍼포먼스 광고	대표적으로 메타 광고 (인스타그램·페이스북) 타깃 광고	세부 타깃 설정 가능, 지표 기반 운영 가능
	인플루언서 마케팅	유튜버, 블로거 등에 협찬 및 유료 리뷰 의뢰	팬덤 기반 신뢰 마케팅, 전환율 높음
	내부 플랫폼 광고	플랫폼 내 배너, 앱 푸시, 알림톡 등 광고 구좌 활용	플랫폼 내 트래픽에 직접 노출 가능
	CRM 마케팅	기존 고객 데이터를 활용한 문자, 이메일, 푸시 발송	재구매 유도 및 충성 고객 관리

▲ 마케팅 방법 정리

지표	정의	예시	활용
클릭률(CTR)	광고가 노출된 횟수 중 클릭된 비율	100번 노출 중 1번 클릭 → CTR = 1%	광고 소재의 매력도 판단, 클릭 여부 확인
전환율(CVR)	광고 클릭 후 구매, 신청 등 행동 완료 비율	100번 클릭 중 5명 구매 → CVR = 5%	상세 페이지, 제품의 소구력 판단
클릭당 비용(CPC)	한 번의 광고 클릭에 소요된 평균 비용	10,000원 지출, 100번 클릭 → CPC = 100원	광고 효율, 수익성 분석
천 회 노출당 비용(CPM)	광고 1,000회 노출 시 소요된 평균 비용	10,000원 지출, 1,000회 노출 → CPM = 10,000원	노출 시 비용 효율 분석
전환당 비용(CPA)	하나의 전환(구매, 신청 등) 당 소요된 평균 비용	10,000원 지출, 2건 전환 → CPA = 5,000원	전환당 광고비 분석
광고 지출 대비 수익 (ROAS)	광고비 대비 매출 비율	100만 원 광고비, 200만 원 매출 → ROAS = 200%	매출 기준 수익성 판단 지표

▲ 광고 지표 정리

Section 6-3
고객은 어떻게 관리하나요

고객은 한 번 구매를 하고 떠나는 사람이 아닙니다. 내 브랜드를 경험하고, 평가하고, 자발적으로 홍보하며, 다시 찾을지 말지를 결정하는 파트너입니다. 고객과의 관계가 좋을수록 사업은 예측 가능해지고, 판매와 운영 역시 더 수월해집니다. 고객 관리는 앞선 어느 절보다 중요한 부분이라고도 볼 수 있습니다. 사업의 시작은 고객에서 시작해서 고객으로 끝나는 걸 잊어서는 안 됩니다.

고객 관리란 무엇인가요

창업과 관련해서 중요한 요소가 많지만, 더욱이 고객은 우리의 존재 이유입니다. 아이템, 자금, 기술력이 아무리 훌륭해도, 고객이 없다면 이 모든 것이 무의미합니다. 그들의 선택과 반응이 비즈니스의 생사와 성패를 좌우합니다. '고객이 왕'이라는 표현을 따르며 고객을 맹목적으로 숭배하는 것이 고객 관리가 아닙니다. 고객의 피드백을 비즈니스의 중요한 자산으로 보고, 이를 분석하고 반영하는 것이 고객 관리입니다.

고객 관리를 고객 문의Customer Service(CS) 또는 리뷰 관리 등으로 생각할 수 있습니다. 본질적으로 고객 관리는 우리와 관계를 맺고 있는 고객의 경험을 종합적으로 관리하고 체계적으로 추적하는 과정입니다. 이는 고객의 첫 접촉에서부터 구매, 재구매, 교차 구매, 후기 작성, 그리고 지인 추천에 이르기까지 모든 과정에서 긍정적인 경험을 하도록 돕는 일련의 관리 작업을 포함합니다. 고객 관리를 잘하는 팀이 반드시 성공하는 것은 아니지만, 고객 관리를 못하는 팀은 반드시 실패합니다.

고객과 상호작용하면서 얻는 인사이트에서 예상치 못한 성장 기회를 얻기도 합니다. 고객을 통해 얻는 모든 피드백이 반드시 긍정적이지는 않겠지만, 부정적인 피드백조차도 사업을 개선할 수 있는 소중한 기회로 받아들이는 태도가 필요합니다. 고객을 단순히 매출을 올리기 위한 대상이 아니라 비즈니스의 동반자, 나아가 성공을 함께 만들어가는 파트너로 여기는 것이 중요합니다.

고객에게 굽신거리는 것이 고객 관리가 아닙니다

고객 관리는 단순히 고객에게 예의 바르고 친절하게 대하는 것으로 끝나지 않습니다. 많은 사람은 고객 관리가 일종의 감정노동이라고 생각하며 이를 피곤하게 여깁니다. 고객 관리의 진정한 목표는 고객과의 관계를 통해 신뢰를 쌓고, 이를 바탕으로 그들의 피드백을 수집하고 분석함으로써 아이템과 서비스의 방향성을 정립하는 것입니다.

예를 들어, 반복적으로 특정 아이템에 대한 피드백이 들어온다면 이를 토대로 개선점을 찾아내어 고객의 요구를 반영하는 프로세스가 필요합니다. 이러한 접근은 비즈니스가 고객에게 신뢰를 주면서 동시에 비즈니스 성장 자체에도 동력원이 됩니다.

고객을 제대로 알아보는 것부터 시작하세요

많은 창업자들이 고객 관리라고 하면 '친절한 응대', '리뷰 확인', '불만 처리' 정도로 생각합니다. 사업 초반에는 고객 수도 적고, 누가 뭘 샀는지 머릿속에 다 들어있으니 그렇게 넘어갑니다. 하지만 고객이 100명, 300명, 500명 넘어서면 상황이 달라집니다. 기억에 의존한 고객 대응은 금방 한계에 부딪힙니다. 중요한 건 고객의 '데이터'를 남기고, 관리하는 체계를 갖추는 겁니다.

고객 데이터란 단순한 연락처 리스트가 아닙니다. 누가, 언제, 어떤 경로로 우리 제품을 찾았는지, 첫 거래는 언제였고, 그 이후 몇 번이나 다시 찾았는지, 어떤 상황에서 어떤 불만을 가졌는지, 좋아하는 제품군은 무엇인지, 심지어 우리 서비스에 남긴 작은 피드백까지 모두 데이터입니다. 이게 누적돼야 고객을 진짜로 '관리'하고, 유지하고, 확장할 수 있습니다.

초기 창업팀이 자주 놓치는 부분이 바로 이 지점입니다. 고객 수가 많지 않을 때는 굳이 시스템을 만들지 않습니다. 그러나 어느 순간부터 고객 정보가 흩어지고, 이슈 대응이 늦어지며, VIP 고객을 놓치거나 불만 고객을 방치하게 됩니다. 결국은 작은 실수가 브랜드 신뢰를 흔들어 버립니다.

그래서 사업을 시작하는 그 순간부터, 고객 데이터를 일관되게 정리하고 관리하는 습관이 필요합니다. 단순한 연락처뿐 아니라 구매 이력, 문의 내용, 피드백, 관심 상품까지 기록하고, 그 히스토리를 쌓아두면 고객이 다시 우리를 찾았을 때 '내 이야기를 기억해주는 곳'이라는 인식을 심어줄 수 있습니다. 그 작은 차이가 충성 고객을 만들고, 재구매율을 높입니다.

이때 활용하면 좋은 도구가 채널톡입니다. 단순히 상담용으로만 쓴다면 너무 아까운 툴입니다. 채널톡은 고객의 문의 내용부터 구매 내역, 불만 사항, 피드백까지 자동으로 기록해 고객별 히스토리를 쌓아줍니다. 예를 들어, 과거 배송 문제로 불만을 표했던 고객이 다시 문의를 남기면, 이전 대화 기록을 바로 확인하고, 이번에는 선제적으로 빠른 배송 옵션을 안내할 수 있습니다. 데이터가 있어야 가능한 대응입니다.

더 체계적이고 확장성 있는 관리가 필요하다면 세일즈포스를 고려해볼 만합니다. 세일즈포스는 단순 고객 정보뿐만 아니라, 상담 기록, 캠페인 반응, 재구매 이력, 고객의 행동 패턴까지 통합해 한 화면에서 관리할 수 있습니다. 고객의 이탈 가능성, 업셀링 가능성, 재구매 타이밍까지 예측할 수 있습니다. 특히 채널톡과 연동하면, 채널톡에서 수집한 상담 데이터가 세일즈포스에도 자동 저장되므로 고객 관리가 더욱 정교해집니다.

결국 데이터 관리 체계는 단순히 고객 수가 많아졌을 때 대응하기 위한 게 아닙니다. 사업을 오래, 안정적으로 성장시키기 위해 반드시 필요한 기본 인프라입니다. 고객의 요구와 피드백, 행동 데이터를 꾸준히 쌓아두면, 고객이 원하는 것을 먼저 제안하고, 문제를 사전에 차단하며, 재구매를 자연스럽게 유도할 수 있습니다.

매출을 올리는 건 광고와 마케팅이 담당하지만, 그 매출을 지키는 건 결국 고객 데이터 관리입니다. 이걸 초기에 잘 설정해두면, 사업이 커질수록 더 강해지고, 위기를 덜 겪게 됩니다. 이제라도 고객 데이터 관리 체계를 다시 점검해보세요. 사업이 기대 이상으로 커질 때, 그 시스템이 여러분을 지켜줄 겁니다.

고객의 불만을 이해하고 공감하세요

고객은 긍정적인 경험을 할 때보다 부정적인 경험을 할 때 우리에게 연락합니다. 그렇기 때문에 고객의 불만은 비즈니스에 있어서 피하고 싶은 일이지만, 동시에 비즈니스가 발전할 수 있는 기회이기도 합니다. 고객이 문제를 제기할 때 그들의 불만을 깊이 이해하고 공감하는 자세가 필요합니다. 고객의 목소리에 진정성 있게 반응하지 않는다면 고객은 실망하고 떠납니다.

당연한 말이지만, 실제 창업을 하면서 감정적인 고객을 응대하다 보면 자신도 모르는 사이에 감정적으로 대응하게 되고, 책임소재를 회피하게 됩니다. 하지만 우리가 해야 할 일은 고객이 겪은 불편에 대해 진심으로 공감하고 이를 해결하기 위해 노력하는 태도입니다. 때로는 우리가 아무런 해결책을 줄 수 없는 상황에서 진정성 있는 태도와 사과만으로 문제를 해결할 수도 있습니다.

고객도 심심해서 클레임을 걸지 않습니다. 그들도 시간이 소중합니다. 그렇기에 빠르게 문제를 해결하고 도와준다면 만족하고 클레임을 멈춥니다. 불만족을 개선하려는 노력이 반복되면 고객은 비즈니스가 성장하고 개선하는 모습을 직접적으로 느끼게 되고, 신뢰와 충성도가 높아질 수 있습니다. 고객의 문제를 이해하고 해결하는 것은 비즈니스에 큰 가치를 더해줄 수 있는 매우 중요한 과정임을 기억해야 합니다.

VIP 고객에 집중하세요

사업을 하다 보면 많은 창업자들이 고객 관리를 문의에 친절하게 답하고, 불만 고객을 달래고, 좋은 후기를 남겨주는 고객에게 감사 인사를 전하는 것만으로 고객 관리가 된다고 여깁니다. 하지만 사업이 커질수록 이 방식은 한계에 부딪힙니다.

고객 관리는 '상황 발생 이후의 대응'이 아니라 '상황 발생 이전의 관리'가 핵심입니다. 고객이 문제를 제기하기 전에 어떤 문제가 생길 가능성이 있는지, 누가 이탈할 조짐을 보이는지, 어떤 고객이 우리 제품에 관심을 보였는지 미리 파악해 선제적으로 움직여야 진짜 고객 관리가 됩니다.

이를 위해 가장 중요한 건 데이터 기반 관리 체계에서 구매 시점, 구매 품목, 문의 내역, 불만 접수 이력, 재구매 주기, 최근 반응 등을 토대로 고객 유형을 세그먼트로 나누는 것입니다.

고객마다 비즈니스에 미치는 영향이 다르므로 모든 고객을 똑같이 대하는 건 비효율적이고 중요한 고객을 잃어버릴 위험도 커집니다. 그래서 고객을 체계적으로 구분하고 관리하는 '우선순위 관리'가 필요합니다.

특히 VIP 고객은 단순히 많이 구매하는 고객이 아닙니다. 우리 브랜드에 대한 충성도, 재구매 빈도, 추천 가능성까지 높은 고객층입니다. 이들이 이탈하는 건 단순한 매출 손실이 아니라 브랜드 가치 하락과 악성 소문 확산의 가능성까지 가져옵니다. 그래서 이들의 상태와 반응을 면밀히 살펴야 하고, 불만이나 이슈가 발생하면 일반 고객보다 빠르게, 더 세심하게 대응해야 합니다.

그렇다고 VIP 고객에만 신경쓰라는 말은 아닙니다. 중요한 건 고객을 세그먼트로 나누고, 각 세그먼트 특성에 맞는 전략을 세우는 것입니다. 예를 들면 다음과 같습니다.

- **신규 고객** : 첫 구매 유도용 프로모션, 후기 이벤트
- **재구매 고객** : 업그레이드 상품 추천, 전용 할인
- **클레임 경험 고객** : 문제 발생 방지 알림, 사전 안내
- **VIP 고객** : 우선 응대, 전용 프로모션, 전용 커뮤니케이션 채널 제공

이렇게 고객 세그먼트별 요구와 기대를 정확히 이해하고 맞춤형 경험을 제공해야 고객 만족도와 사업 효율이 동시에 올라갑니다. 데이터 없이 기억만으로 누구를 우선 관리할지, 누가 지금 위험 신호를 보내고 있는지 파악하기 어렵습니다. 그러니 사업 초기부터 고객 데이터 관리 체계와 세그먼트 전략을 동시에 설계하기를 바랍니다.

결국 비즈니스의 성패는 얼마나 많은 고객을 모았느냐가 아니라, 어떤 고객을 얼마나 오래 지키느냐에 달려 있습니다. 고객 데이터 관리와 세그먼트 전략이 그 출발점입니다. 창업자는 고객을 기억하는 사람이 아니라, 고객을 잊지 않도록 체계화하는 사람이어야 합니다. 그래야 고객 경험이 쌓이고, 사업이 성장할수록 더 강해지는 시스템을 만들 수 있습니다.

고객을 관리하는 이유가 뭔가요

고객 관리가 중요한 이유는 고객 관리를 통해 비즈니스 성장에 필수적인 '가장 쉬운 마케팅'을 가능하게 하기 때문입니다. 앞선 마케팅과 브랜딩을 다루는 절에서 언급했듯이 자신의 팬덤을 만드는 전략은 매우 중요한 마케팅입니다. 기존 고객의 만족도를 높임으로써 이들은 충성 고객으로 성장할 가능성이 높아지며, 반복 구매로 이어질 가능성이 큽니다. 고객이 한 번 긍정적인 경험을 했을 때, 재구매의 가능성은 현저히 상승하며 심지어 타 상품으로의 구매를 확장하는 교차 구매cross-selling도 발생할 수 있습니다. 고객이 한 브랜드에서 느낀

긍정적인 경험은 재방문과 재구매로 자연스럽게 이어집니다.

또한 기존 고객의 만족은 자연스레 바이럴 마케팅 효과를 가져옵니다. 고객이 지인에게 우리 아이템을 추천하게 되고, 이는 신규 고객의 유입을 증가시키는 중요한 퍼널이 됩니다. 특히, 고객이 자신의 만족도를 후기로 작성하면 우리에 대한 시장의 신뢰도가 매우 높아지고, 이는 새로운 고객의 유입을 늘이는 계기가 됩니다.

기존 고객의 관리는 광고비나 마케팅 비용을 추가로 들이지 않고도 신규 매출을 증대시킬 수 있는 효과적인 방법으로, 고객 관리는 결과적으로 비즈니스의 매출을 극대화하는 필수 전략이라 할 수 있습니다. 고객 관리를 못하는 상황에서 마케팅만 열심히 하는 것은 필연적으로 구멍이 뚫린 항아리에 물을 계속 쏟아붓는 것과 동일합니다.

Part 03

Ready for Action

여기까지 오느라 수고했습니다. 여기까지 잘 따라왔다면 아이템 구상부터 판매까지, 창업의 전반적인 과정을 공부한 셈입니다. 이제 마지막 남은 한 걸음은 창업 전 '어떤 마음을 가지며 시작할지'를 되새기는 부분입니다.

창업은 로맨틱한 낭만이 아닙니다. 내 시간과 자본을 투자하는 일이고, 스스로 A부터 Z까지 모든 걸 책임지는 나의 일입니다. 창업을 시작하고 지속하는 기간 동안, 기술이나 지식도 중요하지만, 무엇보다 마인드셋이 여러분을 올바른 길로 인도해주고, 오래 버티게 해줄 겁니다. 다양한 노하우와, 기술들은 성장하는 데 당연히 힘이 되지만, 방향을 설정하고 성장을 오래 유지하는 건 결국 사람의 힘입니다.

지금껏 배운 전략을 잘 실행시켜주는 창업자의 생각 습관과 태도에 대해 함께 정리해보겠습니다. 마인드셋은 어쩌면 당연하게 들릴 수 있는 이야기일지도 모릅니다. 하지만 수백 명의 창업가들을 가까이에서 지켜보며 깨달은 건, 결국 이 당연한 것들이 가장 큰 차이를 만든다는 사실이었습니다.

이 장에서 다루는 내용이 여러분의 방향을 단단히 잡아주고, 오랜 여정을 이어가는 데 작은 힘이 되길 바랍니다.

Chapter 07

창업 일곱 걸음 : 이런 다짐이 필요해요

창업의 일곱 걸음을 내디디며

이제 막 시작하는 창업가들을 위해서 보고, 경험하고, 들었던 모든 내용을 바탕으로 마지막으로 갖춰야 할 기본적인 마인드셋에 대해 전하려고 합니다. 앞서 다룬 내용을 보면 알겠지만 사실 창업은 생각하는 것보다 쉽게 실행할 수 있습니다. 그렇지만 마음먹기에 따라서 오래 갈 수도, 한번 해보고 그만둘 수도, 실패 앞에서 두려워 그만둘 수도 있습니다.

이번 장에서는 초보 창업가들이 어떤 마음을 가지고 창업을 대했으면 하는지를 공유하겠습니다.

Section 7-1

고객이 전부예요

창업은 나로부터 시작되지만, 고객으로 완성됩니다. 처음부터 끝까지 고객의 시선, 고객의 언어, 고객의 요구가 중심이 되어야 합니다. 고객을 위한, 고객에 의한 창업만이 시장에서 살아남습니다. 기준은 늘 '나'가 아니라, 고객이 어떻게 느끼는지에 달려 있습니다.

자아는 내려놓고 고객의 시선으로 보세요

창업에서 가장 필요하다고 여겨지는 첫 번째 마인드셋은 바로 고객의 시선에서 출발하라는 것입니다. 너무 당연한 말이라고 생각할 수도 있습니다. 그러나 수백여 명의 창업자를 만나며 느낀 점은 창업자의 시야가 놀랍도록 주관적이라는 점입니다.

성장하는 궤도를 달리던 창업가들이 공통적으로 한 이야기가 있습니다. 돈을 받고 싶으면, 받고 싶은 돈의 몇 배의 가치를 주어야 한다는 이야기입니다. 1천 원을 벌고 싶으면 1만 원의 효용을 주어야 고객들은 비로소 만족한다는 의미입니다. 고객들은 바보가 아닙니다. 수많은 정보가 넘쳐 떠돌아다니는 요즘 시대에 사람들은 날이 갈수록 개인의 요구사항에 맞는 뾰족하고 강한 효용을 원합니다. 그 가운데서 나의 가치와 나의 상품을 판매하기 위해서는 부단한 노력이 필요합니다. 그리고 그 노력의 첫걸음은 고객의 시선을 탑재하는 것입니다.

사실 고객의 마음을 얻고자 사업을 시작하는 사람은 거의 없을 것입니다. 보통 사람들은 '직장을 다니기 싫어서' 또는 '돈을 많이 벌고 싶어서' 창업을 시작합니다. 하지만 그런 이유로 물건을 사는 사람은 없습니다. 창업자는 어떻게 해서든 고객이 원하는 가치를 발굴하고, 그걸 제공해야 소비를 이끌어낼 수 있습니다. 가끔 본인에게 필요한 아이템, 혹은 본인이 좋아하는 아이템을 판매하는 사람들도 있습니다. 창업자 본인에게는 좋은 아이템일 수도 있으나, 몇몇 경우에는 창업자 본인에게만 좋은 아이템인 경우도 있습니다.

실패한 사업에는 공통점이 있어요

많은 책에서 성공한 사업에 대해서만 말합니다. 하지만 실패하는 사업과 성공하는 사업을 비교해 보는 것이 더 중요합니다. 여기 고객을 고려하지 않고, 창업자 본인의 시야에만 갇혀서 이목을 끌지 못했던 사례가 있습니다. 아래 사례를 살펴보면서 시사점이 무엇인지 확인하기 바랍니다.

> **사례** 창업자 L 씨가 있었습니다. 돈은 벌고 싶지만 어떤 걸 해야 할지 몰라서 일단은 남들이 많이 하는 스마트스토어를 시작했습니다. 스마트스토어에는 가장 많이 팔리는 유행에 맞는 상품들을 소싱해두었습니다. 반짝 잘 팔리는 상품들이 생겼지만, 다른 경쟁 스토어와 차별점이 없어서 매출이 잘 오르지 않았습니다. 결국 재미가 없어진 L 씨는 조금 해보다가 사업을 접었습니다.

이 경우는 창업을 하고 싶어 사업을 시작하지만 어떤 걸 할지 몰라서 이것저것 시도해보다 수입이 생기지 않아서 포기하는 경우입니다. 분명한 목표나 해결하고 싶은 시장에 대한 고민이 없는 경우, 주먹구구식으로 이것저것 시도해보지만 사업이 지속되지 못하고 무너지곤 합니다.

> **사례** 유아동 용품을 다루는 Z 업체에서는 플랫폼 입점 미팅 당시 아이템 샘플로 수제 인형이나 액세서리 같은 여러 용품을 가져왔습니다. 아기자기하고 귀여운 아이템들이었지만 아이템 생산에 드는 인건비와 단가에 비해 사람들의 요구는 가격이 낮은 아이템군이었습니다. 처음 보는 고객 관점에서는 "이 가격에 과연 이 아이템을 살까?" 하는 질문이 제일 먼저 떠올랐습니다. 몇 없는 경쟁사의 아이템들은 역시나 가격이 훨씬 저렴했습니다.

이 사례는 어떤 아이템이나 서비스를 론칭할 때 고객 관점에서 아이템 분석을 하지 않고 창업자가 만들고 싶은 상품을 만든 뒤, 본인이 생각하는 가격을 책정해서 아이템을 판매하는 경우입니다. 이런 경우는 고객들 눈에는 아이템이 매력적이지 않거나 수요와 가격이 맞지 않아서 판매가 되지 않고 재고가 쌓이기도 합니다.

> **사례** 사람들의 만남을 주선하는 Z라는 서비스가 있었습니다. 이 서비스는 최첨단 AI 기능을 탑재해서 사람들의 편의를 맞춰주었습니다. 하지만 이 서비스를 제공하는 사람은 이 '최첨단'과 '기능'에만 집중하여 모든 상세 페이지에 특허 받은 아이템의 기능 인증만을 강조했습니다. 그래서 그 상세 페이지를 읽으면 특허받은 내용만 기억에 남을 뿐 이 서비스를 통해 어떤 걸 제공받는지에 대한 내용은 기억 나지 않습니다. 사람들은 처음 상단부를 읽다가 흥미를 잃고 상세 페이지를 나왔습니다. 상세 페이지 체류시간과 전환율이 낮을 수밖에 없습니다.

마지막으로는 좋은 아이템을 만들었을지언정 창업자 본인이 집중한 기능과 독특한 소재에 꽂혀서 마케팅 단계에서 사람들이 근본적으로 원하는 것들에 대한 친절한 설명을 배제하고 파는 사람의 관점에서만 내용을 강조하는 경우입니다. 고객의 시선에서 이것이 매력적일지에 대한 고민을 해야 하는데, 그렇지 못하는 경우가 정말 많습니다.

고객이 원하는 것을 파악하세요

그렇다면 고객의 시선에서 시작하는 창업은 어떤 것일까요? 고객이 좋아할 것을 어떻게 파악할까요? 경험을 바탕으로 직관이 생기는 경우도 있지만, 이에 더해 데이터를 기반으로 하는 의사결정도 병행되어야 합니다.

여기서 말하는 직관이란, 다양한 미디어나 SNS 그리고 직접 경험한 사례들을 바탕으로 고객들이 좋아하고 반응할 요소를 사업자가 스스로 판단하고 믿는 것입니다. 애플의 창업자 스티브 잡스가 대표적으로 본인의 직관을 밀고 나가 성공한 케이스입니다. "사용자는 자신이 원하는 것을 알지 못한다."라는 유명한 어록을 남겼는데, 이는 고객의 요구를 직접 듣지 않아도, 그들이 미처 인식하지 못한 필요를 예측하고 이에 맞는 아이템을 개발해야 한다는 잡스의 철학을 잘 보여줍니다. 때로는 사업자 본인이 충분한 사업 경험과 통찰력이 있는 경우 직관에 의한 의사결정이 큰 도움이 될 때가 있습니다. 사업가의 직관이 통해서 성공할 때는 새로운 시장을 개척하기도 하고, 혁신성과 창조성이 있는 산업의 형태로 이루어집니다.

하지만 다수의 초보 창업자들의 이런 직관이 시장에 통하기란 쉽지는 않습니다. 따라서 데이터를 바탕으로 하는 의사결정이 창업을 시작하기에 좋은 방법입니다. 고객 인터뷰, 고객 조사, 경쟁사 조사 등 본인이 가능한 선에서 데이터들을 수집하여 소비자의 요구를 파악하는 것입니다. 데이터 기반의 의사 결정은 불확실한 직관보다 좀 더 신중하고 효율적인 비즈니스 전략을 수립하고 실행하는 데 도움이 됩니다.

다시 재차 강조하지만 창업을 할 때는 자아는 잠시 내려두어야 합니다. 아무리 내가 똑똑하고, 인정받고, 멋있는 사업자라고 할지라도 그 판단을 내리는 건 과거의 어떤 누구도 아닌, 내 아이템을 앞으로 구매할 고객들뿐입니다. 앞서 말하는 직관 역시 본인의 감대로 하라고 했다고 본인 시선에 좋은 걸 만들라는 것과는 구분되어야 합니다. 이때의 직관은 고객의 시선에서 볼 수 있는 관점을 의미합니다. 고객의 시선에서, 고객이 어떻게 느낄지, 어떤 데서 매력적이라고 느낄지 알 수 있어야 합니다.

Section 7-2
모든 건 좋은 제품과 서비스에서 출발해요

사업의 시작은 언제나 제품과 서비스입니다. 고객의 만족도는 결국 사용 경험에서 나옵니다. 만족을 주지 못하면, 어떤 전략도 오래 가지 않습니다. 기본이 탄탄해야 그 다음이 가능합니다.

아이템이 좋아야 하는 건 가장 기본입니다

세상에 쉽게 이루어질 수 있는 건 없습니다. 창업을 할 때도 쉬운 길은 없습니다. 한 패션 브랜드 대표님이 했던 이야기가 기억에 남습니다. '성공한 사업은 결국 다른 방법이 있는 것이 아니라 좋은 아이템과 서비스를 제공하고, 사람들을 만족시키고, 만족시킨 사람들의 후기가 퍼져나가는 것뿐이다.'라고요.

궁극적으로는 좋은 아이템, 서비스만이 롱런하는 사업의 기초가 됩니다. 이를 늘 명심해야 합니다.

▲ 성공한 사업의 성장 과정

스타벅스의 성공 요인은 '어디서든 보장할 수 있는 품질과 서비스'에 있습니다. 무신사의 출발 역시 믿고 살 수 있는 패셔너블한 옷들이었습니다. 보장된 품질의 아이템과 서비스가 있어야지만 그 다음이 있습니다.

수백여 신생 업체들을 만나며 잘 된 창업의 요소를 수도 없이 분석했습니다. 상세 페이지, 마케팅, 고객 관리 등 다양한 요인이 있지만, 우리가 입을 모아 가장 우선시하는 건 아이템 그 자체의 '품질'이었습니다. 결국 '본질'을 갖춰야 하는 것입니다. 어중간한 아이템을 그럴싸하게 포장해서 판다고 해도 결국에 끝이 좋지 않습니다.

저품질의 아이템을 높은 가격으로 파는, 요행을 바라는 사람들은 품질이 좋지 않은 것을 세상 밖으로 내놓고, 약속할 수 없는 것을 약속합니다. 최근 상세 페이지나 SNS 광고에 있어 과대과장 광고로 신뢰도 이슈가 생기는 경우가 있는데, 결국 모든 것은 있는 사실을 그대로 말하지 않았거나, 아이템이나 서비스, 콘텐츠의 효용을 부풀린 경우들이었습니다.

중국에서 생산했는데도 마치 국내에서 생산한 것처럼 포장했던 경우, 옷의 소재가 상세 페이지에 기재했던 내용과 달랐던 경우, 콘텐츠를 보고 나서 얻을 수 있다고 했던 효용이 실제로는 나타나지 않았던 경우가 대표적인 예입니다.

사람들의 만족도가 떨어지는 아이템이나 서비스들은 후기가 밖으로 퍼져나가거나, 재구매가 일어나지 않기 때문에 결국 본질인 '품질'을 잘 챙겨야지만 사업을 지속할 수 있습니다. 요행을 바라는 아이템들의 경우 결국 한 철 장사에 그치기 마련입니다.

좋은 것을 제공해야 합니다. 내가 팔고자 하는 물건, 그걸 사는 사람들의 요구를 간파하고 고객들이 만족할만한 좋은 것을 제공해야 합니다. 생산한 아이템과 콘텐츠가 있으면 사람들을 대상으로 써보고, 문제가 되는 건 없는지 끊임없이 사용해보고, 일정 기간 이상 검수를 해봐야 합니다. 그 과정에서 문제점이 발견되거나 고객 피드백이 있다면 반영해서 좋은 상품으로 완성해야 합니다. 그리고 아이템이 완성되었을 때, 판매와 마케팅 단계에서는 정말 가능한 것들만을 약속하고 그것들은 꼭 지켜야 합니다. 한 번 신뢰를 얻은 고객은 떠나지 않지만 신뢰가 깨진 고객은 영영 돌아오지 않습니다.

Section 7-3

고객을 팬으로 만들어야 해요

한 번 구매한 고객이 다시 구매하게 만드는 힘, 그리고 입소문을 내고 자발적으로 브랜드를 홍보하는 힘은 모두 '팬'에서 나옵니다. 팬은 단순히 제품을 소비하는 사람이 아니라, 브랜드의 가치에 공감하고 함께 성장하고 싶은 사람입니다. 한번 팔고 끝나는 게 아닌, 팬들과 소통하는 브랜드를 만드세요.

든든한 내 편이 필요합니다

한 명 한 명 고객을 소중하게 생각하고, 이들을 결국 팬으로 만든다는 관점이 필요합니다. 일을 하면 할수록 마케팅, 브랜딩, 팬덤의 중요성에 대해 알게 되는데, 팬덤이 있는 창업자와 아닌 창업자는 마케팅 비용과 방법에 있어 엄청난 차이를 보입니다. 앞서도 꾸준히 말했지만 결국 고객을 팬으로 만들어야 합니다.

초기 창업가들을 봤을 때 가장 많이 착각하는 것 중 하나는 내가 좋은 상품을 만들고, 트래픽이 있는 플랫폼에 올리면 이걸 사람들이 알아서 사줄 거라는 식의 착각입니다. 하지만 플랫폼에 하루에도 몇백 개의 상품이 올라오는데 아무리 플랫폼의 회원 수나 트래픽이 있다고 해도 사람들은 후기가 있거나, 이미 사람들이 어느 정도 인정해둔 '이미 성공한' 아이템들을 클릭하기 마련입니다.

이때, 나의 든든한 지원군인 충성스러운 팬덤이 있다면 훨씬 든든하게 프로젝트를 시작할 수 있게 됩니다. 기본적인 구매와 후기는 물론이고 바이럴을 통해 고객 주변의 트래픽을 모아주는 것입니다. 굳이 플랫폼을 찾을 필요도 없어집니다. 대세는 D to C$^{Direct\ to\ Customer}$로 변해가고 있습니다. 플랫폼에 입점하던 기업들이 점점 자체 몰을 개설하여 직접 고객과 소통하는 것입니다. 이 출발선은 모두 든든한 팬덤입니다. 팬덤은 내 아이템을 미리 구매해줄 지원자이며, 아이템에 애정어린 피드백을 해서 아이템을 개선시켜주고, 자연스럽게 바이럴을 시켜주는 마케터와 마찬가지입니다. 팬덤이 있는 사업자와 없는 사업자는 이렇게 달라집니다.

📁 팬덤이 있는 사업자

팬덤이 있는 사업자는 시작이 쉽습니다. 마케팅 비용이 덜 들기 때문에 마진율이 더 높습니다. 어떤 아이템을 내도 기본적으로 충성 고객이 구매해주기에 플랫폼 로직에 따라 상위권 노출에 잡힐 확률이 높아집니다. 후기 역시 빠르게 재구매한 팬덤들의 영향으로 좋은 후기들이 기본적으로 토대를 이룹니다. 이를 보고 신규 고객 유치가 가능하며, 구매 건수가 높아집니다.

📁 팬덤이 없는 사업자

팬덤이 없는 사업자는 매번 노출에 잡히기 위해 마케팅 비용을 따로 써야 합니다. 플랫폼의 트래픽을 사용하고 싶어도 상위에 노출하기 위해서는 플랫폼의 내부 구좌를 구매해야 하는 경우가 많고, SNS 광고 역시 아예 처음부터 시작하는 브랜드의 경우에는 기존 후기가 없기 때문에 광고료를 집행하고, 구매로 전환이 되는 데 비용이 많이 들게 됩니다. 만약 아이템 가격과 광고 비용의 수지 타산이 맞지 않을 경우, 마진율이 자연스레 줄어듭니다. 고객 후기 역시 전부 좋다면 괜찮지만, 몇 개의 안 좋은 평점과 후기로 전체 후기 점수가 떨어질 때가 있습니다.

팬덤의 첫걸음, 고객들과 소통하세요

팬덤을 잘 활용했던 사례로는 오은환 대표가 진행하는 콘텐츠 강의가 대표적입니다. 오은환 대표는 만나본 인플루언서 중 가장 팬덤이 공고하다고 느낀 분 중 한 명인데, 블로그, 인스타그램을 통한 꾸준한 브랜딩과 팬덤 소통을 해오고 있습니다. 오은환 대표와 프로젝트를 진행할 당시, 그녀는 이미 펀딩 시작 전부터 잠재고객이 많았습니다. 실제로 그녀의 팬덤은 펀딩이 시작되자마자 무서운 속도로 구매를 했고, 오픈하자마자 1억 원가량의 펀딩 금액을 채우고, 남은 기간 동안에도 성공적인 결과를 낼 수 있었습니다.

오은환 대표를 보며 제가 감명받았던 것은 팬들이 원하는 것에 대해 늘 귀 기울이며, 하나의 아이템에 머무르는 것이 아닌 팬들의 요구에 맞춰 기존 가지고 있던 콘텐츠들을 끊임없이 업그레이드했던 것이었습니다. 또한 카카오톡 채팅방이나, 네이버 카페와 같은 커뮤니티 공간에서 팬들과 꾸준히 소통하는 것이었습니다.

각자의 분야에서 마케팅비를 덜 쓰고도 큰 규모로 잘 되는 브랜드들은 '팬덤'이 그 비결입니다. 그리고 이 팬덤을 키우기 위해서는 좋은 질의 아이템은 물론이고, 끊임없는 소통과 관리가 필요합니다. 그들의 목소리에 귀 기울이고, 그들이 원하는 게 어떤 건지를 파악해야 합니다. 그리고 머무르지 않고 꾸준히 새로움을 제공해야 합니다. 이런 노력들이 브랜드를 성장시키고, 재구매율과 브랜드 리텐션retention을 가져옵니다.

Section 7-4

미래를 명확하게 그린 후 시도하세요

창업을 하는 사람들이라면 누구나 꿈꾸는 미래가 있습니다. 하지만 조금 더 구체적으로 창업 후 본인의 삶을 그려볼 수 있어야 합니다. 정말 창업이 나와 맞을지 깊이 있는 고민이 필요합니다. 창업이 답이 아닐 수도 있다는 걸 인지하는 순간이 올 수도 있습니다. 그럼에도 창업을 시작했다면 포기하지 마세요.

미래를 명확하게 그려볼 수 있어야 합니다

창업을 하고 싶어 하는 사람들이 참 많습니다. 그리고 대부분 하나같이 이런 비슷한 미래를 그릴 것입니다.

> "매일 아침 회사에 갈 생각만 해도 눈을 뜨기가 싫은데, 회사에 안 가도 됩니다. 나에게 이래라저래라 하는 꼴 보기 싫은 상사도 없고, 별것 아닌 이유로 혼날 일도 없습니다. 인사고과를 걱정할 일도, 잘릴 일도 없거니와 회사 대신 멋진 카페나 해외에서 일하는 모습도 상상할 수 있습니다. 내 아이디어가 현실이 되는 일은 또 얼마나 즐겁나요. 직원들이 방긋방긋 인사를 하고, 사업은 점점 승승장구합니다. 매달 월급보다 많은 돈이 내 통장에 꽂힙니다. 내 이름이 전 세계에 알려집니다. 부모님이 자랑스러워합니다."

하지만 이런 미래도 그려볼 수 있어야 합니다.

> "일을 하지 않으면 월급통장에 아무것도 찍히지 않습니다. 내가 멈추는 순간 모든 게 멈춥니다. 초기 사업자는 끊임없이 모든 영역에 신경을 곤두서야 합니다. 영업, 마케팅, CS, 어

느 하나 쉬운 게 없습니다. 6시 칼퇴근은 옛일이고, 저녁부터 밤, 주말까지 일이 나를 따라다닙니다. 이마저도 일정한 수입이 아니라, 시즌과 비시즌에 따라 다르고, 월별로 불규칙한 수입 때문에 늘 불안합니다. 친구들은 월급을 꼬박꼬박 받으며 여행도 가는데, 일이 삶에 큰 부분을 차지하게 되면서 전적으로 일에 메이는 기분입니다."

"내 상품과 비슷한 상품은 왜 이리 많은지. 획기적이라고 생각했던 것들이 시장에 이미 다 있습니다. 레드오션에서 성공하기 위해서는 뭘 해야 할지 모르겠습니다. 생각보다 소량 제작을 위한 상품 원가는 비싸고, 홍보를 위한 광고비도 적지 않습니다. 올리기만 하면 날개 돋친 듯 팔려나갈 줄 알았는데 판매량은 오를 기미가 안 보입니다. 매일 머리를 싸매며 월급 받는 게 최고라는 생각이 듭니다."

수백여 개의 창업을 곁에서 지켜보며, 그중 10%도 안 되는 성공한 창업과 실패하는 90%의 창업을 객관적으로 분석할 수 있게 되었습니다. 사람들이 꿈꾸는 달콤한 미래는 사실 그 10% 안에 드는 모습이고, 그마저도 늘 불안과 책임감이 따르기 마련입니다. 투덜거리면서 직장에 다닌다고 해도 사실 알고 보면 직장을 다니는 게 체질에 가장 맞는 사람도 있습니다.

대부분의 창업은 어느 궤도에 오르기도 전에 고꾸라집니다. 큰 스트레스를 받고, 재정적으로 힘들어질 가능성도 많습니다. 이미 성공한 사업가들이 성공하려면 창업을 해야 한다고 하는 말을 따를 필요가 없습니다. 창업 역시 본인에게 맞는 사람이 있고, 아닌 사람이 있다고 생각합니다.

따라서 창업을 하기 전에, 이 책에서 말하는 준비 사항과 내용들을 잘 읽어보고, 실행했을 때의 모습을 구체적으로 그려보길 바랍니다. 모든 일에는 장점만 있을 수는 없기에, 이 일을 했을 때 버려야 하는 삶과, 얻을 수 있는 삶을 잘 파악하고 선택을 내리길 바랍니다.

시작했으면 쉽게 포기하지 마세요

어렵게 마음먹고 시작한 창업! 창업이 성공을 하는 데에는 사실 운도 크게 작용합니다. 이런 운을 이기는 것은 노력입니다. 성공할 확률을 높이는 것은 끊임없이 시도를 하는 것입니다.

'회복 탄력성'이라는 말이 있습니다. 한번 넘어져도 또 회복해서 도전하는 힘입니다. 앞서 말한 창업의 모든 구간에서 쉬운 것은 하나도 없습니다. 경쟁사 인터뷰를 해보려 하는데 상대측에서 거부를 할 수도 있고, 제작 과정에서 생각보다 제작비가 너무 초과되는 경우도 있을 수도 있습니다. 브랜딩을 해보려고 SNS을 만들었는데 아무리 게시물을 올려도 반응이 없을 수도 있고, 마케팅 예산을 잡아서 광고 AB 테스트를 해보는데 광고비만 나가고 효율이 잡히지 않을 수도 있습니다. 여러분에게만 일어나는 일이 아닙니다. 정말 많은 실패한 창업가들, 그리고 성공한 창업가들도 이런 과정을 거칩니다. 그들의 성패를 가르는 것은 넘어졌을 때 다시 일어나는 회복 탄력성입니다.

회복 탄력성을 기르기 위해 중요한 것은 실패를 '피할 수 없는 변수'로 인정하는 것입니다. 창업은 통제할 수 없는 요소가 많고, 매번 예측대로 따라주지 않습니다. 중요한 건 실패 자체가 아니라, 그 실패를 해석하고 나아가는 것입니다. 실패를 데이터로 보고, 가설을 세워서 다시 접근하고, 거기서 또 한번 성장하는 힘, 이것이 회복 탄력성이고, 결국 장기적으로 살아남는 사람들의 공통된 특징입니다.

정말 힘이 들 때는 내가 이 창업을 왜 선택했는지 다시 복기해보세요. 편하지도 않고, 울퉁불퉁한 자갈밭 같은 이 길을 왜 선택했는지 다시 한번 생각해보세요. 그 시작의 이유를 기억하는 간절한 사람은 쉽게 흔들리지 않습니다. 끊임없는 시도와 열정은 언젠가 빛을 발할 것입니다.

노트북을 꺼내 바로 실천하세요

사업하는 수백여 팀을 만나고, 잘 되는 사업들의 구조를 분석하며 들었던 생각은 "이 사업이, 이 창업가가 유달리 특별하지는 않다."였습니다.

직장 연봉에 10배 정도를 버는 사업가와 내 옆에 직장 동료를 비교했을 때, (거짓말 안 하고) 저는 내 직장 동료가 훨씬 더 똑똑하고 성실하다고 느낄 때도 있었습니다. 지능과 성실성에 차이가 없다면, 이 격차는 어디에서 오는 것일까요? 그 둘의 가장 큰 차이는 바로 '실천력'입니다.

일단 작은 것부터라도 실천하는 게 너무 중요합니다. 실천하는 건 어렵지 않습니다. 그냥 노트북을 꺼내서 창업하는 데 필요한 작은 것부터 바로 실천을 해보면 됩니다. 하지만 다짐했더라도 핑곗거리가 수없이 생기기 마련입니다. 꼬박꼬박 나오는 월급은 충분히 현재를 지낼 만하고, 막상 퇴근하고 집에 돌아오면 쉬는 시간이 필요합니다. 유튜브 몇 편을 보면 잠들 시간이기에 창업준비는 또 한 번 뒤로 밀리게 됩니다.

또 다른 양상은 항상 계획만 세운다는 것입니다. 그 계획은 아주 장기적이고 원대하고 복잡해서 시작할 엄두가 안 납니다. 창업을 하기 위해서는 투자를 해야 하고, 전문적이어야 하고, 지식이 많아야 한다는 생각을 하며 원대한 계획을 그리게 되고, 이에 따른 만만찮은 준비가 필요하다고 생각합니다. 그러면서 많은 책을 읽고 강의를 듣고 인터뷰를 보다 보면 어느새 시간은 또 흘러 버립니다. 대부분은 그 만만찮은 준비를 하다가 아무것도 못하기 마련입니다.

한 번에 시도해서 한 번에 성공한다면 너무도 좋겠지만, 저는 그런 사업가를 많이 보지 못했습니다. 다들 몇 번은 엎어지고 다시 시도해서 쟁취했던 사람들이 훨씬 많습니다. 그 사람들은 실패를 두려워하지 않았습니다. 특히나 시작할 때는 더더욱 두려워하지 않았습니다. 실패는 필연적으로 일어나는 것이고, 다양한 도전과 시도를 민첩하게 실행하는 것에 더욱 초점을 두었습니다. 그런 시도 중에 몇 가지만 성공하고 대부분은 실패하지만 그 작은 성공과 몇 가지가 그 사람들의 자양분이 되어 더 멀리 뻗어갈 수 있는 힘이 되었습니다.

처음부터 대단히 완벽하지 않아도 됩니다. 이런 작은 경험들을 통해 배우는 게 생기고, 확장이 됩니다. 그러다 보면 더 넓은 창업의 세계가 보이게 되고, 주변에 비슷한 관심사의 사람들을 얻게 되고, 더 큰 곳으로 나아갈 힘이 생깁니다.

당장 사업할 자금이 없더라도 이 책에 나오는 계획들을 하나씩 차근차근해보길 바랍니다. 이 책의 목표는 당신에게 가장 빠르게 실행 가능한 창업 아이템을 떠올리게끔 하는 것이니까요. 이 책을 따라 아이템을 생각하는 것만으로도, 작은 실천을 해보는 것만으로도 대단한 겁니다.

마지막으로 계속 강조하지만 이 글을 읽는 사람들은 '작은 시도'와 '작은 성공'을 최대한 빨리 많이 해보길 바랍니다. 이 작은 시도와 성공, 그리고 심지어 실패마저도 당신을 성장시키고, 창업가로서 발돋움하게끔 해줄 겁니다. 이 책이 그 여정에 첫걸음이 되었으면 좋겠습니다.

독자 전용 실전 툴 킷 제공!

Action Plan을 기반으로 한 노션 템플릿

창업 기획부터 MVP 계획까지 직접 해보는
전 과정을 체험할 수 있습니다.

소비재, 자영업, 캐릭터 콘텐츠, 앱 IT 등
업종별 예시 모음집 수록

☞ 지금 스캔하세요.